Cidade Ocupada

Cidade Ocupada

Ericson Pires

Patrocínio

PETROBRAS

Lei de Incentivo à Cultura — Ministério da Cultura

Brasil — Um País de Todos — Governo Federal

Apoio

icon — instituto contemporâneo de projeto e pesquisa

SESC Rio de Janeiro

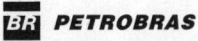

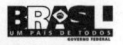

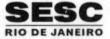

Copyright © 2007 Ericson Pires

COLEÇÃO TRAMAS URBANAS

curadoria
HELOISA BUARQUE DE HOLLANDA

consultoria
ECIO SALLES

projeto gráfico
CUBÍCULO

<u>CIDADE OCUPADA</u>

produção editorial
LARISSA DE MORAES e ROBSON CÂMARA

revisão
BRUNO DORIGATTI e STEPHANIA MATOUSEK

revisão tipográfica
BRUNO DORIGATTI

Intervenção vital VISUAL
LUIZ ANDRADE

P743c

Pires, Ericson
    Cidade ocupada / Ericson Pires. - Rio de Janeiro: Aeroplano, 2007.
    .-(Tramas urbanas ; v.2)

    Inclui bibliografia
    ISBN 978-85-86579-97-4

    I. Espaços públicos. 2. Arte pública - Aspectos sociais. 3. Arte e sociedade. 4. Planejamento urbano. I. Título. II. Série.

07-3734.   CDD: 307.76
                CDU: 316.334.56

02.10.07   04.10.07   003779

TODOS OS DIREITOS RESERVADOS
AEROPLANO EDITORA E CONSULTORIA LTDA

Av. Ataulfo de Paiva, 658 / sala 401
Leblon - Rio de Janeiro - RJ
CEP: 22440 030
TEL: 21 2529 6974
Telefax: 21 2239 7399

aeroplano@aeroplanoeditora.com.br
www.aeroplanoeditora.com.br

Nas tantas periferias brasileiras – periferia urbana, periferia social – se reforçam cada vez mais movimentos culturais de todos os tipos. Os mais visíveis talvez sejam os de alguns segmentos específicos: grupos musicais, grupos cênicos, grupos dedicados às artes visuais. Mas de idêntica importância, embora com menos visibilidade, é a produção intelectual que cuida, além de questões artísticas, de temas históricos, sociais ou políticos.

A coleção *Tramas Urbanas* faz, em seus dez volumes, um consistente e instigante apanhado dessa produção amplificada. E, ao mesmo tempo, abre janelas, estende pontes, para um diálogo com artistas e intelectuais que não são originários de favelas ou regiões periféricas dos grandes centros urbanos. Seus organizadores se propõem a divulgar o trabalho de intelectuais dessas comunidades e que "pela primeira vez na nossa história, interpelam, a partir de um ponto de vista local, alguns consensos questionáveis das elites intelectuais".

A Petrobras, maior empresa brasileira e maior patrocinadora das artes e da cultura em nosso país, apóia essa coleção de livros. Entendemos que é de nossa responsabilidade social contribuir para a inclusão cultural e o fortalecimento da cidadania que esse debate pode propiciar. Desde a nossa criação, há pouco mais de meio século, cumprimos rigorosamente nossa missão primordial, que é a de contribuir para o desenvolvimento do Brasil. E lutar para diminuir as distâncias sociais é um esforço imprescindível a qualquer país que se pretenda desenvolvido.

Dedico o presente trabalho a todos aqueles que estão e são parte integrante dele, a todos que estão presentes, resistindo com suas potências e forças, com suas lutas e práticas, suas ações e desejos, seus trabalhos e afetos:

Alexandre Vogler, Jarbas Lopes, Cabelo, Ronald Duarte, Luiz Andrade, Guilherme Zarvos, Tatiana Roque, Arthur Leandro, Laura Lima, Edson Barrus, Guga Ferraz, André Amaral, Roosivelt Pinheiro, todo o pessoal do Atrocidades Maravilhosas, Simone Michelin, Romano, Ernesto Neto, Marssares, Arjam, Marcio Botner, Jorge Duarte, todo o pessoal do Periféricos, Ricardo Basbaum, Márcia X, Alex Hamburger, HAPAX: Ricardo Cutz, Daniel Castanheira e Marcelo Mac (meus companheiros de tantos instantes e intensidades), Gentil Carioca e todos os seus, Aimberê Cezar, tudo que rolou no Alfândega, Ducha e Adriano Mehlem, todos que passaram pelo Zona Franca, todos do Zona Franca, Escritório Galaxi, Marcos, Audry e Dri, Bob N, Helmut Batista e a Revista Capacete, Giordani Maia, Neno Del Castilho, os Crioulos de Criação, ao Bloco-Ato VadeRetro, Grupo Urucum, Márcio Ramalho, Botika, Vitor Paiva, Omar Salomão, Quinho, Miguel Jost e Thiago Gomide do Grupo Motim, Érika Frankel, Carlo Sansolo e Felipe Escovino, Graziela e sua casa de Sampa, Grande Orlândia, Orlândia, Rés do Chão, Cecília Cotrim, Dani Labra e Glória Ferreira, Fumacê do Descarrego, Ralador, todos os coletivos, todas as ações, todas as iniciativas e trabalhos do Brasil inteiro.

A todos aqueles inventores que são/estão, há mais tempo, atualizando esta luta pela criação: Tunga, Barrio, Antonio Manuel, Raimundo Collares, Guilherme Vaz, Hélio Oiticica, Zé Celso Martinez Corrêa, Lygia Clark, Flávio de Carvalho e a algumas poucas e seletas importantes referências.

A Toni Negri, pelo seu exemplo de luta, pela sua força de pensamento, pelo seu amor pelo comum, por sua generosidade e sua música, pelo singular e pela multiplicidade (a potência constituinte da Multidão).

A Cláudio Ulpiano (diferença e força).

A Waly Salomão (sempre sol).

Sumário

11	Prólogo	**INTRO//POTÊNCIA** **Aventura no Mar da Contemporaneidade**
20	Cap.01	**As produções de arte atuais**
42	Cap.02	**Tradição delirante: RESISTÊNCIA//TRAIÇÃO** **corpo, contemporaneidade, traição,** **multidão, resistência, criação**
96	Cap.03	**Coletivos: CORPOS//AÇÃO**
134	Cap.04	**TRADIÇÃO/TRANSITIVIDADE: Andar/Deslocamentos**
166	Cap.05	**12 PROPOSIÇÕES:** **Resistência, corpo, ação – táticas e forças na** **produção plástica atual**
192	Cap.06	**Da deambulação ou a capacidade de caminhar** **corpo: Delírio-Ação**
224	Cap.07	**Contemporâneo e contemporaneidade:** **discursos de arte no Brasil**
270	Cap.08	**COLETIVOS: INSTITUCIONAIS**
290	Cap.09	**A Multidão** **6 pontos sobre o amor e o corpo**
318	Cap.10	**Mais ações e mais agentes** **Breviário: traços e trajetos**
328		**Última nota: Pequeno texto de referência** (afirmando o movimento e o corpo: orelha para um futuro livro)
332	Epílogo	**Pequeno Mar (à guisa de conclusão)**
340		vitalVISUAL – Luis Andrade
343		Crédito de imagens
346		Referências Bibliográficas
358		Sobre o Autor

Prólogo

INTRO//POTÊNCIA
(Aventura no Mar da Contemporaneidade)

Trata-se de uma aventura. O objetivo dessa aventura é ela mesma. Percorrer. Experienciar. Basicamente a disposição para o encontro: o encontro com o outro, o encontro no outro, o encontro como território que se modifica a cada acesso. No encontro realizo o *outro*. E realizo a mim mesmo como (o) outro. Ao mesmo tempo, cada um de nós se torna fragmento desses encontros com o mundo. O encontro realiza a tradução efetiva de um evento de criação. Todo texto é criação. A imensa teia tecida pelas singularidades preenche o vazio da indiferença produzida pela reprodução *ad infinitum* do mesmo. Esta teia é a arte de criar encontros, ou seja, de produzir pensamento como experimentação do outro, como busca do outro, da realização do outro que eu – também – sou. Nesse sentido, produzir pensamento é necessariamente uma aventura.

Parodiando o poeta chileno Vicente Huidobro: escrever um texto é criar um balançar de mar entre duas estrelas. Esse balançar de mar é a maneira pela qual a realização do texto escapa da possibilidade de ver/ser visto como um acontecimento encerrado, algo definitivo, é o elemento semovente, marítimo ativo nesta composição textual. Escapar da determinação é estar diante das milhares possibilidades que os encontros – enquanto criação – proporcionam. As estrelas podem ser aqui as cristalizações momentâneas, os pontos de toque, os elos de convergência, que configuram o plano múltiplo da rede de significados. Essas *luzes* – momentâneas e distantes – propiciam visualizações que não podem ser descritas como situações incólumes ou definitivas; nada é tão objetivo que mereça permanecer para sempre fixado. O mar é meio em movimento, balizado por estrelas momentaneamente fixas. Tudo se move, o mar e as estrelas. Sendo assim, um paradoxo encerra o ato de constituição do encontro.

A cidade está ocupada. Corpos. Ações. Forças. Gestos. Coletivos. Uma multiplicidade infinita de possibilidades singulares constituindo a cidade em processo. Todos os produtores de arte re-inventando, re-existindo na/a cidade, ocupando e criando atuais potências de vida em seus espaços públicos, em suas veias e vias expostas ao sol. Produzir alegria. Produzir vida. E que tudo mais vá para o inferno! Esse é o lema de Maiakovski e do Sol. E por que não nosso?

Mas, por que a tradição delirante? É desse paradoxo que parte um dos vetores funcionais do trabalho. O delírio é o elemento que irá compor a constituição da tradição. O delírio faz a tradição se deslocar, trair a si mesma. Mas o que é a tradição da traição? Podemos pensar nos aspectos mais contraditórios desta combinação. O paradoxo que é detonado pela associação destas palavras não termina na busca de uma razão dialética com seus esquemas determinados por imposições sintéticas. Muito pelo contrário, ele afirma – apesar da proximidade perversa de ambas as palavras – não a impossibilidade de qualquer síntese, mas o desejo multiplicador das singularidades em suas intensidades. Não se pode negar que a carga semântica destas palavras se encontra plena de inflexões negativas. Contudo, é

INTRO//POTÊNCIA

importante perceber a intenção de tornar o campo de ação onde elas são lançadas, um potencializador de energias afirmativas e singulares. Extrair da negatividade seu caráter afirmativo pode ser perigoso, mas mesmo assim é necessário. Fazer dobrar os sentidos das palavras, fazer significados emergirem revelando *outros* traços destas palavras é parte da aventura. Necessária, porque a afirmação da diferença — numa situação onde se propaga a repetição do mesmo enquanto reprodutor do mesmo — é um risco. A aventura aqui descrita é arriscada.

Não se trata de trabalhar com nenhum objeto, com nenhuma objetividade, com nenhum fim que não seja o próprio trabalho, que não seja o próprio transcurso da produção de pensamento. Constituir um texto como este é uma experiência singular. Não se optou em momento algum por um olhar milimétrico sobre toda a obra, ou sobre a totalidade de trabalhos realizada por um determinado autor ou artista. Buscou-se uma constelação de intensidades isoladas, porém articuladas, para aquém de uma pretensa unidade geral. Essa constelação é lançada num jogo, onde a configuração dos lances se dá na combinação — possível ou impossível — do campo de trabalho. Não se optou por determinar o campo de trabalho pelos objetos de estudo. Ao mesmo tempo em que não se pretende chegar a um ponto determinado, mas sim criar a possibilidade de jogos e combinações que extrapolam o território que ocupam. A não-objetividade do trabalho criou uma situação de fragmentação na sua composição. Essa fragmentação não se deve apenas a uma opção de estilo, mas sim a uma imposição do próprio fluxo da investigação. Ela é a potência nômade, a força de deslocamento constante, o nomadismo como ética. A maioria dos produtores abordados se encontra nomadizado dentro da estrutura do trabalho. Esses produtores são lançados a todo o momento nos processos de desterritorialização temporal e territorial. Essa foi a única maneira possível de resguardar as singularidades das passagens escolhidas e, ao mesmo tempo, potencializar a rede de significações que o projeto estabelece. A rede é múltipla e

facetada, não aponta para um sentido – nem deseja isso – e não tem como fim construir um círculo de sentido em torno de si mesmo. O que a configura é a capacidade de lidar com a força de cada uma das singularidades que foram escolhidas, sem pretender determinar nada. Essa forma de composição multilateral e multifocal escolhida pela lógica, imposta pelo desejo de romper com recortes cronológicos determinantes, lançou o trabalho nesta superfície composta de dobras.

Escapar ao modelo de causalidade, tangenciando a composição de um campo aberto de intensidades, foi a solução – e também, uma tomada de posição – no sentido de buscar estabelecer um modo de ação do trabalho que escapa às qualificações determinadas da forma usual de tratar a produção de arte. Nesse sentido, a necessidade de se lidar com a presença do fantasma da história da arte foi um desafio constante. Conseguir realizar aproximações relacionais entre as produções abordadas sem, contudo, estabelecer eixos de causalidade, foi um desafio permanente. A questão é que em termos da produção de arte – e de história, e também de sociedade –, a criação de um campo de conhecimento e pesquisa é sempre, ou pelo menos muitas vezes, acompanhado de um desejo atávico causal, que funciona como algo que é colocado acima das intensidades produtivas dos trabalhos estudados. A compreensão acumulativa dos movimentos criativos socioculturais extrapola qualquer desejo de causalidade relacional presente aos sentidos dados às estruturações históricas. Não se está querendo dizer aqui que o sentido histórico não tem função alguma ou que é inteiramente desprezível e desqualificado. Estamos tentando sublinhar que muitas vezes o próprio sentido é presa da causalidade que muitos projetos de leitura nos propõem. O trabalho – no sentido de desejar romper com este processo mimético causal – se empenhou em buscar alternativas e desenvolver a maioria de suas linhas de pesquisa e estudo através de alicerces no acontecimento. A constelação de produções aqui trabalhadas é da ordem do acontecimento.

O acontecimento é um feixe de afetos que se produz no/como instante, atualizando-se em sua intensidade. O acontecimento pode ter linhas de força que produzam sentido histórico, mas ele não se reduz à causalidade imposta por essas composições. A atualização das produções de sentido, realizada pelo acontecimento, esgarça a possibilidade de manutenção de um modelo causal. O que interessa aqui é a forma pela qual essas produções irão se relacionar sem estabelecer um campo fechado de sentidos, impedindo que as intensidades de diferença circulem em suas dinâmicas autônomas.

O livro se encontra dividido em dez capítulos, uma introdução e um prólogo. Existem subdivisões internas que não respeitam nenhuma ordem cronológica, teórica ou classificativa. Fragmentação. Autonomia.

Aqui, delírio e tradição são tornados atos de traição. Por sua vez, a traição é o fluxo criativo da invenção e experienciação de experiências. Trair é da ordem da invenção de uma língua. A língua é uma invenção *menor*, uma articulação potente de forças que falam de um lugar não oficial-institucional. Não se trata de uma língua que segue determinado padrão de estratificação. É aquilo que delira no jogo de constituição do real. A realidade construída como uma língua menor, como a invenção do traidor que experimenta a língua, que usa a língua no sentido de produzir desejos de diferenciação. O delírio é a ação dessa língua menor; é o delírio que instaura a realização de outros reais possíveis.

Esse jogo entre delírio, tradição e traição é da ordem da resistência. Num quadro, onde a todo o momento as formas de controle estabelecem suas modulações sobre os corpos, produzindo processos de reprodução em massa, de repetição do mesmo como signo do real, os atos de resistência tornam-se mais do que urgentes – necessários. O controle e o biopoder propagam-se por cada região do globo, por cada local distante ou próximo, por cada coletivo, por cada grupo, por cada indivíduo, por cada corpo. A ruptura do eixo via delírio pode vir a instaurar situações de resistência. A resistência se realiza como um elemento real, ou seja, como elemento definidor do real, a partir do contexto de ocupação generalizada que se encontra na produção de reprodução realizada pelas modulações do controle. O biopoder deve ser transformado em biopotência, como coloca Peter Pál Pelbart.[1] Mas é bom deixar claro que não se está tentando restabelecer uma dualidade constitutiva: a cartografia emergente se encontra crivada de forças reativas e ativas, e o jogo constituinte que se atualiza em seu bojo não pode ser pensado como algo predefinido. A resistência, o desenvolvimento de gestos e corpos resistentes, são atos de produção de diferença, atuando como pontos constituintes de outra realidade.

A luta que se está travando é realizada entre o Capital e a Vida. O corpo é o campo de batalha que se mostra com toda sua força. E a luta é a insistência na resistência, é a resistência enquanto forma de produção – é resistência e criação, ou seja, a produção de campos discursivos que afastam a propagação da homogeneização como único signo possível. Nesse sentido, a tradição delirante é um desses campos onde essas possíveis potências seguem sendo atualizado pelos corpos, pela vida e pela criação. A tradição delirante é uma cartografia afetiva constituída a partir das potências de criação, seus embates com as formas de controle e a *mixagem* real das forças em ação.

Outro ponto mencionado ainda na primeira parte é sobre o conceito de contemporaneidade. Retomando a discussão sobre as limitações presentes nas abordagens estritamente históricas, o recorte cronológico que irá traduzir o jogo de forças atuais é deliberadamente chamado de contemporâneo. Na realidade, contemporâneo nada mais é do que um regime de qualificação que serve a determinadas pretensões historicistas. O risco de estabelecer novos sentidos causais dentro de uma lógica temporal predeterminada, reengendrando significados já construídos a partir de pontos de vista passados, é uma operação

---

1 Pelbart, P.P. *Vida capital*. São Paulo: Iluminuras, 2004.

moderna. Em outras palavras, os acontecimentos temporalmente recentes são qualificados, estritamente, a partir de suas relações com trabalhos historicamente anteriores. A idéia de contemporaneidade pretende, de uma maneira ou de outra, criar parâmetros de temporalidade que não estejam determinados por relações causais, e que, por sua vez, escapem a uma ordem cronológica. A contemporaneidade se dá na atualização das potências e intensidades extracronológicas, mas temporais. É no corpo, na produção de corporeidade, que o tempo se atualiza, como diriam os estóicos e sua física. A capacidade afetiva do corpo – a capacidade de se afetar do corpo –, torna-o espaço de constantes atualizações de potências de diferenciação. Essas potências, se colocadas no plano do tempo, podem ser pensadas como constante atualização de temporalidades múltiplas, singulares em suas composições; temporalidades que escapam às tentativas de simples configuração esquemática e estrutural. A contemporaneidade estabelece, assim, através de sua atualização, uma lógica que é da ordem da intensidade, não da extensão. A intensidade produz uma temporalidade que é singular, mesmo quando se repete. Ela rompe com o desejo acumulativo que a extensão produz em sua realização. Assim, a contemporaneidade é uma combinação de *potências-tempo* que se atualizam no instante e se realizam na intensidade; é o tempo do traidor, daquele que inventa línguas, que produz diferença, que cria esse *balançar de mar entre duas estrelas*.

Existe um último ponto que precisa ser observado sobre o trabalho: ele aborda as práticas e produções de arte atuais, tentando dar conta de um diálogo estabelecido no calor da hora,[2] através de uma abordagem certamente incompleta e arriscada. Incompleta, porque muitas dessas produções ainda estão em estado de ebulição, sendo realizadas, sendo apresentadas com discur-

---

2 O autor participa ou participou de alguns dos eventos descritos e abordados de maneira direta ou indireta, no nível da articulação ou da produção, com seu trabalho chamado Hapax.

sos ou produzindo discursos sobre si mesmas. As coisas estão em movimento. O fluxo e a dinâmica são intensos. A intensidade do instante. É o caso da proposição de Edson Barrus – *Açúcar Invertido* –, que realizou recentemente uma quarentena em Nova York, cujo impacto foi grande em meio à crítica, curadores e produtores de arte, estabelecendo uma grande discussão em torno dos limites e posições do trabalho de arte.

Enfim, algumas das questões que poderiam ser apresentadas nesta pequena introdução já o foram. Agora, resta percorrer estas rotas, linhas, focos, fugas, ataques, recuos, jogos e lances que se apresentam em meio a esta aventura no mar da contemporaneidade.

capítulo 01
produções de arte atuais

capítulo 01
produções de arte atuais

ABERTURA

Rio de Janeiro. A opção por um recorte que priorizasse a produção realizada na cidade não é casual. Apesar de alguns grupos, alguns coletivos agirem de forma efetiva e significativa em outras localidades do Brasil,[1] o Rio de Janeiro – de maneira bem peculiar –, funciona como uma espécie de epicentro dessas produções, não estabelecendo qualquer lógica de causalidade com as outras regiões e suas produções. Trata-se simplesmente de um espaço em atividade, um vórtice onde, na verdade, muitos desses eventos e acontecimentos de muitos grupos brasileiros ou de outros locais do globo acabam por tangenciar a cidade em algum momento de suas produções. Alguns pontos poderiam ser pensados como *leitmotiv* desse fenômeno. O esvaziamento cultural e financeiro pelo qual passa a cidade – com uma evasão, inclusive, no sentido demográfico –; a ausência total, ou quase total de políticas públicas significativas no nível municipal e estadual; o recrudescimento e/ou fechamento de espaços e vias institucionais – sejam galerias, museus, salões etc. –; ou a obstrução dos espaços públicos da cidade em nome de uma

---

1 Podemos apontar grupos e coletivos diversos em São Paulo, Brasília, Pernambuco, Goiás, Amapá etc., tais como: *A revolução não será televisionada* e *Los Valderramas*, ambos de São Paulo; *Urucum*, de Macapá; *RRRAdial* e *Atrocidades Maravilhosas*, do Rio de Janeiro; *Camelo*, de Recife; *EmpreZa*, de Goiânia; *Entorno*, de Brasília; entre outros.

noção fundamentalista de segurança, que, de fato, não gera os resultados esperados e acaba por aumentar a possibilidade de insegurança, na medida em que impede a circulação lúdica e criativa pelos espaços públicos. Apesar de todos esses elementos, a questão que se coloca é: de que maneira se torna possível a proliferação desses diversos agentes, coletivos, ações, agenciamentos nesse quadro? A resposta talvez seja mais simples e direta do que se imagina: não se trata de pensar esses grupos, agentes e ações como reação ao contexto descrito acima. O quadro de produção de arte que se delineou do fim da década de 90 até agora está muito mais ligado a modos de concepção e a políticas de afirmação *outros*, que escapam às ranhuras de sistemas e equações preestabelecidas pelo contexto. A maneira pela qual essas produções irão se realizar parte muito mais do caráter necessário dessas afirmações do que de uma reação específica a um contexto determinado e falido. A necessidade de atuar, de se constituir como/enquanto real produtor de arte, nesses contextos, deve ser pensada como uma ação de resistência. A resistência não se dá de forma frontal, unilateral, nem age na negatividade ou na reação tardia. A resistência é um modo de ser. É uma forma/força de estar imerso no movimento, é perceber-se como acontecimento corporal ativo, é a única possibilidade de tornar-se ação criativa de arte. A resistência é a dobra do ser.[2] E essa dobra é a insistência na diferença, no outro, na produção de singularidades múltiplas. A multiplicação de atividades, de fóruns, de articulações e agenciamentos nos primeiros anos do século XXI tem, em seu caráter afirmativo, a chave de entendimento de suas próprias ações.

Um fator histórico que contribui, parcialmente, para esse contexto de produção é a série de produções e acontecimentos da década de 60/70 realizados na cidade. Apesar de não ser determinante para explicar, ou mesmo compreender, a emergência desses acontecimentos na cidade e no Brasil em geral,

---

2 Roque, T. *Resistências*. Rio de Janeiro: *Revista Global*, n. 0, 2002.

podemos dizer que não só o neoconcretismo, mas algumas produções posteriores e toda a emergência do conceitual têm um papel significativo nessas atuais ações. A maioria da produção que se seguiu nos anos 70, ligada à chamada arte conceitual, marcou o imaginário da cidade e de muitos desses atuais produtores de arte, através de recepções e/ou referências das mais variadas. Essas produções são elos possíveis para se pensar a forma pela qual a configuração atual se realiza. Não se trata de pensar de maneira causal, mas de se articular possíveis pontos para a explicitação deste acontecimento. Os encontros realizados com produtores de arte do 70 e com a atual produção se dão o tempo todo, a partir de diversas formas: aproximações, crítica, parcerias, diálogos, ataques e muitas vezes a própria presença dessas produções e de seus realizadores. A proximidade é sem dúvida um item para se levar em consideração.

A maioria dos produtores de arte do período 60/70 goza hoje, de certo, ou relativo, êxito e prestígio nos canais e mercados de arte do globo. O sucesso desta produção abriu muitas possibilidades para os recentes produtores. A cidade acaba atraindo o interesse de curadores, galeristas, gerando mostras e bienais, e passa a *existir* nesse circuito de arte institucional. Sem dúvida, isso não garante o acesso a esses meios altamente seletivos e elitistas. Um dos casos mais gritantes é a estória que envolve a *franchising* da Fundação Guggenheim a ser realizada pela prefeitura do Rio. Não se trata de ser contra ou a favor de tal iniciativa, mas simplesmente de pensar a maneira pela qual as instituições públicas municipais praticam – ou seguem imaginando praticar – pretensas políticas públicas de democratização e acesso a bens culturais contemporâneos. Em que medida esse jogo de *marketing* político assumido pela prefeitura pode criar condições de acesso mais diretas é uma questão. Se o fluxo das obras não fosse unilateral, propiciando uma maior circulação da produção local no circuito e no espaço da tal fundação, tendo ainda as mesmas condições de apresentação e destaque nos meios institucionais da mesma, talvez essa iniciativa ganhasse um caráter afirmativo. Mas a realidade não se mostra assim – isso é muito mais do que uma ilusão idealista. Mesmo com as formas de produção de controle generalizado incorrendo em níveis vários de modulações, mesmo o corpo sendo o espaço de ação dessas forças coercitivas, ainda existem resquícios de momentos históricos pré-imperiais em muitas partes do globo. Afinal, os elementos históricos e culturais nunca foram homogêneos e estáveis em seus movimentos e linhas de força. Esse tipo de raciocínio pertence muito mais ao *oitoccento* e às suas questões.

Um dos pontos que vai chamar a atenção neste quadro – e que está ligado diretamente ao anterior –, é que a maioria das iniciativas institucionais, raramente produz políticas ou projetos eficazes de investimento ou fomento coletivos na cidade. A lógica institucional imprime uma hierarquização constante à essas produções. O que acontece, na maioria dos casos, é que um ou outro produtor de arte chega a ser beneficiado por bolsas ou algum tipo de apoio mais restrito a esse gênero. Muitas vezes, isso não implica na possibilidade de que ele venha a entrar nestes circuitos, ou faça circular suas produções por eles. Existe aqui um contexto, que nos remete a situações de conflito pós-coloniais.[3] Mas não se pretende tangenciar nesta direção.

Entretanto existe um fator surpreendente neste contexto: um circuito paralelo de arte acaba por se articular para além dos campos territorializados destas produções institucionais. É aí que irão surgir uma série de pequenos – ou menores, no sentido dado por Deleuze & Guattari – agentes, agenciadores e agenciamentos desta produção atual.

3 Ver, por exemplo, Bahbha, H.K. *O local da cultura*. Belo Horizonte: Ed. UFMG, 1998.

AGENTES

A tática adotada por esses produtores de arte para veicular e realizar suas produções vai apontar num sentido anti-institucional por excelência. A maioria deles vai se articular em pequenos e potentes focos de produção. Não há nenhuma identidade construída *a priori*, nem nenhuma espécie de programa comum, os únicos possíveis elos de ligação e articulação são basicamente a necessidade de ocupar e produzir, e a realização deste fato. Por mais que a maioria dos artistas tenham algum tipo de formação e passagem por instituições de arte – sejam escolas, universidades, galerias ou museus – o discurso é prioritariamente anti-institucional. Na verdade, mais do que o discurso, as práticas giram, muitas vezes, em torno da construção de uma postura radicalmente contra o viés institucional. A aparente contradição que se demonstra não é tão significativa assim. Ela está intimamente ligada ao processo de produção destes produtores. O reconhecimento dos limites da crítica institucional, a falência de modelos modernos de vanguarda e a necessidade de se viabilizar enquanto produção são elementos constitucionais das práticas e dos discursos destes produtores de arte. A contradição é um elemento comum.

Se na década de 60/70 tinha-se esboçado a possibilidade real de uma transformação radical dos regimes e sistemas de manutenção das ordens institucionais, a partir das mais diversas formas de pensamento e ação, elaboradas e explicitadas em projetos e programas, o que se percebe e se vive hoje é diametralmente o oposto. Não há espaço para nenhuma possibilidade de construção de projetos ou programas, e um dos motivos mais significativos deste fato é a ausência de desejo de construções homogênicas e hegemônicas. Não se trata de uma pretensão de superação do moderno enquanto evento histórico. Isso colocaria a produção atual no mesmo patamar belicista das neovanguardas do 60/70. Trata-se muito mais da afirmação de outros trajetos, de outros reais, de outros *outros*. Sem dúvida, é uma tomada de posição, é uma tática constituinte necessária no sentido de uma afirmação da diferença. Como Antonio Negri apontou, a grande utopia moderna se transformou no estado e na guerra.[1] E o que sobrou desta experiência totalitária são as instituições de controle e as reproduções de produção de controle. O regime utópico do Estado, das instituições e da guerra é hoje algo pensado por esses produtores de arte como algo desnecessário, algo que deve ser desqualificado na raiz de suas práticas, algo que deve ser escancarado e desmistificado sem nenhum pudor – mesmo quando se trata de estar dentro delas ou em torno delas. O trabalho de resistência se dá em um regime de ocupação permanente. As produções destes produtores afirmam a todo o momento a potência da diferença. Suas ações explicitam o jogo e suas próprias contradições. Uma série de táticas é desenvolvida para a realização de suas ações. Essas táticas não configuram programas, mas, através de seu contágio, estabelecem trocas e articulações de experiências: trata-se da experiência da criação de linguagens. Linguagens estas que devem sempre ser pensadas e tratadas no plural. Uma das grandes questões que perpassa essas produções diz respeito a forma pela qual elas irão articular alguns contágios através da rede de resistências, em outras palavras, como conseguem criar elementos comuns em busca de linguagens minimamente compatíveis, e como, através disto, podem estabelecer algum tipo de comunicação e/ou articulação. Uma das possíveis e parciais respostas à essa questão pode ser estabelecida pelo vetor da ação. Em grande parte desta produção, a ação é o elemento definidor dos processos. A prioridade da ação se dá no sentido de reforçar a intensidade e a necessidade do ato. A ação vai ser definida na/pela ação, a esse fato se associam as discussões relativas à ocupação e atividade dos circuitos de arte.

---

[1] Afirmação feita na conferência dos Estados Gerais de Psicanálise no Salão de Convenções do Hotel Glória, no Rio de Janeiro, em novembro de 2003.

Qualquer meio, qualquer espaço, qualquer corpo, qualquer um, qualquer mídia, qualquer situação, qualquer proposição, qualquer suporte – ou ausência dele –, qualquer gesto, qualquer fala, em suma, qualquer coisa pode ser transformada e apropriada pela ação de arte. Isso não significa uma desqualificação do ato ou da ação, uma espécie de vale tudo generalizado onde os critérios de valor são dispensados, mas, sim, uma ressemantização dos possíveis circuitos nos quais se deseja agir e atuar. É claro que, em certa medida, existe uma profusão de possibilidades completamente impensáveis há até pouco tempo. E também é óbvio que certas noções de valor, anteriormente estabelecidas através de critérios determinados pela crítica *especializada* não são mais suficientes – e não interessam mais –, para a realização de uma leitura desta produção. Esse deslocamento é muito mais uma tática ofensiva num campo de ação do simbólico contra o viés institucional de controle, do que um evento de superação – pura e simplesmente – do moderno; algo tachado como pós-modernismo. As armadilhas presentes nesta leitura devem ser vistas com atenção. Muita produção crítica justificou – e ainda justifica – posturas conservadoras, comprometidas prioritariamente e/ou exclusivamente com a lógica de controle, onde a idéia de uma superação modernista do próprio moderno prevalece como um fetichismo intelectual redutor, buscando impedir qualquer tentativa de leitura que prima por uma produção de diferença.

Voltemos às noções de contágio e circuito. Produtores de arte como Ducha, – que realizou ações significativas no cenário atual de produção –, é um caso significativo pela maneira como vai lidar com essas questões. O já notório *Cristo em Vermelho*[2] é um acontecimento na direção das apropriações e propagações de circuitos através do contágio. Trata-se de uma ação que se desenvolve no Cristo Redentor do Rio de Janeiro: duas pessoas

---

2 Projeto Cristo Redentor, de Ducha, fez parte do Interferências Urbanas, Santa Teresa, tendo ganho o Primeiro prêmio, realizado em maio de 2000.

– o próprio Ducha, e uma menina, que tenta registrar o acontecimento[3] – penetram no espaço que circunda o monumento, e, próximo ao mesmo, buscam os holofotes de iluminação principais. Chegando aí, introduzem papéis gelatina de cor vermelha em todos os holofotes, e escapam sem ser vistos. Essa ação *pintou* o Cristo de vermelho durante algumas horas daquela noite. Nada dessa intervenção teve apoio institucional de espécie alguma. A ação foi realizada em sigilo e algumas poucas pessoas – a maioria ligadas aos círculos de relação de Ducha – estavam avisadas sobre o acontecimento. Mas o que realmente foi surpreendente é que indiferente da ação *per si,* no dia seguinte o acontecimento foi capa de um dos principais jornais da cidade, e teve um grande destaque nos outros. Nesse sentido, a ação de Ducha se realizou quando atingiu o circuito dos *mass media*, extrapolando o próprio acontecimento. Os jornais foram transformados em suporte para a ação, que por sua vez, decorreu de maneira completamente extra-oficial, sem qualquer espécie de vínculo ou relação com qualquer meio institucional. O trabalho de Ducha é atualizado pela sua capacidade de contágio, ou seja, a realização da ação se dá na medida em que penetra em espaços e meios completamente inesperados e inusitados, potencializando-os com sua capacidade de deslocamento, de movimento, embaralhando signos instituídos, gerando produção de diferença como necessidade da ação.

Os contágios – enquanto realizações da ação como produções de diferenças no campo das recepções – e os circuitos – espaços e meios que são ocupados e transformados em parte potencial da ação –, são dois pontos importantes para se pensar as particularidades e singularidades destes produtores de arte em suas diversas ações.

3 Na verdade, é a sua namorada, Fran, que teve a idéia da ação como *revela* Ducha em entrevista para o Capacete Planet, n. 6. Quem realiza a filmagem é Laura Lima, e um grupo de produtores de arte o auxilia na ação: Bob N., André Amaral, Clara Zuñiga e Geraldo Marcoline. Ver jornal de arte Capacete Planet, n. 6, out./nov./dez. 2002. Projeto Cristo Redentor, Ducha, Interferências Urbanas, Santa Teresa. Primeiro prêmio, maio de 2000.

COLETIVOS

Em meados do ano 2000, houve uma significativa emergência de coletivos, grupos, e/ou propostas que irão primar pela busca e articulação de agenciamentos – em lugar de exclusivas trajetórias individuais –, no campo das produções de arte na cidade do Rio de Janeiro. Essa realidade já vinha se desenhando através da década de 90, a partir do recrudescimento das atividades do campo – tanto institucionais, quanto de mercado – e do surgimento de uma nova geração de produtores de arte sem possibilidade e/ou compatibilidade com o cenário que se configurava. Se desejarmos pensar que esse fenômeno tem a ver, exclusivamente, com um *retour* das propostas neoconcretas dos anos 60, com ecos tardios de um construtivismo russo e seus projetos coletivos de ocupação do espaço público, ou de algumas tantas outras experiências de arte pública, não estaremos de todo errado. Mas o que é realmente surpreendente aqui vai muito além de qualquer perspectiva evolucionária de processos históricos determinantes. A presença destas linhas de força da contemporaneidade – no caso aqui, o neoconcretismo e o construtivismo russo –, devem ser pensadas como elementos imersos no jogo que irá se configurar no campo de ações destes coletivos. Talvez se deva levar em conta que a importância destes momentos de arte históricos, diante da atual produção de arte do Rio de Janeiro, tenha tanta importância quanto a presença dos *mass media* e de suas formas e forças de conformação de mundo. A geração que nasceu vendo TV é a mesma que irá se colocar de maneira afirmativa em meio às configurações comprometidas do campo da arte. Mais que questionar se determinada linha evolutiva de artistas, ou determinadas referências histórico-culturais, ou ainda determinados programas de ação podem determinar os processos de atividades presentes na atual cena de produção de arte, seria interessante pensar, a partir de suas ações, como se dão suas interações com essas redes de significação histórica e cultural, sem contudo adentrar no equívoco da busca de um sentido determinante a esses processos. Sendo assim, a melhor tática a executar agora é a do encontro direto com essas produções em seus campos de significação.

O agrupamento, o coletivo ou agenciamento de produtores de arte *Atrocidades Maravilhosas* foi criado a partir de uma proposição de Alexandre Vogler. Esse trabalho surgiu a partir de conversas com Guga Ferraz – parceiro de criação e articulação de Alexandre – em suas idas e vindas do campus da Ilha do Fundão, onde ambos faziam pós-graduação em Artes.

A Avenida Brasil é uma via expressa que liga o centro da cidade à zona norte/zona oeste. Ela foi criada por Getúlio Vargas, e seu intuito inicial estava ligado a um regime de defesa da cidade: caso o Rio de Janeiro fosse atacado por mar, o recuo do governo e de seus associados, se daria naquela direção, e para isso foram construídos muitos quartéis e um campo de aviação, que serviria tanto para a defesa quanto para a fuga. Posteriormente, ela foi pensada e utilizada pelos golpistas de 64, para dar agilidade e rapidez de acesso ao centro da cidade de grandes contingentes de combate contra o inimigo interno. Prioridade: manter o controle e a ordem. Foi ali que se desenvolveu, ao longo do período do *milagre*, parte do parque industrial carioca. Hoje, ela não tem mais essa importância fundamental como centro produtor: é uma área pós-industrial, sucateada pela evasão da grande indústria da cidade. O que se vê são grandes espaços ocupados por toda uma imensa gama de comunidades populares, em suas vilas, casebres, barracos, amontoadas umas sobre as outras, lançando no ar uma sensação de desolação e complexidade. Existe toda uma vida que sobrevive ali criando *outras* formas de viver e de sobreviver às condições mais tensas economicamente, psicologicamente, existencialmente. Ao longo da via, se veiculam dezenas de milhares de *outdoors*, cartazes de toda a espécie, letreiros, luminosos, toda sorte de materiais e meios de comunicação de grandes proporções. A quantidade de pessoas que passa por ali é imensa. Em termos visuais, o ambiente é tão saturado, tão poluído quanto as margens da via. Essa aparente periferia é também um centro; centro de produção de mão-de-obra, imensa cidade dormitório, funcionando autonomamente para além de um espaço, como a zona sul, que se comprime cada vez mais entre a crescente miséria e o mar – é um gigantesco espaço de produção de signos. É a partir da convivência cotidiana com esse cenário que Alexandre Vogler vai realizar sua proposição.

Trata-se de um desejo de extrapolar qualquer espaço que não esteja em contato direto com o público – qualquer espaço que não seja, de maneira direta ou indireta, público –, e potencializar sua capacidade de circulação, veiculação, invenção e problematização. A maneira como a realidade visual da Avenida Brasil se encontra disposta abre para a possibilidade de se intervir e criar outras disposições, extrapolando, se servindo e rompendo com o regime de signos restritamente comerciais que ocupam os espaços da via expressa. Nas palavras de Vogler:

> No início de abril de 2000 o Rio de Janeiro abrigou uma série de "atrocidades" realizada por um grupo de 20 artistas que, com milhares de cartazes lambe-lambe, tomaram pontos estratégicos da Cidade Maravilhosa. Esse "assalto" surgiu como desdobramento de meu projeto de pesquisa no mestrado em Linguagens Visuais, em que investigava, entre outras coisas, a apreensão visual da imagem repetida sobre o prisma da velocidade, ou seja, mediante o espectador em movimento.
>
> Diante de questões que tocam tal pensamento – escala, arte fora do circuito e intervenção num contexto de paisagem –, resolvi tornar coletiva essa ação reunindo artistas para atuarem segundo as estratégias de mídia lambe-lambe: criar imagens para serem reproduzidas em grande formato e com tiragem de 250 cópias, e eleger um local específico de aplicação dos cartazes, o que tornaria indissociável do seu conteúdo e as relações com seu entorno. Recorria, com isso, a uma atitude política de se fazer arte independente dos muros das instituições, pensada para questionar e alterar a paisagem urbana. (Vogler, 2001, p. 113).

O que Vogler explicita no início deste artigo dedicado à experiência, são duas questões-chave para se entender o funcionamento da ação do grupo. O primeiro detalhe é o desejo de estabelecer uma ordem de relações de criação que rompa com a centralidade – tanto no campo espacial, quanto no autoral – dos trabalhos de intervenção de arte no meio urbano. A grande maioria de intervenções que se encontra no meio urbano está relacionada à uma noção decorativa/descritiva do objeto artístico e/ou do artista como epicentro do evento. Isso remete à idéia do *oitoccento* – ainda de cidades e sociedades pré-modernas –, do *monumento*, geralmente ligado a fatos ou personagens, de alguma maneira *heróicos*, intimamente ligados a grupos de poder e suas práticas – guerras, literatura, política institucional etc. Num momento historicamente posterior, surge, no mesmo sentido de monumentalidade, a arquitetura moderna e suas formas de controlar/contornar o espaço.[1] A experiência do espaço público enquanto espaço de intervenção/criação esteve – na grande maioria das vezes – ligado a textos e discursos de poder, sejam eles o institucional, sejam eles os econômicos. Para além da discussão de ocupação do espaço, e do teor público desta ocupação, é significativo a idéia de pensar o espaço público como algo que, para além de um suporte, é meio de produção de sentido, que se desloca o tempo todo, que extrapola as tentativas de significação estática, que distende e nomadiza as iniciativas institucionais através da lógica do uso. Esse uso é da ordem do corporal, da corporeidade. É o corpo na cidade e suas experiências de deslocamento que transformam a cidade – e são transformados pela cidade – em aspectos dessas pulsões de nomadismo e distensão.

---

1 É interessante pensar que a primeira experiência em concreto armado da arquitetura moderna foi realizada no Brasil, o atual Palácio Capanema, criado na gestão de Gustavo Capanema, então ministro da Educação e Cultura da Ditadura Vargas.

Outro ponto que Vogler explicita em sua proposição, diz respeito a tentativa de escape da ordem institucional – um trabalho final que deve ser apresentado como quesito para o grau de obtenção de mestre em Artes Visuais –, procurando, de maneira afirmativa, a busca de outros espaços e de outras formas e forças de ação, que conseguissem extrapolar as fronteiras de uma exigência institucional. É interessante perceber que Vogler não vai propor este trabalho num sentido de negação do institucional, no sentido reativo da relação, mas, sim, de maneira afirmativa:

> Apesar de o trabalho lidar diretamente com a problemática institucional da arte, não julgo ter sido esse o motivo formador da iniciativa. Até porque o próprio ato de negar essa situação o leva para o mesmo discurso institucional (ainda que negando, toca-se o mesmo assunto). Preocupava-me, antes resolver certos aspectos ligados à abrangência do trabalho, ou seja, torná-lo visível. Me passava pela cabeça a possibilidade de em dois minutos de "exposição" o trabalho ter o equivalente à média mensal de visitantes num espaço de grande porte. Melhor ainda era o fato de tornar dispensável essa ruidosa pré-disposição do espectador em encontrar um "trabalho de arte" num "espaço de arte".
>
> A circunstância de o trabalho apresentar-se camuflado na paisagem, dota-o de um certo "conteúdo virótico" capaz de instaurar uma reflexão efetiva no pedestre descuidado. (Vogler, 2001, p. 114).

O que chama atenção aqui é não só a disposição afirmativa da proposição de Vogler, mas a maneira pela qual essa mesma disposição vai contaminar a produção de sentido da produção e dos produtos de arte. Escapar, forma pela qual se vai propor uma outra capacidade de singularização presente no deslocamento de sentido em meio ao espaço urbano. A contaminação se dá pela visão deste outro deslocado em meio ao mesmo da paisagem significada das paredes de *outdoors*. O mais interessante é que não se pretende *dizer o que é*, pretende-se muito mais não definir qualquer parâmetro de obra – ou coisa do gênero – por esses dejetos visuais. A camuflagem pela qual passam esses lambe-lambes os transforma em dejetos de arte, em trechos de deslocamentos que adquirem valor na ação própria do deslocamento. Pouco importa o olhar do especialista, importa a experiência de massa – que a partir da experiência adquire um caráter de multidão. Tanto a ação, quanto os dejetos, quanto os olhares, as experiências do ato, a interferência no campo visual são atualizações de um devir-multidão da produção de arte. É a potência de singularizar a multiplicidade de múltiplos através de uma experiência corporal. A idéia de *tornar visível* os dejetos nessa paisagem hiper-significada é da dimensão de uma densidade corporal associada à experiência de arte.

Outro aspecto de suma importância nesta ação é sua capacidade de articulação e agenciamento. Para além de muitas ações de grupos e coletivos no cenário de produção de arte do Rio e do Brasil como um todo, esse acontecimento acabou, de uma maneira ou de outra, viabilizando a emergência de uma redes de produções e de produtores de arte – alguns ainda jovens, outros nem tanto – que pode ser pensada como um encontro de contemporaneidade atual. Mesmo que já houvesse alguns grupos – uns bem sólidos, financeira e institucionalmente bem resolvidos –, a atualização de linhas de forças que potencializaram resistências à determinados quadros de produção, e que irão assumir posições afirmativas diante do cenário de arte como estava configurado, veio desta proposição, deste agrupamento.

Um simples e direto fato contribui para isso: pela maneira como esta configuração se apresentava, não se imaginava, e nem se cogitava – de forma alguma –, a entrada em qualquer nível de circuito de arte. A impossibilidade concreta – seja pela maneira de se pensar e de se agir arte, seja pelas tendências de mercado, seja pelos nichos de poder e suas práticas –, levou-os à alternativa de se afirmar como trabalho vivo. Não é uma reação, simplesmente se agia, porque se tinha que agir. A ocupação e a tomada deste espaço se dá portanto *a favor* da própria produção, e, não – como ocorria nas belicosas neovanguardas dos anos 60 –, contra ou sobre nenhuma outra tendência ou forma de se relacionar com os meios e produções de arte. Esta é uma grande contribuição que essa proposição traz para o debate das produções de arte no Rio de Janeiro e no Brasil. Agora seria interessante tratar, de maneira mais específica, a produção de algumas ações desses produtores de arte.

Capítulo 02
tradição delirante:

corpo,
contemporaneidade,
traição,
multidão,
resistência,
criação

ÊNCIA
AÇÃO

...o mais profundo é a pele...
Paul Valéry

Resistir é afirmar. Resistir é criar. Resistir é produzir diferenças. Pensar os limites e potências da criação. Criação como produção de diferenças, diferenças como necessidade de experimentação. Experimentação das experiências: pressuposto básico da análise. Experiência aqui é entendida como a capacidade de tornar-se corpo, incorporar o acontecimento. Elevar no acontecimento seu edifício. Acontecer como corpo.

Pensar a tradição. Tradição que se constrói como traição, incorporando certos acontecimentos de corte, de risco, de golpe, de saque, de outros: desconstrução da cultura *standard,* padrão cultural questionado. Tradição//Traição: *entregar*. A mesma raiz, a mesma etimologia une essas duas palavras. **Tradição: *entregar a alguém*;** **Traição: *entregar alguém*.** O que se entrega a alguém aqui é a capacidade de tornar *real* a experiência da criação enquanto produção de diferença, a elaboração de programas de ação onde a invenção é necessidade. Quem está sendo entregue aqui são os elementos constituídos do poder enquanto mantenedores de desigualdade, nichos de acumulação e propagação do indiferenciado, do mesmo. Diferença não é desigualdade. Diferença é potência, desigualdade é poder, é biopoder, é o poder do *soberano* sobre o corpo, exclusão da vida. Existe uma economia de sentidos no ato de pensar a traição realizada como sedição, como ação de resistência, como sabotagem, como instrumento na luta contra aquele que ocupa, como esforço para explicitar o regime de ocupação em que se vive. Todo território ocupado deve se desterritorializar, fazer girar seu eixo, perder o norte, produzir ruído. Essa é a traição do nômade.

Tradição//Traição: pensar como foi constituída por dentro, em torno, por cima, ao longo, através de certas noções vigentes de cultura brasileira. Fazer sentir a freqüência dissonante de vozes constituintes. Buscar as potências de produção de diferença na história cultural recente brasileira e ativá-las, conectá-las. Buscar onde se encontram os desobedientes, aqueles que simplesmente se negam a dizer um não como posição marcada, que possuem o sim como instrumento de afirmação, de produção. Sabotar o território vazio de possibilidades de outros e romper o *nihil* dominante, destituir o nada de sentido, o não dos niilistas criativos e seus protofascismos de fachada publicitária, entreguismos de uma corruptela de oportunistas mantida pela higiene e assepsia de galerias/galeristas de arte e sua lógica do *branding* generalizado.

Acessar aqueles que fazem do não sim, do não afirmação, do não uma produção imanente de diferenças, de produção de multiplicidades, de produção de outros.

Trair

Existem experiências radicais na cultura brasileira. Essas experiências radicais – no sentido definido por Marx, de radical como derivado de raiz – são elementos compostos, singulares e constituintes de uma tradição. Inteiramente baseada na utilização da idéia de radicalidade da experiência como exercício das potências do corpo e meio de ação afirmativa das diferenças, essa tradição viabiliza a emergência de um campo de pensamento sobre a rede cultural brasileira. Os elementos que compõem esse campo são, paradoxalmente, compatíveis e díspares entre si. A tradição, o delírio, o corpo, a experiência, a radicalidade, a resistência, a invenção, a cultura e, por fim, a própria idéia de Brasil são pontos de intercessão desta ampla rede de significações.

Partamos do jogo estabelecido em meio ao vórtice desta rede de fluxos. O lance feito das contradições, da idéia paradoxal, do descenso, da incompatibilidade, dos contra-sensos irrompe na superfície tranqüila destas palavras-chave previamente catalogadas. O gesto dos duplos, dos múltiplos que convivem, que insistem em cruzar as tramas desses conceitos, com suas dúvidas, seus erros, seus desequilíbrios instauram, no ato de *traição,* seus pontos de partida. Entrar neste jogo é trair a nós mesmos, nos entregar.

Escolher a traição como tradição. Buscar traidores.

Traição & *branding*

Traidores. Sim, ainda existem *os traidores*. Diante desta (da) total ausência de parâmetros éticos, diante do *vale-tudo* politicamente correto de mercado, eles insistem. Achá-los hoje em meio à tamanha *tolerância,* em meio à grande compreensão da *diversidade contemporânea,* em meio ao paradigma *democrático* e *multicultural* das marcas pós-modernas é se perceber também traindo. Conectá-los sem, novamente, incorrer no equívoco moderno de reeditar desgastadas formas discursivas e antigas práticas *perecíveis,* ou ainda, de retomar um vanguardismo desproposital *fora de moda,* pleno de melancolia esquerdista tardia; para além desse registro, ainda é possível a traição como criação de diferença.

Falar em traição numa época homogeneamente desigual, socializada em doses cavalares pelas mídias/meios/culturas de massa, alardeada pelos quatro cantos desse admirável mundo novo *global-tecnológico* é trabalhar no limite do modelo de controle social contemporâneo. Na época do aparente *consenso* tecnológico da internet, das corporações transnacionais e de seus esquemas de *branding,* como define Naomi Klein:

> Este era o segredo, aparentemente, de todas as histórias de sucesso do final dos anos 80 e início dos anos 90. [...] As marcas ficariam bem, conclui Wall Street, assim que acreditassem fervorosamente nos princípios do *branding* e nunca, jamais piscassem. Da noite para o dia, "Marcas, não produtos!" tornou-se um grito de guerra [...]. O que mudava era a idéia de o que – na publicidade e na gestão de marcas – estava sendo vendido. Segundo o velho paradigma, tudo o que o marketing vendia era um produto. De acordo com o novo modelo, contudo, o produto sempre é secundário ao verdadeiro produto, a marca, e a venda de uma marca adquire um componente adicional que só pode ser descrito como espiritual. A publicidade trata de apregoar o produto. O *branding*, em suas encarnações mais autênticas e avançadas, trata da transcendência corporativa. (Klein, 2002, p. 12-13)

Em meio a essa ditadura de marcas e ao capital imaterial generalizado, ainda se devem buscar traidores. São esses atos de traição, a ação daqueles que traem, que possibilitam a resistência em pleno território ocupado pela sociedade de controle e seu biopoder. Diante deste quadro-limite, torna-se uma questão de necessidade imperativa resistir. O *branding* invadiu todos os campos da produção cultural contemporânea. Os festivais de música, as tendências de moda e comportamento da juventude, as universidades e colégios, o esporte, o espaço público e os eventos comunitários, são todos campos onde a lógica de controle das marcas avança avidamente. Continuemos com Naomi Klein:

> Embora os patrocinadores do passado possam ter se satisfeito meramente apoiando eventos comunitários, os construtores de marcas ávidos de significado jamais aceitarão esse papel por muito tempo. O *branding* é, em sua essência, um empreendimento profundamente competitivo, em que as marcas são construídas não somente contra seus rivais imediatos (Nike *versus* Reebok, Coca-cola *versus* Pepsi, McDonald's *versus* Burguer King, por exemplo), mas contra todas as marcas que ocupam a paisagem

urbana, incluindo os eventos e pessoas que estão patrocinando. Essa é talvez a ironia mais cruel do *branding*, a maioria dos fabricantes e varejistas começa a buscar cenários autênticos, causas importantes e eventos públicos caritativos para que essas coisas dêem significado à suas marcas. [...] a natureza expansiva do processo de *branding* termina por levar à usurpação do evento, criando uma situação quintessencial de perdedores em ambos os lados. Não apenas os fãs começam a sentir uma certa alienação em relação a eventos culturais antes acalentados (se não um completo ressentimento contra eles), mas os patrocinadores perdem o que mais necessitam: um sentimento de autenticidade com o qual associar suas marcas. [...] Se essa expansão insidiosa da publicidade parece mera questão de semântica quando aplicada à táxis e camisetas, suas implicações são muito mais sérias quando aplicadas no contexto de outra tendência de marketing: o *branding* de bairros e cidades inteiros [...] em breve as empresas patrocinadoras poderiam assumir papéis politicamente mais poderosos nessas comunidades. (Klein, 2002, p. 60-62)

Não se trata de ignorar a lógica de funcionamento do *branding*, mas, sim, de pensar a maneira pela qual é possível fazer vibrar as evoluções desse modelo de sistema de controle num outro sentido. Se todos os sujeitos e objetos do meio social foram transformados em mídia – onde são veiculados signos que remetem prioritariamente a manutenção das funções dos mecanismos de mercado – torna-se fácil perceber que esses agentes de produção de controle não conseguem dar conta de toda a extensão dos meios. Os corpos ainda são o parâmetro referencial da vida social. A luta que se configura no campo da subjetividade social contribui para fortalecer a busca de uma autonomia dos corpos em relação às marcas. Os corpos ainda escolhem suas marcas.

Os traidores são inventores de marcas que escapam e sabotam os aparelhos de captura. São eles os agentes ativos de transformação e re-apropriação do espaço público, os detonadores de processos críticos, os produtores do *contra-branding* da diferença. Agindo como bárbaros em um território delimitado pelo mercado, fazem valer as forças do corpo contra as formas de controle.

É claro que se trata de um jogo complexo, cheio de contradições e que se encontra em pleno andamento. A moderna razão dialética e suas pretensões pela síntese, não consegue dar conta dos paradoxos presentes neste quadro. O que segue sendo mais importante é perceber esses campos como um intenso jogo de devires, em que a ação dos traidores é tão premente quanto a própria potência do corpo como produtor de vida e diferença.

No caso cultural brasileiro, a opção por buscar os que traem, que criam, que inventam *novas* tradições, vem da necessidade de se estabelecer uma leitura viva, potente, sobre mazelas e clichês que se solidificaram ao longo de nossa história cultural – o *branding* oficial do Estado, como o exemplo patético das comemorações dos 500 anos de *descobrimento*, realizadas ao longo do ano 2000 – determinando o caráter constitutivo e ontológico do que deve, e pode, *vir-a-ser* brasileiro.

Aqueles que buscam hoje, na radicalidade de uma experiência de criação enquanto produção de diferença, traçam com seus corpos em jogo cartas geográficas de outros intensos mundos possíveis, cruzam por dentro a extensão dos extratos planetários do Império, do capital e do controle, e estabelecem parâmetros de leitura singulares do que é estar num mundo ocupado pelo fundamentalismo bélico de mercado. São esses os traidores na contemporaneidade, os criadores do *contra-branding* da insubmissão. São eles que irrompem e rompem os eixos de funcionamento naturalizado dos mecanismos de controle generalizados sobre nossos corpos, nossas subjetividades, nossos desejos, nossas forças. Ao lê-los, a conexão é estabelecida.

Existem muitas forças em jogo. Os traidores apostam na possibilidade de um outro real. Trair, hoje, é buscar os que seguem apostando na vida como última e única instância, aqueles que seguem criando.

Produzir diferenças por insistência, por necessidade.

O ato: a etimologia e o campo

Trair é entregar *alguém*. Alguém pode ser qualquer um, ou mais precisamente nesse caso, *aquele que é entregue*: aquele onde se dá o ato da traição. Não se trata daquele que é traído, nem dos elementos ou substâncias da ação, mas sim do agente local, da área de intensidade do ato. Trair – enquanto linguagem, enquanto verbo – de maneira mais específica, sugere um coletivo, uma aglutinação, um conglomerado. Trair como encontro. A conjunção entre o receptor do ato realizado, o espaço onde se dá o ato e a duração ou a extensão do ato, caracteriza este encontro como uma ação transitiva direta. Neste sentido, *alguém* (o *lócus* da ação) é pensado como plano de incidências de forças.

Para além de suas definições etimológicas, a traição aparece sendo definida a partir de muitos aspectos. Ao procurar verbetes que descrevem conceitualmente os possíveis sentidos da palavra (dicionários de psicologia, antropologia, ciências sociais, política, psicanálise, entre outros) o que mais chamou a atenção foi que, em sua grande maioria, o tom das classificações encontradas qualificam a traição a partir de uma lógica jurídica. Este é, sem dúvida, um fato intrigante. Ao ler o verbete, surgem elementos ainda mais curiosos. Citemos o verbete do *Dicionário de Ciências Sociais:*

Traição.

A. Traição, em significado mais geral, indica a prática de atos contra a segurança do país por um cidadão que lhe deve fidelidade.

B.1. O ato de traição é tema clássico de direito constitucional e sua definição tem variado através dos séculos, refletindo as concepções predominantes de Estado e do indivíduo em cada época e em cada sociedade. Sendo grave o crime de atacar a segurança de um Estado soberano, a traição tem sido punida desde os primeiros governos legalmente constituídos. Assim, a lei inglesa primitiva constituía, nessa matéria, uma repetição de normas do direito romano. No direito inglês o uso corrente do termo baseia-se na Lei de Traição de 1351, segundo a qual os elementos principais da traição são o ato de organizar guerra ao rei, aderir a seus inimigos em seu reino, ou dar-lhes ajuda e apoio no próprio reino ou em qualquer outro lugar. Geralmente traição é "uma ofensa à fidelidade devida à Coroa" [...]. De acordo com decisões recentes, não só os estrangeiros residentes na Grã-Bretanha são passíveis de condenação por motivo de tal crime, como também os estrangeiros portadores de passaporte inglês, enquanto residirem em país inimigo [...]. Nesta acepção, o termo designa o que às vezes se chama de alta traição. Em significado mais antigo, o vocábulo indicava também uma infração menos grave (*petit treason*), como a resultante do "assassinato de um superior que lhe devia fidelidade em virtude de vínculo natural, civil ou espiritual" [...]. Essa concepção, abolida em 1829 [...], data da Lei de Traição de 1351.

B.2. [...] a Constituição norte-americana adota uma definição restrita, considerando crime de traição aos EUA "fazer-lhes guerra ou aderir aos seus inimigos, dando-lhes ajuda e apoio. [...]" (art. 3º, seção 3) [...]. A definição restrita fornecida pela constituição não pode ser ampliada pelo Congresso, requerendo-se, para que seja considerada traição, a prática de um ato notório e não apenas a mera conspiração. M. Ploscowe [...] defende a tese de que [...] "pode constituir traição... em período de guerra qualquer ato de cidadão que beneficie esquemas hostis dos inimigos dos EUA... em tempo de paz, será considerada traição não só qualquer tentativa de derrubar o governo pela força, mas também a resistência violenta organizada à execução de uma lei dos EUA". Paralelamente, em virtude de ser tão difícil provar a traição naquele país, foram tipificados crimes menores, como a subversão, de modo a poderem ser punidos com maior facilidade. (*Dicionário de Ciências Sociais*, FGV/MEC, 1986, p. 1254-1255)

Fica claro que o problema da traição é um problema de ordem política. A definição de quem é o traidor, de quem fez o ato de traição, como ela se deu e contra quem ela se deu, é sempre executada pela marca do controle instituído e constituído pela lei do estado sob os corpos dos infratores. Seguindo com os verbetes, a definição no vocabulário jurídico[1] não é muito diferente da anterior:

Traição. De Trair, do latim *Tradere* (arrastar, trair), em amplo sentido exprime toda ação que contravém à fidelidade, à fé jurada, ou à lealdade devida. Resulta assim, na quebra de um dever imposto, seja a que título for, pelo qual era defeso à pessoa praticar o ato, ou executar a ação, a que legal, ou moralmente, estava impedido, por vir infligir, ou ofender ao mesmo dever. [...] na linguagem do Direito penal comum, a expressão à traição ou traiçoeiramente, designa o modo pérfido, a maneira insidiosa, o processo falso, a aleivosia, ou o meio enganoso, utilizado para a prática, ou execução do crime, e pelo qual se quebrou, ou se abusou da confiança, depositada pela vítima.

Traição. Como expressão propriamente jurídica, a traição configura o crime cometido contra a seguridade interna, ou externa, do Estado. É a perfídia, ou a quebra do dever, que leva o cidadão a praticar o ato que atenta contra a segurança da pátria, ou que atenta contra a estabilidade de suas instituições.

Originalmente, a traição dizia-se crime de lesa majestade, por atingir a pessoa do soberano e os seus poderes. Modernamente, é atentado de lesa pátria, porque resulta num ataque à segurança da nação e à estabilidade de suas instituições. É crime de natureza política.

Distingue-se em traição contra a pátria e alta traição, em ambas se firmando a perfídia, ou a falta de fidelidade, e de ambas resultando a quebra de um dever sagrado.

A traição contra a pátria, a que os romanos chamavam de *proditio* (perfídia), e dita simplesmente de traição, é o atentado contra a seguridade exterior do Estado.

[...] A alta traição, a que os romanos denominavam de *perduellio* (crime de lesa majestade), é figurada por todo ato criminoso que atente contra a integridade interna do país, ou contra a sua existência enquanto nação. Resulta de atos que atentem contra sua

---

[1] Silva, P. *Vocabulário Jurídico*. 16. ed. Rio de Janeiro: Forense, 1999.

PROTECÇÃO

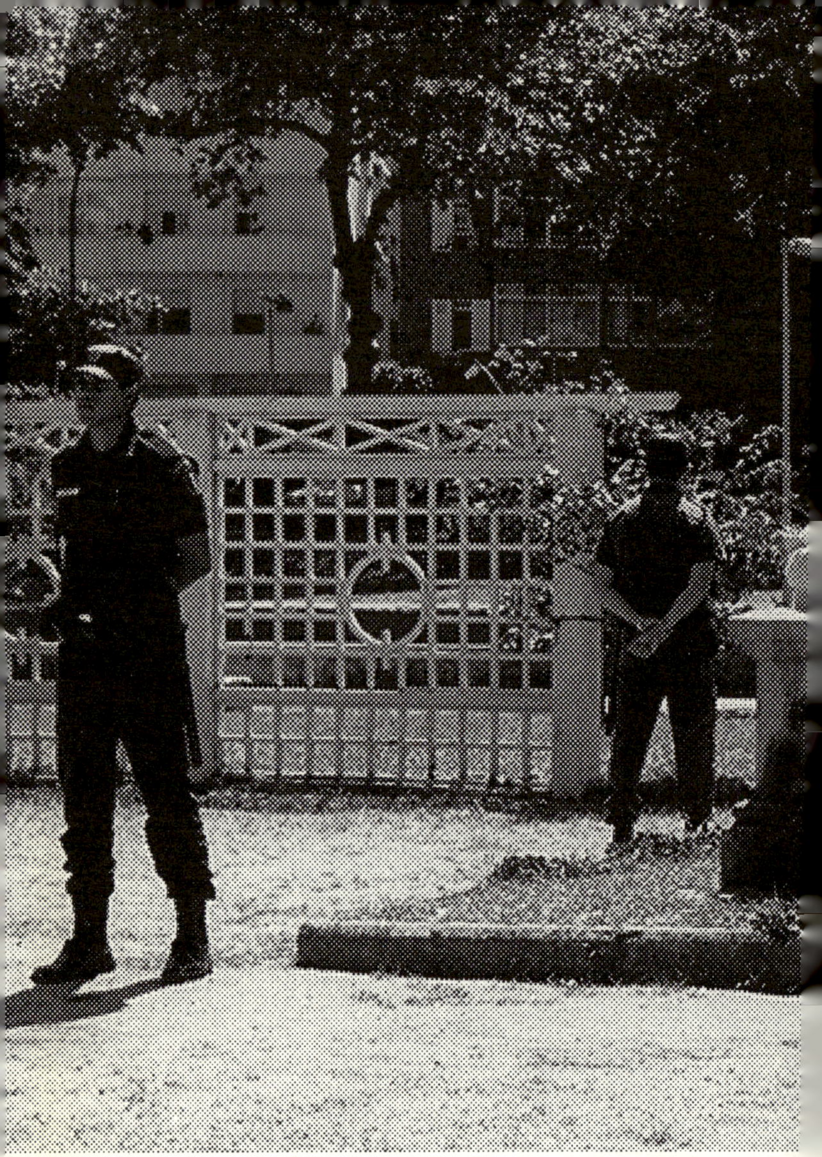

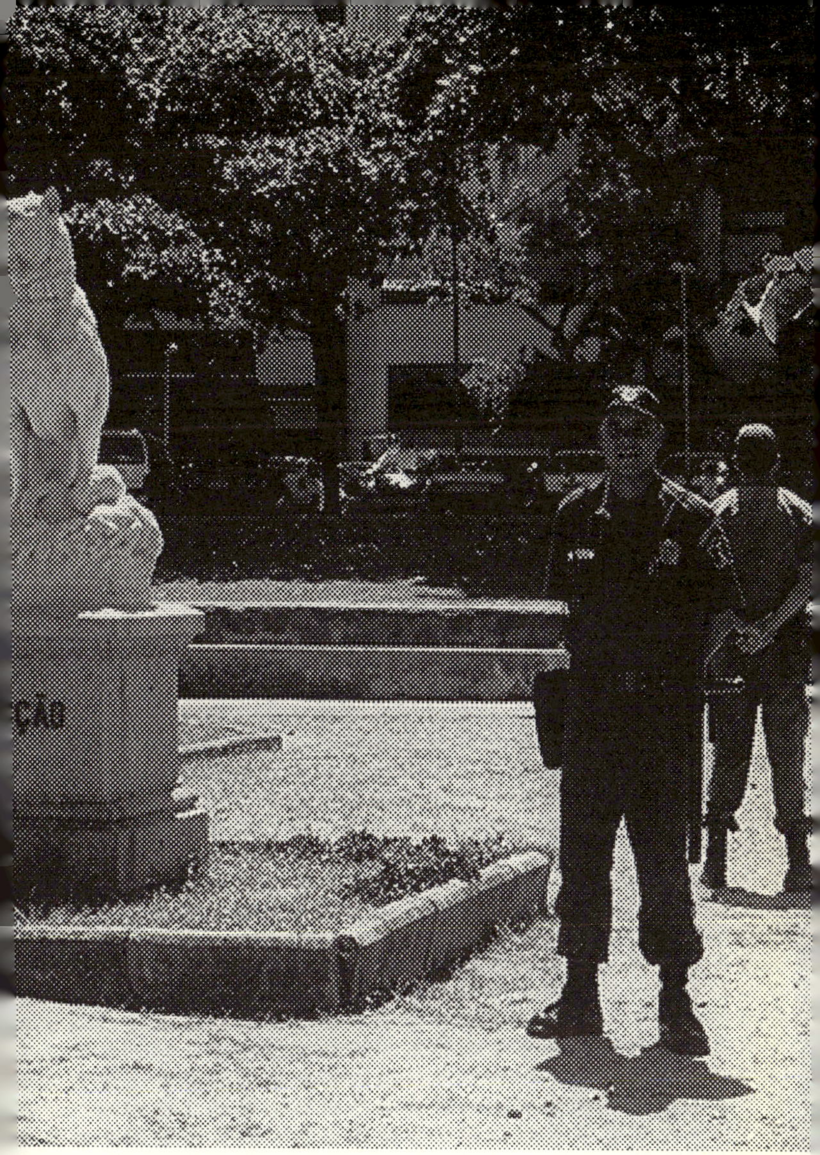
ÇÃO

forma de governo, contra os poderes constituídos, ou contra os direitos políticos.

Desse modo, embora ambas as traições se mostrem atentados, ou ataques à segurança do país, a traição, simplesmente, é o atentado contra a segurança externa do país, e a alta traição é o atentado contra a segurança interna. (Silva, 1999, p. 825-826)

As duas esferas em que o *crime* é caracterizado – a idéia de um evento de fundo moral e a traição à pátria – apontam na direção de uma classificação penal ligada ao direito constitucional. A traição pode ser pensada como um ato constituinte. O embate entre potência constituinte e poder constituído acontece. A traição, mais do que um problema de ordem institucional, estabelece, na realização do ato, o embate entre forças que irão remontar à formação das instituições de controle do Estado. E, como o próprio verbete define, o crime de traição é um problema de natureza política, o que o aproxima ainda mais do processo constituído de institucionalização das formas de controle do estado e da sociedade.

É interessante perceber que neste ponto existe um veio insidioso. Linhas e distensões subterrâneas percorrem e estabelecem sentidos na superfície do conceito. Aqui emerge a presença de um perigo real: sua subutilização, a leitura redutora, de primeira mão, pode produzir preconceitos e limitações em seu entendimento, e ainda o esvaziamento do seu sentido político. A ambigüidade e o aparente paradoxo da traição – derivado de seu *conteúdo moral,* digamos assim – instaura, como produção de sentido, simultaneamente, vetores de sedição, potencialidades subversivas e seus desdobramentos. O conceito é cortado de ponta a ponta por seus duplos e suas forças – ativas e reativas – que entram em jogo no suave movimento de deslize sobre o fio da navalha do paradoxo.

O plano ou o campo de incidências de forças escapa à polaridade, quebra a simplicidade dialética da lógica sintética, desconstrói bipolaridades frontais ou estagnadas e propõe – de fato, instaura – no ato da traição, um jogo onde são encontradas as seguintes forças:

> O *outro* a quem esse alguém está sendo entregue, a *mídia* da ação;
>
> O espaço e/ou espaços determinados onde se dão os deslocamentos e negociações da ação;
>
> E o trânsito ou a medida transitiva do ato, lançando e provocando os limites e alcances dispostos no plano.

Alguém é o conjunto mobilizado e mobilizador, entrecortado de movimentações díspares e divergentes onde o *outro* é lançado, provocado a perceber a si mesmo como alguém em processo de cumplicidade do ato, como mídia ativa no evento. *Alguém* é a localidade do encontro com o *outro*, é a esfera da *mídia tática*. A mídia é o meio, o entre, o espaço, a distância, o jogo de aproximação e refutação dos corpos – pensar os corpos como mídias de si mesmos. A tática é totalmente distinta da estratégia. Ela é a luta travada pela lógica das guerrilhas, com suas ações imediatas, eficazes e com alto grau de mobilidade.

Trair é entregar alguém, é entregar-se a si mesmo como experiência. O conceito de experiência traz em si duas palavras: *Ex*, de origem romana, que quer dizer fora e, *Peros*, proveniente do grego, que quer dizer local, espaço. Experiência é se colocar fora do local de onde se está.

Pensar o trair como experiência inserida num campo dialógico potente, como ato de comunicação ainda possível, *reply* sem autor num mar infinito de pontos de referências, é afirmar a força constituinte presente nesse jogo de invenção.

Trair é criar uma língua.

Não estamos falando de linguagem, nem de uma ou mais falas, muito menos de um discurso. Realmente, estamos falando de uma *língua*: algo mais arcano, algo mais físico, mais fisiológico, algo que vai marcar a criação de um *povo* – no sentido que Deleuze (1998) dá a povo – algo ou alguém que vai inventar uma *tradição*.

Um nu

Em 1912 um corpo irrompeu escada abaixo pela segunda vez. Um corpo multiplicado, fragmentado, multifacetado, propagado, cotizado pela ação que realiza. Trata-se de um encontro com o movimento. Esse corpo não encerra em si sua fisicalidade, não pretende descrever a supremacia do aparelho orgânico ou a naturalidade de sua presença enquanto evento originário. Muito pelo contrário, a sensação que se tem diante deste nu é de uma quase total ausência de objetividade: volumes que lembram algo de origem feminina, couraças ou placas de proteção, superfícies e sonoridades metálicas, rastros de uma figuração que escapa. A não objetividade que emerge neste evento pode ser traduzida em termos de uma busca pela radicalidade do movimento. O corpo perde sua homogeneidade, perde sua pretensa unidade. Ele é explicitado como coletivo múltiplo e multiplicador. É escancarado pelo movimento; arrebentado pela ação, torna-se a própria ação. O corpo é movimento, é uma multidão.

Estamos falando do *Nu Descendo a Escada n. 2,* de Marcel Duchamp. Esse quadro foi apresentado em uma exposição em Nova York, que curiosamente se realizou num Regimento de Infantaria do Exército americano, mais precisamente o 69°, localizado na *Lexington Avenue*. Foi inaugurada em 17 de fevereiro de 1913 e foi chamada de *International Exhibition of Modern Art,* a *Armory Show*, e foi também a primeira vez que os Estados Unidos viram as então *novíssimas* experimentações do que se considera historicamente a arte moderna. Os articuladores dessa empreitada se organizavam em torno de uma publicação chamada *Camera Work,* editada por um grupo de jovens fotógrafos e um pioneiro e um dos grandes articuladores da arte moderna nos EUA, Alfred Stieglitz.[2]

O impacto da exposição foi seguido pelo escândalo provocado pela obra de Duchamp. Segundo Hans Richter, houve um sucesso imediato de público:

> Ela teve mais de 100.000 visitantes enquanto permaneceu aberta. [...] Esta exposição tornou-se um evento nos Estados Unidos, pois apresentava a um público desprecavido, e a uma imprensa mais desprecavida ainda, um conceito inteiramente novo de arte. [...] A grande sensação foi o quadro de Marcel Duchamp, *Nu Descendant un Escalier*, que Breton qualificou de obra-prima, uma vez que havia introduzido "a luz como fator móvel" na pintura. Este era o problema com o qual Stieglitz, como fotógrafo, se preocupava profundamente. O quadro de Duchamp tornou-se um sucesso escandaloso, único na história das exposições americanas. Da noite para o dia, Duchamp se transformou em uma admirada *bête noire* da arte moderna. Hoje, após cinqüenta anos, esta "besta negra" foi inocentada através do título de doutor *honoris causa*, conferido pela *Wayne University de Detroit-Michigan*. (Richter, 1993, p. 109-110).

Esse acontecimento é de extrema significação para o presente texto. A operação realizada por Duchamp, mais do que um princípio unilateral de pretensões de vanguarda, estabeleceu uma linha de força que iria fazer da experiência artística uma experimentação do movimento, ou do movimentar-se, ou ainda do deslocamento e da ação.

A grande maioria das expectativas das experiências artísticas até este corte apontavam, de maneira geral, para uma estratificação figurada da imagem capturada pela técnica. O movimento era descrito pela luz – como no caso dos impressionistas – ou ainda era a própria luz ou luminosidade – como no caso de um

---

[2] Richter, H. *Dadá*: arte e antiarte. São Paulo: Martins Fontes, 1993. Apesar do tom extremamente parcial do texto – o autor foi um dos articuladores do movimento –, a riqueza de detalhes o qualificam como fonte preciosa e significativa.

CUBANANADA bobN

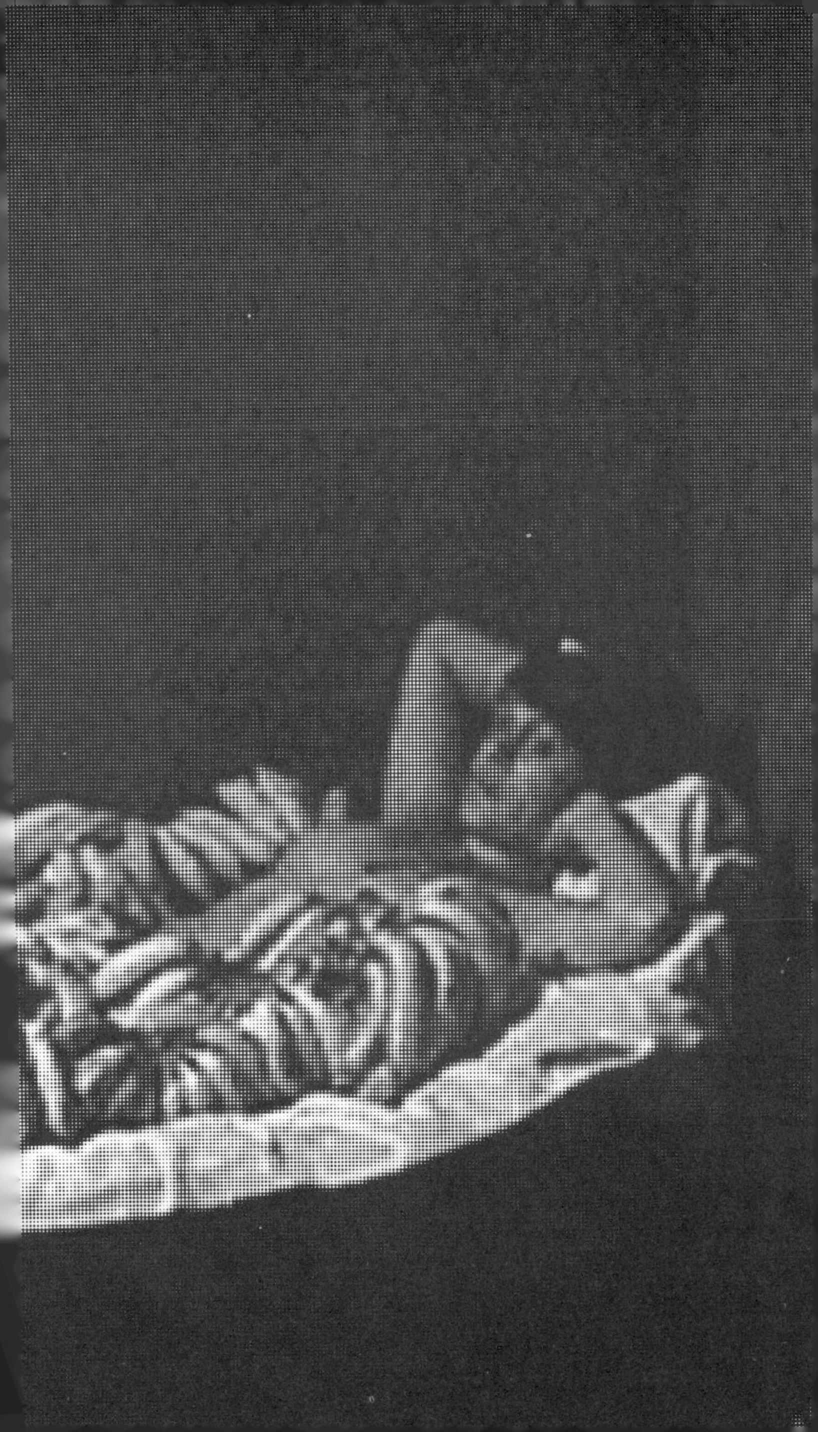

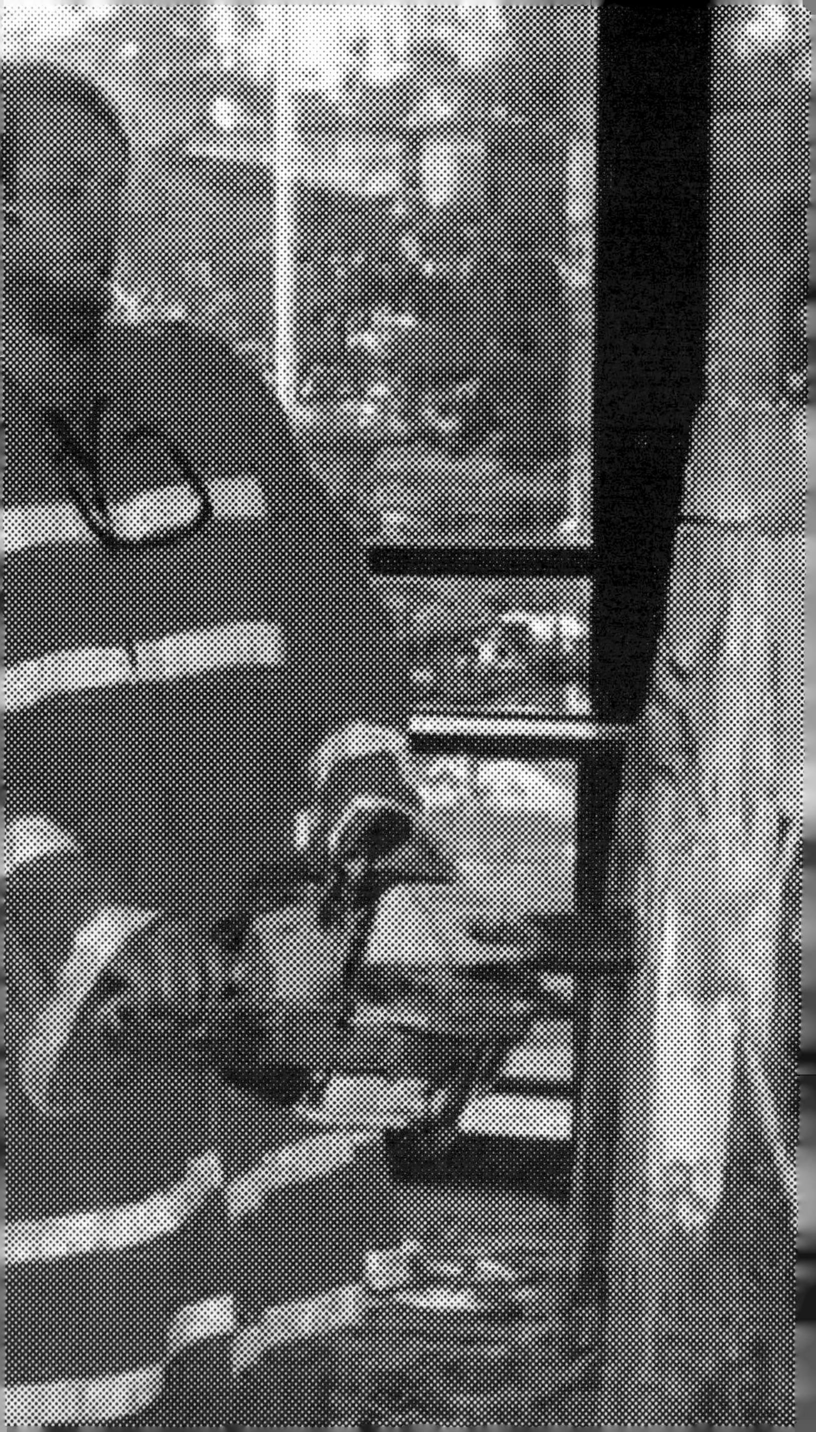

Veermer, por exemplo. O próprio cubismo, com o qual Duchamp se encontra dialogando diretamente, lança mão da figuração geométrica para estabelecer os parâmetros de movimentação da obra. É claro que a questão do movimento está presente em todo percurso do que se estabeleceu chamar de arte ocidental. Desde os primitivos renascentistas – é necessário pensar na obra de Fra Angelico a Paolo Ucello[3] – até a esculturas cinéticas do alto modernismo, o movimento é uma questão central que está sendo discutido e posto a prova. Não é possível ignorar toda essa experiência. Não é possível não percebermos que o movimento não é uma discussão exclusiva da arte moderna e de suas máquinas e cidades.

Para além de uma digressão sobre a história da arte ocidental, o que interessa aqui é justamente o caráter singularizante da introdução do movimento, e logo do corpo e do corpo enquanto movimento, na experiência de arte. A aparição do movimento como tema neste trabalho fez com que muitos críticos afirmassem – sem dúvida uma interpretação apressada – que o *Nu...* tem uma influência direta dos futuristas italianos. Ainda hoje, defender esta posição é quase um lugar comum. Está claro que, de alguma maneira, direta ou indiretamente, o *Nu...* tem uma interlocução com o cubismo, enquanto comentário à limitação da lógica figurativa, e com o futurismo italiano, se relacionado às maquinações e ao desejo de movimento. Octavio Paz[4] descreve alguns níveis desta relação entre o *Nu* e outras tendências:

> Esse quadro é um dos eixos da pintura moderna: o fim do cubismo e o começo de algo que ainda não termina. Em aparência [...] o *Nu...* se inspira em preocupações afins às dos futuristas: a ambição de representar o movimento, a visão desintegrada do espaço, o maquinismo. A cronologia proíbe pensar em uma influência: a primeira exposição futurista em Paris se celebrou em 1912 e já um ano antes Duchamp tinha pintado, a óleo, um esboço do *Nu...*

---

3 Não se pode esquecer o notório *Nicoló de Tolentino na Batalha de San Romano (1456 – 60)*, de Paolo Ucello.
4 Paz, O. *Marcel Duchamp ou o castelo da pureza*. São Paulo: Perspectiva, 2002.

Ademais, a semelhança é superficial: os futuristas queriam sugerir o movimento por meio de uma pintura dinâmica; Duchamp aplica a noção de retardamento – ou seja: análise do movimento. Seu propósito é mais objetivo e menos epidérmico: não pretende dar a ilusão do movimento – herança barroca e maneirista do futurismo – mas decompô-lo e oferecer uma representação estática de um objeto cambiante. É verdade que também o futurismo se opõe à concepção do objeto imóvel, mas Duchamp transpassa imobilidade e movimento, funde-os para melhor dissolvê-los. O futurismo está cativo da sensação; Duchamp da idéia. (Paz, 2002, p. 12)

A diferença básica consiste na distinção do par velocidade/figura, dos futuristas e cubistas, para o movimento/abstração de Duchamp. O que é marcante nesta experiência é a intencionalidade radical de desconstrução do discurso geométrico cubista, e também, a aposta na ação, no movimento, em detrimento do sentido retratista da velocidade das cidades e de suas máquinas tão presente em Carrá e Bocioni. A antiga dicotomia entre figura e abstração parece encontrar-se sobre um desvio: não se trata de pensar o *Nu...* como um precursor *avant la lettre* das experiências do expressionismo abstrato dos anos 50 e 60, mas sim de perceber o limite dos dois campos da experiência pictórica. O que é absolutamente singular no *Nu...* é a sua capacidade de implosão dos parâmetros da figura, não em busca da abstração pura e simples, mas em busca do movimento, da experiência de tornar-se o movimento. Este movimento, não tem como pano de fundo, como alguns críticos pretendem, a então nova vida mecanizada das grandes cidades, ele tem no movimento seu próprio fim, o movimento enquanto a própria vida. Mais do que uma crítica ou apologia às cidades, às indústrias e suas linhas de montagem, o *Nu...* aponta no sentido perene do movimento enquanto produção de vida: o movimento extrapola as couraças e aparelhos que estão sobre o corpo, o movimento age como libertador de potências deste corpo vivo, o movimento é a vida do corpo. Esta aposta na vida seria suficiente para diferenciar Duchamp dos futuristas italianos e de suas ideologias belicistas. Retomemos Octavio Paz em seu exercício de distinção entre Duchamp e os futuristas:

> Antes de tudo: a atitude diante da máquina. Duchamp não é um adepto de seu culto; ao contrário, ao inverso dos futuristas, foi um dos primeiros a denunciar o caráter ruinoso da atividade mecânica moderna. As máquinas são grandes produtoras de refugos e seus resíduos aumentam em proporção geométrica à sua capacidade produtiva. [...] As máquinas são agentes de destruição e daí que os únicos mecanismos que apaixonam Duchamp sejam os que funcionam de um modo imprevisível – os antimecanismos. Esses aparelhos são os duplos dos jogos de palavras: seu funcionamento insólito os nulifica como máquinas. Sua relação com a utilidade é a mesma que de retardamento e movimento, sem sentido e significação: são máquinas que destilam a crítica de si mesmas. (Paz, 2002, p. 13)

Não se trata de uma vida sobre as máquinas, mas da vida que atravessa as máquinas para achar no movimento sua potência constituinte. O *Nu...* é, ainda hoje, mais do que um marco da historia da arte moderna ocidental, uma linha de força que propaga a intensidade do movimento de produção de diferenças nos corpos da contemporaneidade em suas ações de resistência à sociedade de controle global.

Nas palavras de Duchamp, esses postulados talvez possam ser clarificados como pontos conscientes do processo de criação do artista. Em uma entrevista à Pierre Cabane,[5] ele descreve como se deu o processo de constituição do trabalho em questão e a distinção que ele vai traçar em relação ao futurismo:

Pierre Cabane – O manifesto futurista apareceu em 20 de janeiro de 1910, em *Le Figaro*, você não tinha lido?

Marcel Duchamp – Neste momento não me ocupava muito dessas coisas. E mais, a Itália estava longe. A palavra "futurismo", aliás,

---

5 Cabane, P. *Marcel Duchamp*: engenheiro do tempo perdido. São Paulo: Perspectiva, 2002.

me atraía muito pouco. Eu não sei como aconteceu mas após *Dulcinéia*, senti a necessidade de ainda fazer uma pequena tela que se chamava *Yvonne e Madeleine Retalhadas*. O retalhamento era, no fundo, uma interpretação da deslocação cubista.

Pierre Cabane – Havia de um lado a decomposição cubista, e, de outro, a simultaneidade, que não era de todo cubista?

Marcel Duchamp – Não, não era cubista. Picasso e Braque jamais se ocuparam dela. *As Janelas* de Delaunay, devo tê-las visto em 1911, no *Salão dos Independentes*, onde estava também, creio, a *Torre Eiffel*. Esta *Torre Eiffel* deve ter me impressionado muito, pois Apollinaire, em seu livro, disse que eu fui influenciado por Braque e Deleunay. Muito bem! Quando se freqüenta as pessoas, mesmo que não se dê conta, você é influenciado da mesma forma!

Pierre Cabane – Às vezes, a influência se manifesta depois.

Marcel Duchamp – Sim, quarenta anos depois! O movimento, ou ainda as imagens sucessivas dos corpos em movimento, aparece em minhas telas apenas dois ou três meses mais tarde, em outubro de 1911, quando pensei em fazer o *Jovem Triste num Trem*. Primeiro, há a idéia do movimento do trem, e depois, a do homem triste que está num corredor e que se desloca; havia, então, dois movimentos paralelos que se correspondiam um ao outro. Depois há a deformação do homem que eu chamei de paralelismo elementar. Era uma decomposição formal, quer dizer, em lâminas lineares que se seguem como paralelas e deformam o objeto. O objeto é completamente distendido, como se fosse elástico. As linhas seguem paralelamente, enquanto mudam sutilmente para formar o movimento ou a forma em questão. Empreguei este mesmo procedimento, da mesma forma, no *Nu Descendo uma Escada*. (Cabane, 2002, p. 50)

A maneira pela qual Duchamp busca demonstrar a forma como vai comentar a técnica cubista se apropriando e posteriormente transvalorando-a, aponta o sentido da distensão que estava apenas sendo esboçada neste momento, pelo trabalho deste então jovem pintor de sua época. A opção pelo movimento paralelo, o que ele chama de *paralelismo elementar* – ou seja, a multiplicidade dos movimentos de corpos que se interferem e se combinam, sendo atraídos ou repelidos, propiciando o encontro enquanto processo de decomposição do caráter objetal da figura – é a tentativa de dar conta de uma experiência de vida que não se pressupõe mais homogênea e linear. O corpo é arrancado de sua aparente inércia para ser potencializado enquanto movimento, deslocamento, linhas que se propagam na tentativa de implosão do signo estático do objeto. O corpo é experimentado como campo múltiplo de ações e forças.

Sigamos com a entrevista de Duchamp e sua descrição do processo de construção do *Nu...*:

> **Pierre Cabane** - Você fez muitas ilustrações da obra de Laforgue?
>
> **Marcel Duchamp** – Umas dez. Eu nem mesmo sei onde estão. Acho que Breton tem uma delas que se chama *Mediocridade*. Havia também um *Nu subindo uma escada* de onde saiu a idéia da tela que executei alguns meses depois...
>
> **Pierre Cabane** – É a *Ainda a Este Astro*?
>
> **Marcel Duchamp** – Sim, é esta. Na pintura, representei o nu em processo de descida, era mais pictórico, mais majestoso.
>
> **Pierre Cabane** – Qual é a origem deste quadro?
>
> **Marcel Duchamp** – A origem é o nu em si mesmo. Fazer um nu diferente do clássico, deitado, em pé, e colocá-lo em movimento. Havia ali alguma coisa de engraçado, que não era tão quando eu o fiz. O movimento apareceu como argumento para que eu me decidisse a fazê-lo. No *Nu Descendo uma Escada* eu queria criar uma imagem estática do movimento: o movimento é uma abstração, uma dedução articulada no interior da pintura, sem que se saiba se uma personagem real desce ou não uma escada igualmente real. No fundo, o movimento é o olho do espectador que o incorpora ao quadro.
>
> **Pierre Cabane** – Apollinaire escreveu que você era o único pintor da escola moderna que se preocupava – era outubro de 1912 – com o nu.

Marcel Duchamp – Você sabe, ele escrevia o que passava pela sua cabeça. Mesmo assim, gostava muito do que ele fazia por que não tinha o formalismo de certos críticos.

Pierre Cabane – Você declarou a Katherine Dreier que, quando teve a visão do *Nu Descendo uma Escada*, você entendeu que ela "rompia para sempre os grilhões do naturalismo..."

Marcel Duchamp – Sim. É uma frase da época, 1945 creio, eu explicava que quando se quer mostrar um avião em vôo, não se pinta uma natureza-morta. O movimento da forma, em um dado tempo, leva-nos fatalmente à geometria e à matemática; é a mesma coisa quando se constrói uma máquina... (Cabane, 2002, p. 50-51)

A questão do movimento enquanto figuração do próprio movimento, tão cara aos futuristas italianos, aparece na fala de Duchamp com uma outra coloração: como conseguir escapar à simples caracterização sem cair na ilustração? A essa pergunta ele responde que o movimento não é figurado, mas acontece no *olho do espectador*. É como se movimento fosse o próprio olhar. É claro que isso pode nos remeter ao cinema, linguagem que estava ocupando um lugar significativo no espaço de debates da arte naquele momento. Mas a distinção que ocorre entre o cinema, que é imagem em movimento, e a pretensão do *Nu...* é da ordem da materialidade. A maioria dos artistas do período estava utilizando a fotografia e o cinema como suportes para suas experiências artísticas, contudo, o que Duchamp vai realizar através da criação de seus *ready-mades* é uma discussão radical sobre o que significa a opção por um ou outro suporte, ou, em última instância, por que isto ou aquilo pode ter algum tipo de supremacia na escolha e na seleção para a utilização enquanto objeto de arte. A problematização do suporte, que hoje em dia está mais do que digerida pelos meios de arte, leva ao questionamento do que é ou não artístico, do que pode ou não ser considerado arte, ou ainda, da necessidade desta chancela enquanto atividade do campo da vida. Voltemos à entrevista de Duchamp:

Pierre Cabane – No *Nu Descendo a Escada*, não havia uma influência do cinema?

Marcel Duchamp – Seguramente, sim. É aquela coisa de Marey...

Pierre Cabane – A cronofotografia.

Marcel Duchamp – Sim. Eu tinha visto uma ilustração de um livro de Marey que indicava às pessoas que fazem esgrima ou galopam cavalos, com um sistema de pontilhados, os diferentes movimentos. É assim que eu explicava a idéia de paralelismo elementar. Isso tem um ar bem pretensioso como fórmula, mas é divertido. Foi o que me deu a idéia do *Nu Descendo a Escada*. Empreguei pouco este procedimento nos desenhos foi mais na última etapa do quadro. Deve ter acontecido entre dezembro em janeiro de 1912. Ao mesmo tempo, guardava um pouco de cubismo em mim, pelo menos quanto à harmonia de cores. Algumas coisas que vi de Picasso e de Braque. Mas tentava aplicar uma fórmula um pouco diferente. (Cabane, 2002, p. 56)

O *Nu...* é, de alguma maneira, a busca daquilo que Duchamp vai nomear como a busca de uma experiência *anti-retiniana*. A utilização que ele vai dar ao suporte fílmico vai romper com a perspectiva linear da própria linguagem cinematográfica. Em *Anemic Cinema*, realizado por Man Ray e Marc Allégret, esferas giram contendo frases sem sentido aparente: são objetos cinéticos fotografados, projetados e utilizados como superfícies para os jogos de palavras que Duchamp utiliza em muitos de seus *readymades*. Ele não está exclusivamente interessado na investigação visual do suporte fílmico, mas sim na experiência sensorial desenvolvida pelo movimento da obra. O deslocamento de referencial problematiza a própria idéia de referência. A atitude do evento de arte cria situações de deslocamento constante diante da necessidade de manutenção de pontos de vista comprometidos com o olhar exclusivamente retiniano. Duchamp se propõe a construir uma experienciação para além da simplificação objetal dos materiais, dos suportes e das figuras. O que impressionou Duchamp em relação ao cinema foi o movimento, não a figuração ou representação do movimento.

A luta contra a unilateralidade do suporte inserido em seu significado, encerrado em sua lógica, isolado em seu sentido *a priori*, fez da busca de Duchamp a construção de uma experiência não retiniana da arte. A tradição que se sustentava sobre a o plano objetivo da tela, impôs um exercício ao olhar que Duchamp teve a pretensão de desestabilizar.

O *Nu...* é o primeiro lance. O que vai se seguir na sua trajetória é da ordem do rompimento e da abertura de miradas ainda passíveis de investigação e exploração. O interesse específico do presente texto pelo *Nu...*, remete à tentativa de entender, para além do contexto de realização da obra, a aventura que despontava, de uma maneira ou de outra, que estava sendo detonada. O evento do *Nu...* insere o movimento na arte e arte no movimento. Esse movimento, como foi dito anteriormente, escapa às pretensões figurativas e, a partir de parâmetros racionalmente constituídos, alcança um nível de corporeidade até então apenas esboçado. O movimento e o corpo são o duplo intencional desta aventura. Este corpo não parece estar descendo as escadas como o poeta que acompanha Virgílio numa visita a planos inferiores, ele está se liberando do próprio peso de sua incapacidade de se presentificar enquanto ação, enquanto algo que está vivo, algo que está em movimento. O lento deslizar escada abaixo – se realmente podemos falar de uma escada – é uma ação de escape, é a fuga para o vivo, para o objeto que escapa de sua univocidade, é o rompimento com toda construção da homogeneidade metafísica ocidental. Trata-se da explicitação da experiência do múltiplo, a desconstrução do modelo objetivo encerrado em si mesmo; agora podemos pensar a multiplicidade para além da relação com o outro, para além de uma relação com o inconsciente, para além de um dentro, de um interior que justificou e justifica as maiores atrocidades ideológicas do pensamento hierarquizador do processo civilizatório europeu.

A insurgência da multiplicidade é um dos acontecimentos mais significativos do início do século XX. Após toda a invenção da alteridade enquanto conceito científico no século XIX, a criação e o levante das *massas* forçou, de uma maneira ou de outra, a Europa e todo o mundo ocidental a rever os conceitos que tinham sobre si mesmos. Aquele corpo nu múltiplo que desce escada avisa que, agora, terá que se levar em consideração a emergência de novas forças: o corpo potente através da máquina, mas também, para além dela, o corpo enquanto máquinas de possibilidades infinitas, um corpo que vai lutar para não ser capturado pelos aparelhos belicistas e suas tecnologias de estratificação, um corpo desobediente que irrompe contra as antigas linhas disciplinares e as modulações do controle e anuncia uma resposta possível a questão espinosista: o corpo pode estar vivo.

Entrega e encontro

O ato de entregar também pressupõe um outro, uma outra parte, aquele a quem alguém é entregue. Esse *encontro* múltiplo – no sentido espinosista do termo – se realiza partindo da idéia básica de que cada um dos envolvidos é muito mais que um. O campo sempre será composto por um imenso quadro de probabilidades com suas infinitas variações. O encontro age como força constituinte no jogo das singularidades. O outro será sinônimo de produção de diferença, na mesma medida em que a aventura do deslocamento opera sobre a economia simbólica afetiva e seletiva das forças em ação.

Mas existirá algum grau que torne possível distinguir o outro como diferente se, em grande parte, a tradução ou a aproximação do outro se faz mediada por aquele que encontra (que é aquele que recebe) e aquele que entrega? Em outras palavras, como será possível perceber que o elemento da traição – o que age na traição, o que tem uma função ativa – produz o outro como alguém que não é ele, e só assim, então, realiza o gesto de entregar-se ao encontro? O filósofo francês Bergson[6] diz que é irrelevante pensar em diferenças de grau. Segundo ele, a questão dessas diferenças é, e sempre será um falso problema, já que a única diferença real é a de natureza. O que vai definir o encontro entre os elementos da ação, é a diferença de natureza da ação, não da recepção ou da emissão. Nesse sentido, o outro sempre será o local da diferença se a natureza da ação que envolve o encontro for ativa, criativa e multiplicadora de afirmações, e o oposto será constituído, se a motivação da ação estiver na ordem da reprodução do mesmo. Ou seja, a dinâmica dos encontros será estabelecida pela natureza do jogo onde estão essas forças, que são constituídas por sua vez pela/na ação. A idéia de traição não possui em si mesmo nenhum *a priori* moral definitivo.

O encontro pode ser lido a partir de um primeiro olhar, como espaço e ato de propagação da lógica da desigualdade. É o peso do que *não é igual*. Paradoxalmente, é deste evento que surgirá o ponto de partida para a percepção e produção do outro como diferente. Esse é o momento onde o outro é percebido como algo que não possui a mesma *natureza*. A desigualdade é a finalidade de um encontro com o outro quando prevalece a lógica das forças reativas.

O corpo é o espaço de ação das forças e será no encontro dos corpos que essas forças entraram em ação. A maneira pela qual se dará a qualificação destas forças vai depender da maneira como está composto o campo de ação, ou seja, o corpo. Como o corpo é um elemento de alta volatilidade, que escapa, é capturado e escapa novamente – assim, sucessivamente, com a mesma rapidez e fugacidade –, a questão central de Espinosa sobre o problema da consciência continua sendo prioritária e ainda apenas parcialmente solucionada. Nietzsche, segundo Deleuze, está dando uma resposta possível quando estabelece

---

6 Bergson, H. *Matéria e memória*: ensaio sobre a relação do corpo com o espírito. São Paulo: Martins Fontes, 1990.

uma hierarquia de forças a partir de sua qualidade e quantidade, sendo a quantidade determinada pela qualidade das forças em jogo. O ativo e o reativo são as únicas possíveis qualidades determinadas e/ou determinantes no campo de ação. Sendo assim, coloca-se uma questão de cunho ético que diz respeito à opção de configuração do campo de luta das forças. O encontro é, então, o elemento significante desta relação. É ele que vai produzir o choque e a dinâmica dos movimentos das forças. A maneira pela qual serão selecionadas as forças que irão compor o jogo, que definirá o sentido político deste encontro e, simultaneamente, o próprio corpo em ação.

A necessidade de constituintes encontros seletivos.

A experiência do encontro com o outro é substituída pela presença de uma *natural* desigualdade entre as partes – pulsões protofascísticas que territorializam as diferenças. A naturalização da desigualdade inviabiliza o processo de seleção de forças. Imóvel, contraído, o corpo é capturado para ser dissecado pelos aparelhos disciplinares da lei, da norma, da hierarquia constituída e da ordem. O outro é transformado naquele que deve ser incluído e qualificado para ser extraído, excluído e exilado como desigual. Todavia, mesmo em meio a esse jogo de captura e codificação, são produzidas potências constituintes que vão insurgir em meio à rede de controle. Estabelecendo outras conexões, rompendo com o totalitarismo das reações desiguais, viabilizando a emergência da produção de diferença.

A busca pela necessidade, pela vida, cria resistência.

Entrega como nomadismo

Aquele que é entregue revela a situação desigual na qual se encontra em relação ao outro, mas essa desigualdade revela, em seu meio, a potência de produção de diferença como afir-

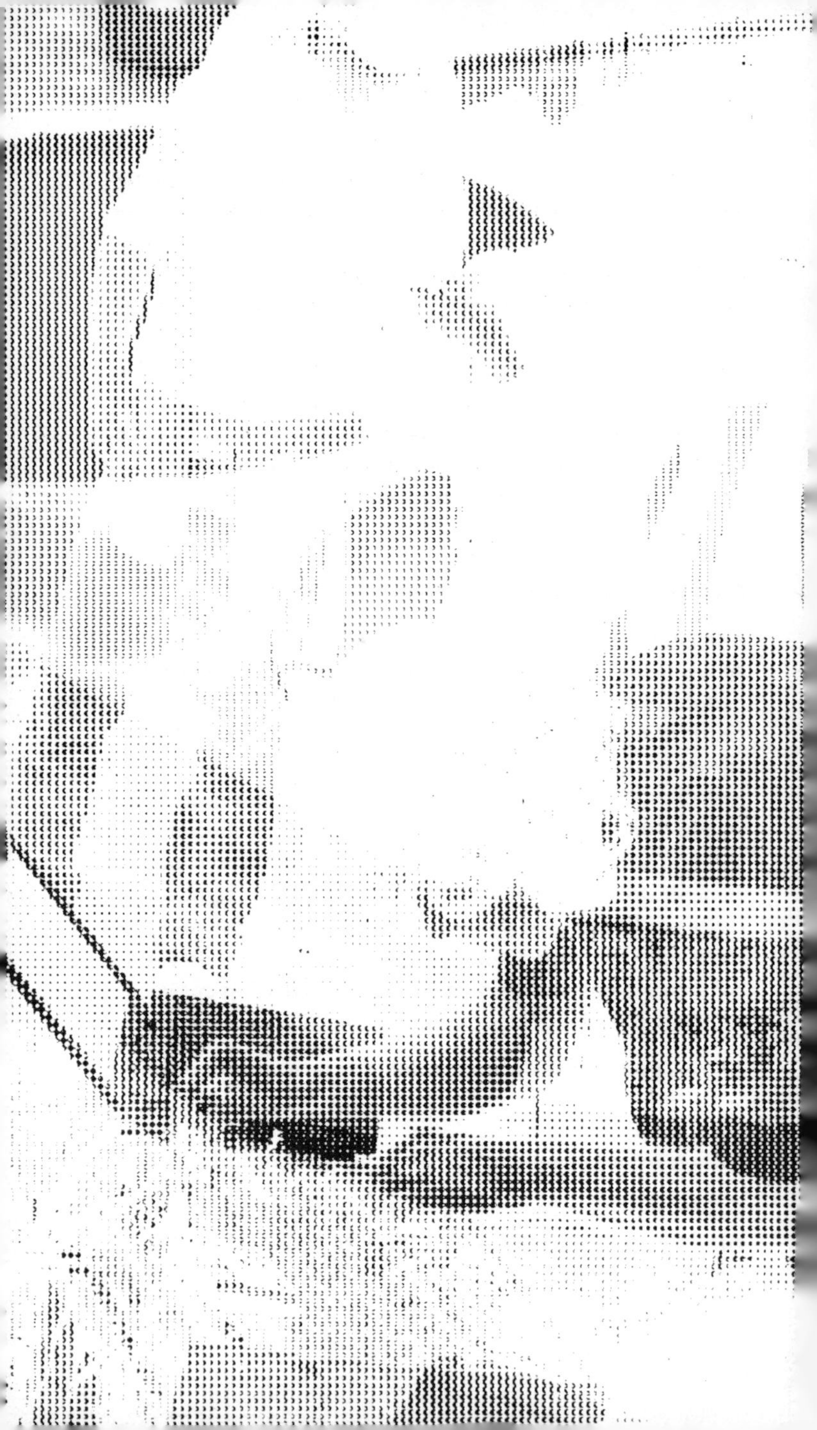

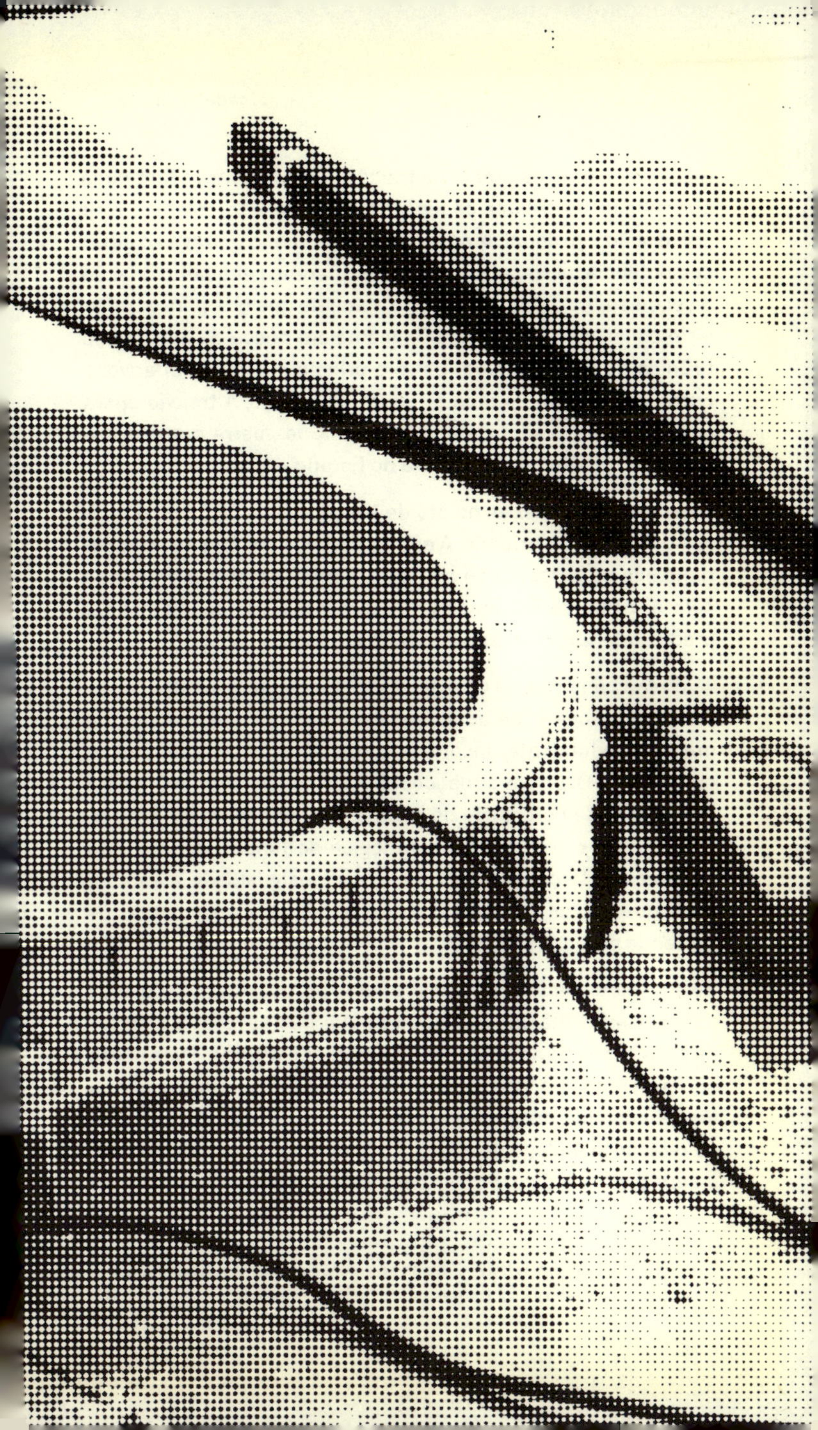

mação do corpo resistente da traição criativa contra o fantasma aparelhado do traidor desigual: trair como ato coletivo, trair como ação individual. Ambos traem, o primeiro entrega ao outro sua potência de singularização, sua diferença enquanto criação de si mesmo e o segundo controla aquele que cria para acumular e construir a repetição do mesmo em busca da hegemonia tirânica da desigualdade. Um é o princípio nômade criativo, o outro, a fundação de uma ditadura de Estado. A traição opera como um ato criador de uma máquina de guerra que ataca e desconstrói a lógica de captura do Estado.

É necessário perceber, no ato de traição, a operação de produção de uma exterioridade. A entrega produz um fora que é experienciado no percurso do nômade. A máquina de guerra rompe com a lógica do Estado, com os processos de acumulação e produz diferença – rasga os hábitos.[7]

Já quando a noção de desigualdade define um encontro, acontece um processo de acumulação. A definição de valores, de maneira redundante, incorre em questões de juízo moral e/ou estético. Ocorrem situações de choque, de conflito, onde a construção da percepção do sentido de valor opera em um primeiro plano e define uma linha lógica de funcionamento para maioria das forças em jogo. Pensar a desigualdade é estabelecer que a acumulação é um empecilho para o encontro que pretende produzir diferença.

Será no calor deste combate que serão produzidas as pequenas e necessárias máquinas de guerra que irão sabotar e saquear as pretensões de acumulação do poder constituído. Suas ações são executadas a partir de um primeiro lance: romper com a lógica acumulativa e desconstruir a unilateralidade presente na relação, para logo depois, introduzirem um segundo ponto – inserir o vírus – ou o processo de desestabilização do parâme-

---

7 Deleuze, G.; Guattarri, F. *1227* – Tratado de Nomadologia: a máquina de guerra. In: *Mil platôs*: capitalismo e esquizofrenia. v. 5. São Paulo: 34, 1997.

tro de desigualdade, deslocando o foco para o movimento – em vez de incorrer sobre o fim ou a finalidade do ato como exercício de poder ou de detenção de poder. Todos os agentes do conceito estão envolvidos no ato de criar, de trair. Trata-se de contagiá-los com a ação, mobilizá-los no sentido de pontencialização de suas exterioridades.

O jogo está no *lançar-se entre*, sem o desejo das finalidades, sem impor hierarquias, sem acumular poder. Se for realizado que o elemento básico da traição está no deslocamento de sentido – imposto pela reavaliação do encontro como finalidade acumulativa – rapidamente a experiência é dividida e produzida como produção de diferenças. Assim, esse *entre*, é operado como criação de uma localidade horizontal para o encontro e uma exterioridade produzida no interior do aparelho de captura.

Existe a escolha como fator necessário ao encontro. O outro é a possibilidade do exercício da diferença, exercício esse que se coloca fisicamente – um atletismo artaudiano – em que a potência de discernimento é um dos fatores definidores da aventura. A escolha se faz por necessidade afetiva. Seleciono no outro o que não sou, potencializo e amplio a intensidade da diferença. Trair é realizar a possibilidade de reconhecer no outro o que não sou eu; reconhecer no outro o que sou eu *diferenciado*. O mesmo gesto se dá no sentido de quem recebe os elementos do ato: o *outro* também se reconhece como outro, ele também opera um deslocamento de sentido em que os valores habituais são rompidos, ele se desloca, muda seu *habitat*.

Todo nômade tem seu território, todo nômade se realiza no seu território. O nômade *inventa* o seu território. A potência transitiva do nomadismo se constrói em relação à sua capacidade territorial. O território se dá como plano de ação. Os trajetos e linhas de fuga formam a cartografia afetiva do nômade. O deslocamento é o devir-outro do nomadismo: é lá que o nômade se encontra a si mesmo como diferente. Será sua necessidade de se desterritorializar que vai constituir seu território. Perder o território, sabotar seu terreno, é perder-se a si mesmo, é encontrar um outro no mesmo, é produzir processos de diferenciação num plano em que o indiferenciado se perpetra como único real possível: perder-se no/do território por necessidade, necessidade de *ser-se* outro no mesmo, trair o mesmo.

O nômade é também um traidor.

Ele trai sua *vocação* sedentária, trai a solidez, o fixo, a aldeia e seus traços. O ato de trair traduz a própria potência nômade. Ele será sempre aquele que *vai*, aquele que é percurso de seu próprio *destino*. Ele será aquele que experiencia a implacabilidade do trajeto que se atualiza, exclusivamente no/pelo/como ato. Será no sentido em que toma seu *ir-se* – realizar-se em sua potencialidade nômade – que a fatalidade de traduzir os encontros e a fidelidade em uma *ética amorosa* vai ser apurada. Este *ir-se* é a capacidade de tornar nômade o espaço em que se localiza – fluxo *versus* contenção. É a traição como caminho, traindo a localidade. Ele cria o território, o estado, para traí-lo, e no ato, na traição, ele vem a ser, ele torna-se: o nômade só existe em seu trajeto e o seu trajeto é a sua potência, seu gesto de trair a si mesmo, seu sedentarismo, seus sedimentos. Ao trocar a fixação pela ficção, trai sua comuna e seus laços de contenção para criar outras comunas, outros laços que existem no devir. A traição do local, *seu* próprio local, seu espaço, sua geografia, instaura o ato de trair como capacidade de ser afetado pelo o fluxo poético das coisas. É a traição como *ética amorosa*: perceber o *comum* como o reino de possibilidades, criação infindável de encontros, construção e desconstrução de entregas, jogo múltiplo das superfícies, o comum como erógeno, a comunidade como traição, como a invenção do outro. É no encontro entre o corpo e a terra que o nomadismo se realiza.

Esse encontro é o *nascimento* do homem; do homem como o *outro* da/na natureza, da *natureza* diferencial e singular do homem como guerreiro, bárbaro, do homem como traidor, como inventor de si mesmo. Não se trata de uma armadilha histórica lançada com o intuito de salvaguardar um humanismo tardio, ou de entrarmos no jogo da superioridade humana e sua pretensa constituição ontológica, ou ainda, de um gesto melancólico e narcisista em busca da origem metafísica, totalitária, do fundamento primevo ou qualquer dos outros tipos de essencialismos que povoam os imaginários modernos com suas patéticas variações em torno da idéia totalitária de *Homem*. Está sendo questionada aqui a própria idéia de *origem* do homem. Esse *nascimento* não estabelece prioridade alguma, não fundamenta nenhuma hierarquia, ele é basicamente ato, figura de linguagem, gesto que cruza o espaço, onde a criação é o elemento mais significativo em meio às forças em choque. Trata-se de perceber a invenção/apropriação do tempo como trajeto; trabalhar a distinção entre história e genealogia.[8]

Perceber as forças constituintes do deslocamento criando o próprio terreno. Perceber o território como *devir-outro* da terra, a corporeidade como coletivo e sua capacidade de ação. Trata-se de multiplicar as possibilidades de encontro, pensar o coletivo como invenção, como um caminho entre tantos outros, como necessidade de imaginarmos aqueles traidores: os *primeiros* estrangeiros, os *primeiros* bárbaros, não enquanto elemento original, não enquanto origem, mas como veio genealógico, traço de uma aventura que a todo o momento se atualiza novamente, argumento de uma invenção, emergência de uma proveniência necessária, o eterno retorno do diferenciado.

---

8 Ver, por exemplo, Foucault, M. Nietzsche, a genealogia e a história. In: *Microfísica do poder*. Rio de Janeiro: Graal, 1979.

A ética amorosa e sua manobra

A necessidade é a mãe da invenção.

Frank Zappa por Tom Zé

No século XVII, Espinosa cria uma definição: o terreno ético é o espaço de ação onde os corpos se constituem pela capacidade de serem afetados. As duas estâncias de implicação que se encontram presentes nesta idéia – a potência de existência do corpo e o seu poder de ser afetado – constituem uma área teórica-prática na qual emerge um materialismo sutil que aponta no sentido da construção de um possível projeto político.

A primeira questão que chama atenção é a definição de afecção como paixão ou ação que pode, como uma força tanto ativa quanto passiva, reagir afirmativamente a estímulos internos e externos. A aproximação entre poder – de ser afetado – e potência – de existir – é outro ponto significativo na presente passagem.

O senso comum estabelece a capacidade de afecção como um evento essencialmente passivo. Estar afetado ou ser afetado é um qualificativo dirigido a alguém que de alguma maneira está *fora de controle*. Se a postura ética de um nômade é definida prioritariamente pela sua capacidade de seguir seu caminho e seus deslocamentos, a fidelidade do nomadismo é relativa a si mesma, ou seja, diz respeito a sua capacidade afetiva de estar fora do controle, de trair como ato de amor, a constante presença da implacabilidade de seu ir-se, e assim, realizar seu devir-caminho. A *ética amorosa* de um traidor, diz respeito ao sentido trágico em que seu corpo se encontra: um espaço crivado de afecções necessariamente passivas de experenciar. É nesse sentido que podemos indicar no nomadismo o nascimento do Estado. A junção e transformação da potência em poder são assinaladas como um ponto-limite da experiência nômade. Paradoxo constante, será sua capacidade, sua potência de traição, que o jogará de novo no vórtice de sua força de deslocamento.

Se a vocação do nômade é o caminho, se ele só *pode ser* no/pelo caminho, sua fidelidade à traição é tornada um elemento constituinte de sua *natureza*. Essa implicação determina um sentido ético implacável: será sua capacidade de afecção constante, de perda de controle, que o lançará novamente na aventura do deslocamento, e será sua capacidade seletiva que estabelecerá a transvaloração das afecções, *sensibilizando-o* pela busca por afecções ativas, ou seja, sua potência de fidelidade ao caminho e seus acidentes.

O exercício nômade estabelece no jogo criativo da linguagem, um caráter ativo: afirmação tensa da possibilidade constante do erro, do carinho pela farsa, do duplo enquanto vetor real, da dúvida diante do racionalismo abstrato, do rigor de uma força ativa em seus desejos constituintes,

a necessidade do jogo de invenção.

Assumir os riscos do nomadismo é perceber o próprio ato de escrever como traição. A função daquele que escreve, encerra um paradoxo elevado ao mesmo nível dos nômades. O caminho que segue um texto é, em sua imensa maioria das vezes, marcado por ambigüidades e dificilmente pode ser definido ou limitado aprioristicamente. Não há como estabelecer uma cisão inegociável entre os vetores e valores que um texto percorre.

Por exemplo, impreterivelmente, há sempre construções de função poética no seio da elaboração teórica. É uma ilusão estabelecer consenso ou uma pretensiosa unidade entre elas. Ambas percorrem o sutil curso dos duplos e de seus processos de diferenciação: poesia é pensamento e vice-versa. É um falso problema, um fantasma conceitual mal resolvido, insistir na idéia de separação e/ou contraposição desses campos. Escrever um texto teórico é também criar literatura: esse é um texto literário. Para além dos preconceitos conservadores, a ação dos discursos detona processos particulares em suas formas de apresentação da invenção. O fazer poético e a ação do pensar são a mesma e justa coisa, e produzem um imenso processo de diferenciação que é constituído pelo descenso.

O próprio ato de criar tem sua limitação na capacidade inventiva e, em muitos casos, deve-se ficar atento diante de armadilhas, de formas de captura e de seus desdobramentos. Pensar/criar como desconstrução: esse é um possível lema pleno de riscos, é um limite e ausência do mesmo, nos impelindo a pensar nossas próprias construções como possíveis ficções e/ou exercícios discursivos com seus momentos precisos de *morte* e *nascimento*. É necessário apostar no renascimento como manobra do ato de criar.

Paul Celan em uma carta a outro poeta[9] tenta responder a uma pergunta tão antiga quanto a própria escrita: *Como se fazem poemas?* Ele vai apontar na direção do processo que leva o fazer (em alemão *Machen*), através da feitura (*Mache*), gerar a manobra (*Machenschaft*). Talvez possamos nomear aqui a *manobra*: criação do texto como uma *feitura* de um *fazendo-se* entre o lúdico, o poético e o teórico. Essa manobra estabelece um mecanismo de seleção de afecções que constituirá, por sua vez, a ética amorosa do nomadismo.

Contagiando-se e contagiando todos os espaços de ação, a manobra será o evento de desconstrução das barreiras sectárias impostas por forças reativas no vórtice do processo de criação, seja ele literário, político etc. Manobras arriscadas que criam os próprios caminhos pelo qual passa. Trabalho de artesão diante do desejo infinito de nomadismo em seu território:

sempre outro, sempre o mesmo, sempre novo, novamente, sempre retorno, sempre devir, sempre porvir.

---

9 Celan, P. Carta a Hans Bender. In: _____ *Cristal*. São Paulo: Iluminuras, 1999.

Barrio 1

O criador não é um ser que trabalha por prazer.
Um criador só faz aquilo de que tem absoluta necessidade.
O ato de criação, Gilles Deleuze.

Em 1969, nos jardins do Museu de Arte Moderna do Rio de Janeiro, um gesto é proposto: fazer de um material sem nobreza, altamente perecível, uma situação de pintura sobre o ambiente, uma quase total fragilidade, um lance do devir-arte jogado no espaço público. A ação/situação *P.H............................1969* acontece logo após o *Salão da Bússola*, que fora realizado paralelamente ao boicote de artistas brasileiros à *Bienal de São Paulo*. Barrio já tinha apresentado uma de suas obras mais marcantes, as *T.E.*, ou seja, as *Trouxas Ensangüentadas* que mereceu as seguintes observações do crítico de arte Paulo Sérgio Duarte:[10]

> Nesse trabalho provocador, o artista transformou sacos de papel, jornal, espuma e saco de cimento em lixo e, em seguida, em obra de arte, ao apresentá-lo no museu. Essa obra contém também as chamadas *Trouxas Ensangüentadas*. Depois da mostra, o trabalho foi colocado nos jardins do *Museu de Arte Moderna*, causando suspeita da polícia e forçando sua retirada. (Duarte, 1999, p. 167-168).

Esta situação demarcaria um território de imersão singular da obra/vida deste artista no cenário cultural brasileiro. Temas como a problematização da instituição de arte, o limite da obra, os suportes inusitados e perecíveis, o rompimento ou o transpassamento das fronteiras museu/espaço público, a surpresa e o choque diante do objeto de arte, as situações de *enfrentamento* com os poderes constituídos – o curador, a polícia etc. – e a necessidade e intensidade da ação do corpo, são linhas de força comuns neste momento da arte brasileira e global.

---

10 Duarte, P.S. *Anos 60*: transformações da arte no Brasil. Rio de Janeiro: Globo, 1999, p. 167-168.

A emergência do conceitual e do experimental nos anos 60/70 atualiza toda uma série de questionamentos que já estavam presentes nos debates e ações das vanguardas do alto modernismo europeu. Esse caráter de *resgate* não é um problema real e não alcança um nível tão significativo a ponto de desvalorizar ou esvaziar o sentido potente destas obras/artistas.

Uma leitura conservadora, norteada por uma linha de pensamento que poderíamos chamar de *pós-moderna*,[11] faz dessa relação um problema de valor e legitimidade. Mais do que uma desqualificação deste período em detrimento de outros – sejam estes mais dignos de *pureza*, sejam mais significativos do ponto de vista da racionalidade –, a questão que surge aqui é da forma reativa que diz respeito ao modo de valoração que estes críticos vão trabalhar. Existe um recorte de ordem ideológica, uma mirada que deixa transparecer a construção exclusiva da relação do trabalho de arte com lógicas de mercado. Não se está, ingenuamente, querendo dizer aqui, que a arte, em algum momento de sua existência enquanto tal conseguiu ou pode viver de maneira autônoma, distante e auto-suficiente, em relação ao que comumente se acostumou chamar de mercado. O próprio estatuto do *artístico* tem, já no momento em que emerge, uma relação de intimidade e quase dependência – em um nível que se poderia qualificar de *existencial* – com o que estamos acostumados a chamar de mercado. O problema não reside aí, o problema está na maneira como isso é construído enquanto lógica unilateral e fundamental de toda a relação do campo artístico. O fundamentalismo de mercado é uma arma perigosa apontada na direção da capacidade de criação. Ao inverter a lógica de valor da experiência artística, o fundamentalismo de mercado esvazia o sentido de invenção e a aventura da criação, presentes nos caminhos de tantos artistas. O caráter predatório deste pensamento é a configuração de um universo referen-

---

11 Ver, por exemplo: *arte ou lixo*, entre outros, na linha de Lyotard, Baudrillard, Ferreira Gullar etc...

cial que tem como ponto de vista a constituição de uma área institucional que despreza a idéia de invenção e investigação em detrimento de uma facilitação da noção de arte enquanto algo do campo da informação e do entretenimento. Aquilo que é a experiência da aventura, do âmbito do jogo da invenção, do caráter afirmativo e ativo, produtor de diferenças e singularidades, deve ser pensado de maneira enfática numa época de tão pouca coragem e desprendimento.

Neste sentido, Barrio é um ícone. Retomando a discussão em torno dele, é necessário fazer um processo de diferenciação. Apesar das primeiras vezes que suas *T.E.* foram usadas, e apesar do impacto que elas provocaram por realmente serem um trabalho que modificou, em certo nível, a relação artista/museu – justamente por esse ponto – ele se torna menos interessante para esta análise.

De certa maneira, o trabalho das *T.E.* acabou virando um evento supervalorizado na trajetória do artista. Muitos historiadores da arte, críticos e curadores constituíram um coro de ovação a essa série de trabalhos, contribuindo, de uma certa maneira inclusive, para a diluição da potência do trabalho. O perigo de clicherização do trabalho, enquanto signo da trajetória do artista, é um problema real. Artistas como Hélio Oiticica acabam vendo suas discussões serem reduzidas por algum tipo de *approach,* no mínimo complicado, de suas obras: Hélio parece muitas vezes estar reduzido aos *Parangolés*. Barrio, dentro do que poderíamos chamar de história da arte, pode acabar reduzido a essas intervenções. Não que esses trabalhos não façam sentido em toda a sua trajetória: realmente o evento das *trouxas,* seja no MAM do Rio, seja em Belo Horizonte um ano depois,[12] formam uma série de ações que serão fundamentais para se pensar o estatuto do fazer artístico no Brasil. Mas o

---

12 Estou me referindo aqui ao trabalho realizado no evento *Do corpo à terra,* em Belo Horizonte, organizado pelo crítico Frederico de Morais, em que Barrio apresentou o trabalho *Situação T/T,1*.

problema reside justamente na crítica e não no trabalho, na tentativa de se homogeneizar um percurso em relação ao fundo conjuntural de leitura.

A história de uma ação artística, ainda mais quando se trata de um acontecimento que foge às possibilidades estanques de uma leitura de primeira mão, sempre será uma narrativa constituída a partir de olhares que se encontram, de uma maneira ou de outra, conformados por esquema de dependência de regras institucionais e valores de mercado. A figura do curador, que ganhou nas últimas décadas, mais autonomia de articulação do que o artista, é um fiel elemento desta narrativa. O ato de *curar* foi um elo central na formatação do discurso de poder exercido pela tríplice conexão – instituição, curadoria e historiador – em prol da lógica do fundamentalismo de mercado no campo da arte.

O evento das *T.E.* foi e sempre será um marco na ação/relação do artista com os níveis institucionais, curatoriais e de mercado. Mas, justamente por este princípio, ele é, de alguma maneira ainda, um tanto reativo: Barrio pretende ainda dar conta de um diálogo que não parece gerar grandes textos. A situação de rompimento da primeira ação das *T.E.* ainda está muito ligada à necessidade de se contrapor aos regimes institucionais e às suas formas de captura.[13] O pano de fundo da ação ainda está ligada à problemática dos limites do espaço físico do museu.

É necessário, no entanto, distinguir aqui, a ação das *T.E.* realizada no evento *Do corpo à Terra*, em Belo Horizonte, no ano de 1970, da primeira aparição no MAM do Rio de Janeiro. Essa distinção pode ser feita em dois níveis: no sentido de ocupação espacial e na direção da possível recepção. O primeiro nível lança a experiência na busca de uma relação direta com o espaço público – no caso, o ribeirão-esgoto da cidade de Belo Horizonte, de maneira diferente da primeira experiência

---

[13] Trata-se especificamente aqui do trabalho realizado no Salão da Bússola no Museu de Arte Moderna do Rio de Janeiro, em 1969, que tem como título *Situação... Orhhhh...ou 5.000....T.E....em N.Y...City...1969*.

que permanece nas redondezas do MAM. Esse espaço público é transformado em cenário da ação: se de um lado o espaço é colocado na obra, do outro ele é encenado enquanto parte da ação que se desenvolve. Aqui temos uma questão significativa que distingue os dois trabalhos de outros eventos na trajetória de Barrio. O fator da encenação é extremamente perigoso em se tratando de um trabalho de Barrio, já que a relação entre ato e arte é tão simbioticamente articulada que é impossível distinguir os dois. Neste caso, surge o elemento do acaso, ou seja, do corte da lógica causal – tão pertencente ao universo da encenação, do cenário, do teatral. O acaso funciona, então, sobre a recepção do trabalho. O segundo nível de distinção reside aí: o olhar do *público de museu* é totalmente distinto do olhar de quem vivencia um acidente. O caráter casual do acidental se aproxima da ordem da catástrofe: rompe com qualquer possibilidade racionalização do acontecimento enquanto elemento de recepção. O acaso nos remete, sem dúvida, a uma parentesco conceitual com Duchamp, mas isto não é o mais significativo na lógica do acaso. O que vai realmente romper com o sentido unilateral da experiência artística – a relação autor, obra, receptor – é o evento do acaso. Toda pretensão objetiva do trabalho de arte vai ser rompida diante da impossibilidade da manutenção do olhar; a recepção passa a ser um dos elementos em ação no ato, no lance do acidente. Vejamos como Barrio descreve a segunda parte dos procedimentos deste trabalho que estamos tratando aqui:

Situação T/T,1 (2ª Parte)

Trabalho realizado em Belo Horizonte, Minas Gerais, em 20 de abril de 1970.

Local: em rio/esgoto, colocação de *14 T.E.*, Parque Municipal.

Participação: do público em geral, aproximadamente 5.000 pessoas. Este trabalho (colocação das *T.E.* no local) teve início pela manhã, sendo que as cenas registradas comentam visualmente o que aconteceu a partir das 3 horas (15h), com a afluência/participação popular e mais tarde com a intervenção em princípio da polícia e logo após do corpo de bombeiros – os registros foram feitos anonimamente, em meio à (da) massa popular, é claro.(Barrio, 2002, p.23).

A maneira como ele vai descrever a presença do público reforça o caráter teatral da ação, ao mesmo tempo em que a intenção do registro aparece, a partir de algum nível, relacionado à questão do acaso. Não que o caráter teatral da ação não permanecesse na constituição do registro. Fica claro que a pretensão da idéia de participação na ação é articulada e pensada de uma maneira absolutamente não-linear, contudo é bom não se esquecer que certos elementos da idéia de uma participação frontal, distanciada e objetiva ainda permanecem como vetores nesta ação. O acaso é ainda o elemento mais significativo do evento. A surpresa diante do fato, a mobilização popular em torno do evento desterritorializam a ação e a transformam num ato coletivo. Os *objetos de arte* passam a acessar um estatuto em que a sua objetividade literal não é fundamental para o desenvolvimento do percurso da ação. Não que a literalidade dos objetos – sangue, barro, ossos, carne, espuma de borracha, cinzel etc. – possam ser ignorados, mas o que acontece é que o deslocamento propiciado pela presença do público transforma o participador em *movimento* destas materialidades. Será no encontro do participador/público com o objeto propositor, que a ação ganhará o estatuto de um evento singular, ou seja, a materialidade presente nos componentes das *T.E.*, é de alguma maneira socializado enquanto experiência pelo coletivo dos participadores. As *T.E.* perdem sua objetividade literal para serem singularizadas enquanto acontecimento precipitado pelo acaso. É o acaso que vai liberar as potências dos objetos de sua literalidade e lançá-los no campo dos corpos em movimento, na experienciação da experiência. Barrio vai buscar escapar dos elementos territorializantes do esquema teatral para alcançar um acontecimento que se dá no campo da corporeidade ativa.

Nesse sentido, a *Ação/Situação P.H*....................................*1969* é mais libertária e significativa. A começar pelo imenso descaso em relação ao pano de fundo institucional. O gesto de criar, o gesto de empreender no ambiente a ação de um corpo precário em movimento, o encontro do material precário e da *casualidade* provocada e provocadora do gesto detonador da experiência, transformam esse trabalho num momento de abertura de possibilidades infinitas. O trabalho é realizado no mar, no jardim do aterro do Flamengo. O material utilizado é o papel higiênico. Trata-se de uma pintura com o corpo, de um gesto de leveza e acaso no espaço, de uma continuidade possível entre o ambiente e a corporeidade. A atividade toca um outro elemento importante: a transformação de qualquer espaço em espaço de atividade artística, e de qualquer material em suporte para ação. Aquilo que veio a se configurar como uma tática explícita em sua trajetória, Barrio define com suas próprias palavras presentes como parte do registro do trabalho.[14]

> Do emprego do papel higiênico como situação criadora de formas de relação a ele mesmo e aos aspectos do meio ambiente,
>
> em função do vento,
>
> em função da água,
>
> em função da cidade,
>
> em função do corpo.
>
> Do corpo como fonte de apoio auxiliar no desenvolvimento de formas no espaço através do papel higiênico.
>
> Enrolamento
>
> Desenrolamento
>
> do momentâneo   do perecível
>
> Do registro fotográfico como captação de alguns desses momentos de transformação constante, inscritos na situação do momentâ-

---

14 Canongia, Ligia (org.) *Artur Barrio*. Rio de Janeiro: MODO, 2002.

neo perecível, registrado também por intermédio de dispositivos, filmes, etc..ou simplesmente pela retina.

Da realização de trabalhos coletivos a partir desta idéia.
(Barrio, 2002, p. 14)

A tática e o registro. As formas de enfretamento que Barrio parece afirmar aqui são da ordem de uma radicalidade de rompimento com os parâmetros da época. No primeiro momento ele vai descrever a opção por um material tão pouco usual e o porquê da possibilidade real de uma ação criativa através deste suporte e suas relações com o meio, em verdade com os meios, sejam eles naturais, a cidade ou o próprio corpo. Daí se chega ao segundo ponto: a idéia de que o corpo não tem uma autonomia solitária diante da ação, ou seja, ele também é suporte, como todo meio é também suporte possível. No entanto ele tem uma preponderância em relação aos outros meios: é nele e por ele que se dá o movimento. Esse movimento é a sua capacidade de tornar-se vida, de realizar a experiência do acontecimento, de fazer o ato, de tornar-se ato.

O terceiro momento é relativo à maneira pela qual vai se realizar a tática imanente das práticas artísticas da contemporaneidade. De maneira diversa de um enfrentamento dialético em relação ao campo institucional da arte, a tática desenvolvida a partir de novos estatutos da ação artística vai desembarcar em uma discussão do que é, e do que pode ser o elemento de comercialização e apreensão da experiência criativa. Se, de um lado, os suportes vãos sendo destituídos de sua antes necessária nobreza, por outro, os elementos que vão compor o estatuto de obra também vão sendo descaracterizados e desconstruídos.

A idéia de *registro* da ação criativa ganha vulto a partir da quebra do museu enquanto único e possível detentor da obra. As primeiras vezes que este recurso foi utilizado, possivelmente, devem estar relacionadas às experiências de *Land Art* do grupo de Robert Smithson, dentre outros, em meados da década de 60. Seus trabalhos eram realizados em situações que excluíam completamente a presença e/ou a necessidade do público: as intervenções eram realizadas em desertos, florestas, bosques, paisagens e espaços naturais em geral. Esta incrível mudança de foco estabelecia uma nova relação do artista com e como meio, assim também com o viés institucional do mercado de arte. O artista perdia sua singularidade social em detrimento de uma experiência radical de encontro com o meio: a arte era o meio. A desconstrução da objetividade do gesto artístico era *ressemantisado* através da ação como tempo *natural* do meio. Num lance de uma completa inversão de valores, a obra acontece no/como/por/pelo evento do meio em que está intimamente ligada. A *Land Art*, de Robert Smithson, estabeleceu outros parâmetros entre a autonomia da arte em relação ao mercado. Contudo, o que é significativo, a partir de uma demanda dos museus e galerias, a tática que foi utilizada, foi a do registro. Neste sentido, o registro *substituía* a presença da obra em nome de um subproduto de segunda mão. A experiência de criação não poderia ser mais comercializada, somente os registros dela. Sendo assim, os desenhos, os estudos, as fotos, os filmes etc. eram elementos que compunham o cenário apreensível enquanto mercadoria e resíduo do acontecimento.

Aqui existe uma distinção significativa que deve ser cuidadosamente trabalhada: a diferença entre resíduo e registro. Tentando escapar de uma relação antagônica e pouco dinâmica entre os dois, o que primeiro deve ser estabelecido é que não se trata de uma questão exclusiva da ordem do valor. O registro pode ser pensado como algo mais estático, mais ligado ao pictórico, muito preocupado com um certo nível de descrição da ação. Já no caso do resíduo, o que é mais potente, são as linhas de força que perpassam os dejetos que são ou que foram realmente objetos da ação – é a transvaloração da objetividade dos objetos para a singularidade dos dejetos. Os dejetos são fragmentos de acontecimentos, são potências dos movimentos e da ação dos resíduos, na mesma medida que os objetos são

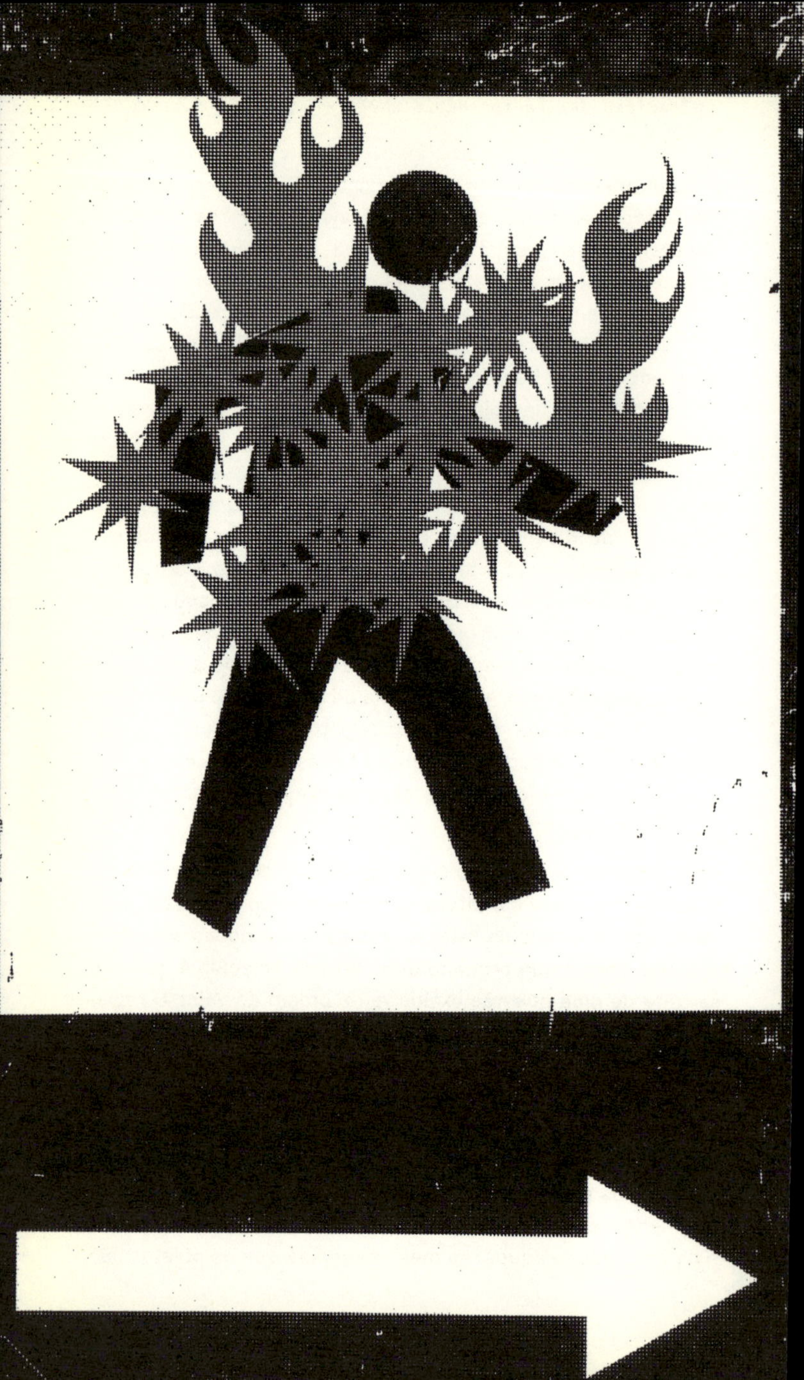

partes da extensão da ação transcorrida – a descrição do percurso enquanto atualização da objetividade do acontecimento.

Sendo assim, a primeira diferença perceptível diz respeito ao tempo de cada uma das duas táticas. O registro escapa do tempo do acontecimento para, de alguma maneira, se jogar no congelamento do instante, no caso do resíduo, ele é tratado como um resquício efetivo de uma ação que permanece enquanto desejo de movimento. O processo de presentificação do registro corre o perigo de recair no tema da ilustração do ato, ao mesmo tempo em que o resíduo ganha em objetividade o que ele tem de densidade do processo. Contudo, não se pode ignorar que a presentificação do registro muitas vezes possibilita uma experiência mais dinâmica, no sentido do processo próprio da experiência de criação do ato artístico, do que o resíduo, que pode ser simplesmente uma breve memória secundária do acontecimento. Da mesma maneira, é interessante perceber que o registro, por sua aparente estratificação do acontecimento, permanece incólume. Por outro lado, ele também tem a possibilidade de potencializar acontecimentos a partir da recepção do evento recolhido. Já no caso do resíduo o mesmo pode acontecer: corre-se o risco da potência de desterritorialização da fruição do dejeto ser capturada pela simples exposição estática e objetiva do resíduo. Nesse sentido, o resíduo também pode não passar de uma simples descrição do transcorrido, um terreno inerte, onde o movimento não passa de mera lembrança. Na realidade, o que acontece às forças que estão compondo o campo da obra é que de alguma maneira – direta ou indiretamente – elas vão apontar para a possibilidade ativa da potência do trabalho. A percepção de vetores que potencializem a singularidade daqueles dejetos expostos é parte da experiência da obra. Esses dejetos tanto podem ser capturados e propagarem controle – e retomarem sem sentido *objetal* – como podem ser elementos de fruição e de atualização da experiência de criação do ato artístico.

Não se trata exclusivamente do caráter ou do grau participativo da *obra* – não é desse movimento que estamos falando –, trata-se prioritariamente da capacidade de singularização de cada dejeto enquanto vetor afirmativo das potências da experiência do processo de criação. O resíduo e os registros são campos de atualização dessas potências e cabe ao trabalho do produtor de arte fazer vibrar as cordas tensas dos processos de criação e prover uma situação singular para aquele que está vivenciando o trabalho através desses dejetos.

A experienciação do trabalho do produtor de arte é parte do processo de rompimento com a lógica de reprodução de mercado. Existe uma inversão de valores neste campo: o artista, desde muito, via seu trabalho, de uma maneira ou de outra, ser capturado, desqualificado e territorializado pelo crivo das instâncias que o revalorizam enquanto objeto de consumo, nicho de mercado. A partir da transvaloração da experiência artística, ou seja, uma atualização do fazer, do ato de criação enquanto ato necessariamente *vivível* e vivido, a antiga cisão entre a vida e arte perde sua função. O que vai acontecer com produtores de arte de diversas linguagens, a partir do evento da modernidade, é a aproximação, ou a junção da vida e da arte, que de certa maneira nunca estiveram separadas. A cisão entre vida e arte é da ordem dos aparelhos de captura que transformaram a criação num elemento secundário dentro da lógica de comercialização do objeto de arte. E o que veio a ser então este objeto de arte, a não ser um resíduo do artístico que poderia ser mostrado na sala dos despojos como se fazia na Roma Antiga quando da volta das legiões à capital? Em nome deste resíduo de segundo grau, se constituiu uma imensa máquina de produção de valores e sentidos. A operação que está sendo realizada por Barrio e por muitos de seus contemporâneos vai romper, ou pelo menos explicitar, esse imensa rede de produção de significados *a priori* que se formou em torno do objeto de arte.

Muitas correntes artísticas confundiram toda essa estrutura de valoração com o próprio fazer artístico. A perda da objetividade na arte é o ganho de produção de subjetividade do artista e do evento artístico. A arte vai novamente ganhar corpo. Barrio é, portanto, um traidor dos esquemas de arte de sua época, um inventor de uma inflexão, de uma língua, de um nomadismo que cria o próprio terreno pelo qual passa. Barrio, ao mesmo tempo em que desobjetiva a arte enquanto elemento de captura cria registros com a nostalgia da ação enquanto elemento capturado. O registro em Barrio é a expressão da possibilidade do outro, da valoração da ação *per si*, da possibilidade de uma criação de subjetividades que escapam ao controle, que não o reproduzem, ao mesmo tempo em que é o encontro com as forças reativas que vão compor o universo constituído da arte.

A tática de Barrio vai delimitar um campo que é potência constituinte: o encontro do corpo com outros corpos, a elaboração de uma teia coletiva de experiências de criação, o encontro do corpo com o meio e do corpo com outros corpos, que serão produzidos pelo mesmo encontro afirmativo e produtor de vida.

Capítulo 03
Coletivos: CORPOS//AÇÃO

gçã

Um dos participantes do Atrocidades Maravilhosas era Edson Barrus – cujo trabalho intitulava-se *Disk Cão Mulato*. Tratava-se de cartazes lambe-lambe, distribuídos por orelhões, com telefones de sua casa, onde se ouviam trechos de seus processos: a busca da mistura do maior vira-lata possível, em outras palavras, uma pesquisa de fundo aparentemente científico, em que genes de cachorros vira-lata eram misturados. Alguns frutos deste trabalho foram mostrados em coletivas no Paço Imperial. Mas, o que é realmente significativo para a presente reflexão é algumas das iniciativas que Edson irá assumir como propositor e articulador na cena de produção.

Edson vai participar – conjuntamente com Alexandre Vogler, Guga Ferraz e Aimberê Cezar, Roosilvelt Pinheiro, Ducha e Adriano Mehlen – da proposição de criação de um espaço permanente de produção e referência para dar escoamento a essas experiências. O *Zona Franca*, aconteceu semanalmente na Fundição Progresso, na Lapa, ao longo de 2001. Durante um ano, esse evento foi realizado – impreterivelmente todas as segundas – sem nenhum intervalo. Tornou-se um espaço importante para a articulação dos diversos textos que circulavam em meio às diversas produções, que perpassavam gerações diferentes, grupos distintos e pontos de vistas sobre as ações de arte e suas significações extremamente variados. Por lá passou toda a – senão a maioria da – produção contemporânea carioca, e muitas produções brasileiras e até internacionais. Em uma pequena resenha, realizada por Adriano Melhem – também um dos articuladores do espaço –, se explicita o caráter coletivo, para além de hierarquizações:

> Há cerca de uns dois anos estava no Ateliê 491, na Rua Joaquim Murtinho, em Santa Teresa – na ocasião eu já não integrava o ateliê –, e estavam lá também o Marssares e o Márcio Ramalho. Me lembro de que eles falaram que competição não tem nada a ver com arte; na época estava rolando a primeira edição do Itaú Cultural. Acho que aquilo que eles disseram me ajudou, a partir dali mais ou menos, a ter uma relação um pouco mais desdenhosa com os salões, os críticos, os curadores etc. Outro dia o Luiz (Andrade), lá no Castelinho, disse uma outra coisa também: o livro que eles lêem (os críticos) eu também leio e está na livraria para todo mundo comprar.
>
> Não estou querendo ser maniqueísta dizendo que os críticos são todos péssimos, mas o que mais me anima em particular no Zona Franca é esse caráter anticuratorial do evento. Se a superação do paradigma modernista tem a ver com a retirada de centro, retirada de uma voz totalizante, então como ainda persistir com essa coisa de seleção, pior, melhor, hierarquia etc.? Eu sei que ser contrário aos críticos pode receber a crítica de ser hipismo, romantismo e aquela história do "Kant After Duchamp" do Thierry de Duve. Mas o movimento *hippie* passou, o *punk* veio, os anarquistas estão aí (o cara que foi morto na Itália, movimentos antiglobalização), e eu me pergunto até quando essas pessoas vão ficar dizendo que ruptura é coisa de *hippie*. [...]
>
> Talvez o problema seja outro: pessoas que são da geração *hippie* (no caso do Thierry) que não conseguem ver ruptura para fora do movimento *hippie*. Se quiserem rotular o Zona Franca de ingênuo, de *hippie*, de não profissional, podem rotular, não tem problema, até porque existem outras ações como esta acontecendo hoje em dia, não é só uma coisa que houve nos anos 70. [...]
>
> Como conciliar a ausência de centro e a curadoria? O pior é que a questão do curador não é um problema de hoje em dia, como mera incompatibilidade entre pluralismo e curadoria – a curado-

ria é um problema em si, independente da época. (Melhem, 2001, p. 207-208)

O tom irônico e provocativo do texto de Melhem, ressalta pontos importantes sobre algumas discussões relativas aos processos de criação coletivos da atual produção no Rio do Janeiro. A maneira como qualquer dessas iniciativas coletivas acabam sendo clicherizadas por uma crítica especializada – muitas vezes, acostumada a se posicionar de forma reativa –, é ponto pacífico, lugar-comum, se pensarmos em relação à produção crítica e aos clichês que envolvem essa própria produção crítica. O Zona Franca foi muito mais um espaço de articulação e afirmação de produtores e produtos de arte, que buscavam escapar das formas de captura do chamado mercado de arte. A ausência de uma linha – ou até mesmo de uma pretensão – curatorial propiciou níveis de experimentação significativos para essa jovem produção. A busca comum não era – exclusivamente – a inserção ou a busca de legitimidade para as ações que se davam no evento. O que se procurava ia muito mais na direção de uma dispersão tática, uma efemeridade afirmativa, algo como a busca da intensidade da próprias ações. Muitas vezes se chegava no espaço e não estava acontecendo nada, nenhuma performance, nenhuma mostra, nada estava sendo exposto ou oferecido; o que estava acontecendo de fato era a própria disposição do espaço como espaço de acontecimentos, ou seja, as conversas, as articulações, as trocas, rompiam com a obrigatoriedade linear de um evento de arte e entretenimento.

A partir desta experiência, Edson Barrus, criou um evento chamado *Rés do Chão*. Deixemos que ele explique por suas próprias palavras, através de entrevista realizada por *e-mail*, e articulada por Daniela Labra:[1]

– Então o Rés do C(h)ão abriga o que, por causa de quê, para quem, por que e por quem?

---

1 Labra, D. Rés do Chão, um espaço em processo. In: *Jornal UM*, n. um, maio/jun. 2003, USP.

— É a minha casa!, ou melhor, é o apartamento 302 do 106 da rua do Lavradio, que é usado por um grupo de // para produzir algo dentro dos nossos desejos e pensamentos e tentar ampliar a discussão e o Texto da arte. [...]

— O que pensar sobre isso?

— Que o Rés é um programa processual. É um Projétil. É uma atividade aberta aos fenômenos que estão aí.atuamos na urgência. esta não tem hora para aparecer, ta aí o tempo todo. (Labra; Barrus, 2003, p.7)

Essa pequena passagem da entrevista ressalta o caráter aberto da experiência de arte como processo de vivificação das próprias experiências de criação. Se a casa do produtor de arte é transformada em parte do processo, a distinção entre o que é o evento de arte, ou o que não é, cai para uma área de interesse menos significativa. Mais do que pensarmos o que pode – ou deve – ser arte ou espaço de arte, mais do que incorrer numa objetividade formalista dos processos de criação, o que deve ser percebido é atividade de arte como e enquanto atividade da/na/pela vida. O Rés do Chão é antes de tudo um espaço de vivência, de provocação, de encontros e diálogos que não buscam afunilar ou determinar o que é o comum entre eles, mas, sim, afirmar a realização do comum como constante produção de diferença. Essa produção de diferença é a transformação do espaço em ação de arte, e a ação de arte em espaço de afirmação da vida. Assim, as experiências sensoriais desenvolvidas por esses produtores – a partir da proposição de transformar o espaço em espaço de vida, espaço para ser vivido como e através da experiência de arte – vai apontar para os fatores afetivos presentes nestas ações de arte. Aqui – semelhante ao que ocorreu no Zona Franca –, o que se torna mais significativo é a experiência dos processos de vida e a potência constituinte do tecido afetivo na criação de um *outro* comum afirmativo e singular.

DA A.R.T.E. S-3 POLÍGONO

ARISTOCRACIAS CORPORAIS E A SOCIEDADE DE CONTROLE

A crise da modernidade trouxe em seu bojo a necessidade de uma reavaliação dos parâmetros de humanidade. Toda uma multiplicidade de concepções *outras*, se insurgem testando os limites do corpo — testando e afirmando a diferença entre *corpos* e *homens*.

Pensar o corpo hoje é perceber que o estatuto de humanidade deve ser repensado. Muitas vezes em nome desses *Homens*, os corpos são aprisionados numa série de sobrecodificações produzidas para/pela sociedade de controle em escalas planetárias. Um exemplo deste processo é aquilo que Michael Serres vai chamar de *aristocracias corporais*:[2]

> A eliminação matemática do acaso permite conhecer os corpos pessoais pelos contornos dos corpos globais; [...] esses cômputos gerais não deixam ignorar que a injustiça social priva os mais pobres dos benefícios concernentes à dor e à morte a ponto de um abismo sempre separar os mortais dolorosos dos raros eleitos que se lançam em busca da imortalidade. Novamente, a história dos mitos, culturas e religiões explicam melhor o estado de coisas do que a história das ciências ou mesmo a história propriamente dita. A distância entre deuses e homens, tal qual como mensuravam os antigos gregos, por exemplo, substituiu seu arcaísmo pela moderna diferença de classes; o escândalo amplia-se a partir daí. Sob as baixas latitudes encontram-se os mortais aos quais a tradição reserva o nobre nome de homens; nas altas, encontram-se os imortais, que não cessam de sorver o néctar da ambrosia. Essa evidência não pode deixar de lado as chamadas democracias; escudando-se numa publicidade mentirosa, na qual ninguém mais crê, elas ainda podem glorificar a mais feroz de todas as aristocracias corporais, mais implacável do que todas as outras? Discursos hipócritas nos fazem tremer de indignação desde que seu contrário visível é posto à mostra: os esqueletos do terceiro mundo gritam até a morte, diante dos

---

2 Serres, M. *Hominiciências*: o começo de uma outra humanidade? Rio de Janeiro: Bertrand Brasil, 2003.

obesos de plenitude. Amanhã, uma guerra inexpiável, à moda de Darwin, oporá esses milhares de corpos macilentos aos milhões de dólares cujas vantagens se acrescentam aos milhões que guarnecem as pessoas adiposas, orgulhosas de seu saber exclusivo adquirido por essa quantidade enorme de dinheiro, mais do que pelo seu próprio talento? A política encarna-se quando deixa de lado a ideologia. (Serres, 2003, p. 34-35).

O processo de colonização dos corpos – o esfriamento e a estratificação das potências de diferenciação da multiplicidade de outros que atravessam os padrões, escapando às territorializações e classificações – é a forma de ação e de produção desenvolvida na contemporaneidade pela sociedade de controle. O corpo é um elo na legitimação de uma lógica acumulativa nas áreas privilegiadas do planeta. Essas aristocracias corporais pretendem manter a hegemonia dos processos de produção de corpos vivos e saudáveis, transformando-os em propagadores de modos de significação estritamente ligados à lógica operacional das modulações do controle.

Pensar aqui algumas formas de resistências ativas, suas ações, estratégias e linhas de fuga – com seus limites, efetividades e extensões – suas contraposições a esse processo global de controle, que Toni Negri e Michael Hardt chamam de *Império*.[3] Esse conceito foi cunhado pelos dois pensadores para descrever o estágio de desenvolvimento atual das forças de controle e de produção. A idéia de *Sociedade de Controle* é construída a partir de alguns escritos que Foucault[4] realiza sobre seus estudos da manutenção dos modos de vida na chamada *Sociedade Disciplinar*. A sociedade de controle e o biopoder – o poder sobre o corpo – funcionam conceitualmente como uma espécie de evolução, ou desdobramento do regime das disciplinas.

3 Hardt, M.; Negri, T. *Império*. Rio de Janeiro: Record, 2001.
4 Ver, por exemplo, Foucault, M. O nascimento da medicina social; Poder-corpo; e Soberania e disciplina. In: *A microfísica do poder*. Rio de Janeiro: Graal, 1979. E também Foucault, M. *A sociedade disciplinar em crise; Da natureza humana*: justiça contra poder; *Poderes e estratégias*. Rio de Janeiro: Forense Universitária, 2003.

Deleuze vai desenvolver em dois pequenos textos,[5] essa trilha deixada por Foucault, diferenciando a disciplina do controle pelos modos de uso como, por exemplo: a disciplina formata pela coação e constrangimento e o controle funciona pela modulação e convencimento. A título de exemplo podemos citar essa significativa passagem do *"Post-scriptum sobre a Sociedade de Controle"*:

> Mas atualmente o capitalismo não é mais dirigido para a produção, relegada com freqüência à periferia do Terceiro Mundo, mesmo sob formas complexas do têxtil, da metalurgia ou do petróleo. É um capitalismo de sobre-produção. Não compra mais matéria-prima e já não vende produtos acabados, ou monta peças destacadas. O que ele quer vender são serviços, e o que quer comprar são ações. Já não é um capitalismo dirigido para a produção, mas para o produto, isto é, para a venda ou para o mercado. Por isso ele é essencialmente dispersivo, e a fábrica cedeu lugar à empresa. [...] As conquistas de mercado se fazem por tomada de controle e não mais por formação de disciplina, por fixação de cotações mais do que por reduções de custos, por transformação do produto mais do que por especialização. A corrupção ganha aí uma nova potência. [...] O marketing é agora o instrumento de controle social, e forma a raça impudente de nossos senhores. O controle é de curto prazo e de rotação rápida, mas também contínuo e ilimitado, ao passo que a disciplina era de longa duração, infinita e descontínua. O homem não é mais o homem confinado, mas o homem endividado. É verdade que o capitalismo manteve como constante a extrema miséria de três quartos da humanidade, pobres demais para a dívida, numerosos demais para o confinamento: o controle não só terá que enfrentar a dissipação das fronteiras, mas também a explosão dos guetos e favelas. (Deleuze, 1992, p. 223-224).

Serão Toni Negri e Michael Hardt que desenvolverão a configuração contemporânea da sociedade de controle a partir deste debate deleuziano. Segundo eles, o Império é criado

---

5 Deleuze, G. Controle e devir e Post-scriptum sobre a sociedade de controle. In.: *Conversações.* São Paulo: 34, 1992.

pela resistência: a resistência é a força ativa nesse quadro e os aparatos de controle são uma reação a novos modos de ação. Nesse sentido, são as lutas e os corpos de uma multidão de singularidades que se encontram em estado de insurgência e insubmissão em relação ao biopoder produzido pela sociedade de controle. Resistência por necessidade: esse é um parâmetro possível para elaborar um estudo crítico sobre alguns pontos de tensão na contemporaneidade – pontos esses que remontam a discussão sobre a real constituição de um projeto hegemônico global. Em um texto significativo sobre as atuais configurações de políticas de subjetividade – como ele próprio nomeia – Peter Pál Pelbart[6] descreve como Michael Hardt desenvolveu sua leitura do argumento deleuziano:

> Michael Hardt amplia o alcance dessa análise e comenta que não só passamos de uma sociedade disciplinar para uma sociedade de controle, como também de uma sociedade moderna a uma sociedade pós-moderna e, sobretudo, do imperialismo ao Império. A sociedade disciplinar funcionava por espaços fechados em contraposição a um exterior aberto. A sociedade de controle suprimiu essa dialética entre fechado e aberto, entre dentro e fora, pois aboliu a própria exterioridade, realização maior do capitalismo em seu estágio atual. O neocapitalismo apaga as fronteiras, nacionais, étnicas, culturais, ideológicas, privadas. Ele abomina o dentro e fora, é inclusivo, e prospera precisamente incorporando em sua esfera efetivos cada vez maiores e domínios de vida cada vez mais variados. A economia globalizada constituiria o ápice dessa tendência inclusiva, em que se abole qualquer enclave ou exterioridade. Na sua forma ideal, observa Hardt, não existe um fora para o mercado mundial. O planeta inteiro é seu domínio, nada fica de fora. Chama-se de Império essa forma de soberania que abocanhou tudo. (Pelbart, 2000, p. 30)

---

6 Pelbart, P.P. *Vertigem por um fio*: políticas da subjetividade contemporânea. São Paulo: Iluminuras, 2000.

O Império é então o modelo hiper-estrutural de relação de controle, ou seja, na esfera dos territórios e de suas máquinas e aparelhos de captura, em relação aos Estados e suas tecnocracias, organizando os fluxos e demandas do capital. Talvez poderíamos caracterizar pela imagem de dois eixos, um vertical – o Império – e outro horizontal – a sociedade de controle – a constante interação desses vetores de funcionamento daquilo que Peter Pál Pelbart está chamando de neocapitalismo. Sem dúvida, existe hoje um modelo global de controle – por mais que a grande maioria da chamada crítica pós-moderna insista na desvalorização de tal idéia ou considere essa questão como algo menor; por mais que se suponha estar fora, através de um compromisso velado e silencioso, de certas concepções e instituições, onde se encontram muitos intelectuais e artistas, envolvidos de forma direta ou indireta na manutenção desse projeto de controle global; por mais que sejam elaboradas releituras de momentos históricos e de condições étnicas comprometedoras para o futuro global harmônico da *nova ordem das nações* – que age sobre as mais diversas instâncias da nossa vida global, ou local, coletiva ou individual: não há fora, todos estamos inseridos nessa nova realidade constituída. Partindo deste axioma, a resistência se coloca como ponto premente e potencial em qualquer estudo crítico atual.

Para tanto, uma análise que se deseja crítica não pode perder a percepção de se constituir como um ato de resistência, desenvolvendo um olhar crítico sobre si mesmo, sobre seu lugar nessa luta, sobre o impacto dessa nova configuração hegemônica, sobre os corpos e suas produções de subjetividade, sobre sua estética, seu sentido e sua ética.

Essa é uma manobra necessária: escrever como resistência, resistir como uma ética amorosa dos traidores, a resistência como necessidade.

Corpo e necessidade: contemporaneidades

O que nós loucos somos é isso: testemunhas do impossível. O tempo é muitos tempos simultâneos. Impossíveis. O espaço também. Quem atravessou a cortina branca sabe. Todo impossível é possível em algum lugar. Até demais.
Utopia Selvagem, **Darcy Ribeiro.**

Fredric Jameson chama de *Capitalismo tardio*, o atual estágio de desenvolvimento das formas e forças de produção mundiais. Para ele, o capital parece ter revelado, finalmente, sua verdadeira face, após anos de disfarce e maquiagem atrás das cortinas do Estado. Hoje, o capital não precisa mais se esconder, ele pode se assumir, independente de qualquer relação com as máquinas estatais e seus grupos sociais. Isso de maneira genérica é percebido quando as questões econômicas passaram a definir, toda e qualquer relação no planeta. Ainda em Jameson, o que se acostumou a chamar de pós-moderno, nada mais é do que o momento atual do moderno. Nesse sentido, para ele, nos encontramos numa *modernidade tardia*, a crise de um modelo, mas não a superação dele.

Ao nos aproximarmos de suas definições, pode-se nomear como *alta-contemporaneidade* o recorte e o sentido de tempo em que nos encontramos agora. Seria como uma radicalização desses recortes temporais, norteados a partir do instante presente, para além da sua exclusiva relação com a modernidade. Existem e existiram artistas, obras, discursos e textos que estarão sempre inseridos na clave do que está sendo chamado aqui de *contemporaneidade*: eles serão os artistas contemporâneos de outra geração. A alta-contemporaneidade diz respeito ao momento atual, onde estão sendo produzidas subjetividades outras para além de paradigmas modernos estanques. É uma discussão que tem como parâmetro, primordialmente, a qualificação temporal do presente momento histórico: estamos falando de tempo e de temporalidade. O artista plástico Arthur Omar chega ao nível de buscar uma outra nomenclatura para essa temporalidade chamando-a de *pós-contemporânea*. Apesar de fazer extremo sentido quando a discussão diz respeito a certo modelo de produção artística ainda muito em voga, a maneira como esta questão pretende ser levada aqui não diz respeito exclusivamente a esse formato.

A alta-contemporaneidade parte da idéia de que o corpo, talvez mais do que nunca, é e será sempre espaço de luta entre diversas forças, tendências, sentidos e saberes. É no corpo, pelo corpo, através do corpo e a partir do corpo que se colocam muitas das questões centrais do atual pensamento e da ação cultural, política, econômica, artística e social. Há uma *agoridade* que redefine o corpo, imprimindo-o em estatutos específicos, explicitando-o como espaço em mobilidade, ambiente em crise. Pensar nele é pensar o instante, o agora, o hoje.

As produções de subjetividade, os textos e as falas desse conjunto multiplicador que é o corpo necessitam de uma leitura aguda e apurada. Os trabalhos realizados na alta-contemporaneidade, cujas ações são definitivamente potencializadas e protagonizadas por articulações com o corpo, devem ser pensadas.

Sobre a relação corpo/tempo é de bom tom salientar que não será trabalhada aqui a idéia de *contemporâneo* como unidade temporal e histórica. A opção pela pluralidade proveniente do conceito de *contemporaneidades* permite pensar em uma classificação temporal mais fluida e maleável, impedindo um engessamento relativo ao quadro histórico atual. Esta é uma tática necessária para se escapar do quadro exclusivo das discussões sobre modernidade. A contemporaneidade viabiliza um outro estatuto ao tempo: ela atualiza o tempo, indiferente de suas classificações historicistas. Essa discussão é necessária diante da limitação imposta por recortes temporais hegemônicos e totalizantes em uma época de fragmentação, velocidade e dinâmicas singulares. A contemporaneidade age como processo de singularização de uma virtualidade temporal presente em diversos recortes históricos. Para clarificar essa conceituação, pode-se remeter à discussão que Deleuze[7] faz sobre a relação entre atual e virtual:

> [...] a distinção do virtual e do atual corresponde à cisão mais fundamental do Tempo, quando ele avança diferenciando-se conforme duas grandes vias: fazer o presente passar e conservar o passado. O presente é um dado variável medido por um tempo contínuo, ou seja, por um movimento que se supõe em uma única direção: o presente passa à medida que esse tempo se esgota. É o presente que passa, que define o atual. Mas o virtual aparece, por seu lado, em um tempo menor do que aquele que mede o mínimo de movimento em uma direção única. Por isso o virtual é "efêmero". Mas é no virtual também que o passado se conserva, já que esse efêmero não para de continuar no "menor" seguinte, que remete a uma mudança de direção. O menor tempo que o mínimo de tempo contínuo pensável em uma direção é também o tempo mais longo, mais longo que o máximo de tempo contínuo pensável em todas as direções. O presente passa (em sua escala), enquanto o efêmero conserva e se conserva (na sua). Os virtuais se comunicam imediatamente por cima do atual que os separa. Os dois aspectos do tempo, imagem atual do presente que passa e a imagem virtual do passado que se conserva, se distinguem na atualização, tendo, ao mesmo tempo, um limite inassinalável, mas se permutam na cristalização, até se tornarem indiscerníveis, cada um tomando emprestado o papel do outro. (Deleuze; Parnet, 1999, p. 178-179)

Essas *duas grandes vias do tempo* – atualizar o presente e conservar o passado – são processos de diferenciação. Contudo, essa pulsão de diferenciação não se restringe a limitar em terrenos dissociados, o presente que passa e o passado que se conserva. A capacidade de atualização do presente – ou seja, o presente acontece no atual – possibilita um processo de aproximação radical com o passado virtual próximo. Ambos caminharão para o indiscernível. A qualidade de *menor*, que o virtual tem em seu trajeto, cria os circuitos internos operacionais do atual, ao mesmo tempo em que amplifica sua capacidade de

---

7 Deleuze, G.; Parnet, C. O atual e o virtual. In: *Diálogos*. São Paulo: Escuta, 1998.

duração e potencializa os processos de diferenciação em meio ao bojo do Tempo. É essa qualidade de *menor,* que lança o virtual num movimento de atualização, e que faz do atual um duplo complementar do virtual. A velocidade do virtual sobre os *atuais* transforma o virtual em elemento de singularização: será aqui que se dará o processo de *contemporaneidade*. O que Deleuze vai chamar de *cristalização* – o momento de indiscernibilidade entre o atual e o virtual, a permuta estabelecida por esses dois termos – é o que está sendo nomeado como *contemporaneidade*. Esses cristais iriam aparecer sobre o plano de imanência. O plano de imanência é a área de Tempo e seu *continuum*. Os corpos agem como/no plano de imanência, e são pontuados por cristais de contemporaneidade. A quebra de uma lógica causal histórica linear estabelece um outro parâmetro de temporalidade: a do próprio Tempo. Os corpos, quando salpicados por essas cristalizações, mergulham numa experiência do Tempo, escapam à História. A contemporaneidade, nesse sentido, é a experienciação da experiência do Tempo nos corpos.

Corpo e cultura

A partir dessas linhas e trajetos que cruzam e percorrem os corpos da alta-contemporaneidade, desterritorializando, territorializando, e realizando táticas de enfrentamento, trata-se de se debruçar sobre os processos de liberação de virtualidades e *devires-outros* ao longo dos corpos locais, pessoais, sociais, culturais que irão compor as contemporaneidades e seus *modos de usar*. Partindo da produção de uma discussão que transpassa os campos ético e estético, passando por políticas e táticas de luta – incluindo os discursos e ações do poder criativo dos corpos ativos e de suas produções em tensão permanente com a sociedade de controle e seus agentes – configuram-se os elementos que irão compor o que pode ser chamado de campo de estudo a ser penetrado.

É necessário fazer aqui uma ressalva de ordem conceitual: o que é genericamente colocado hoje como arte contemporânea

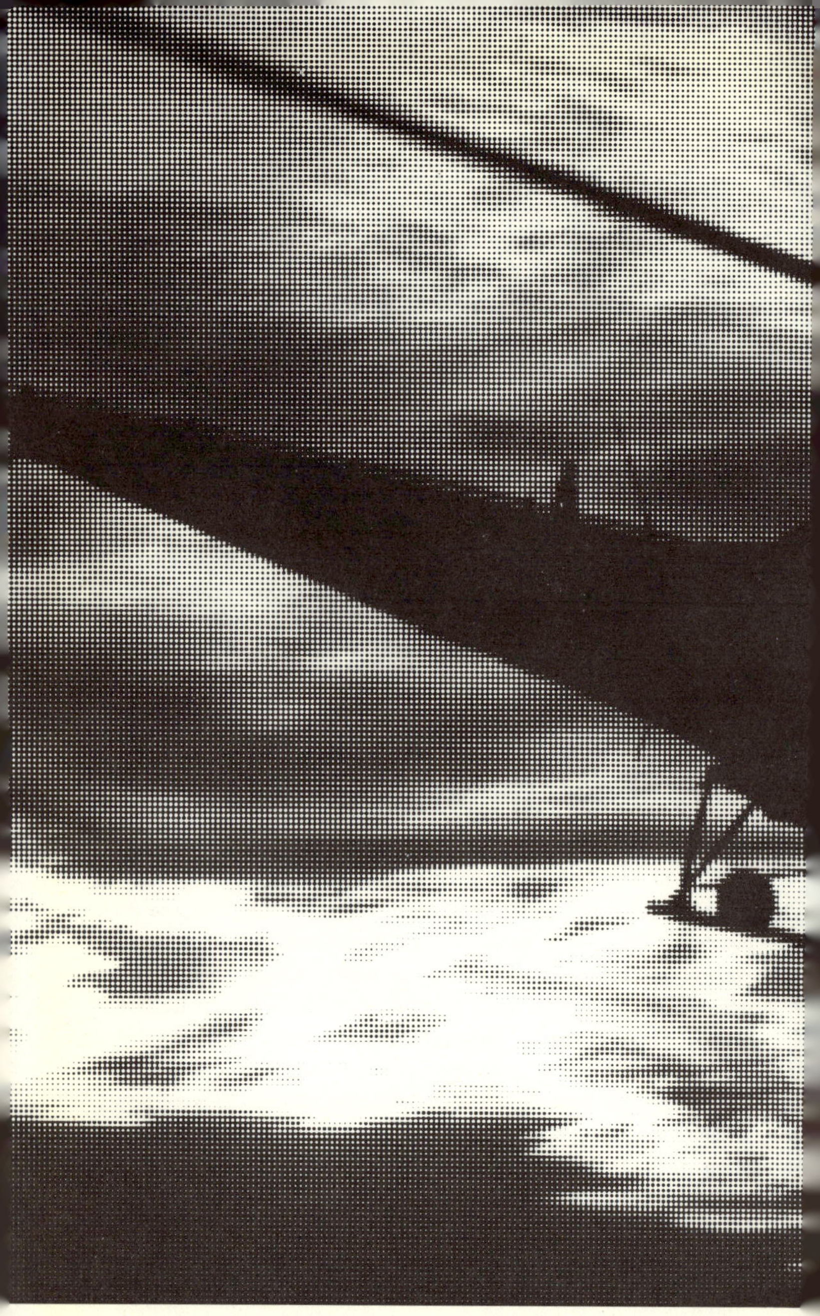

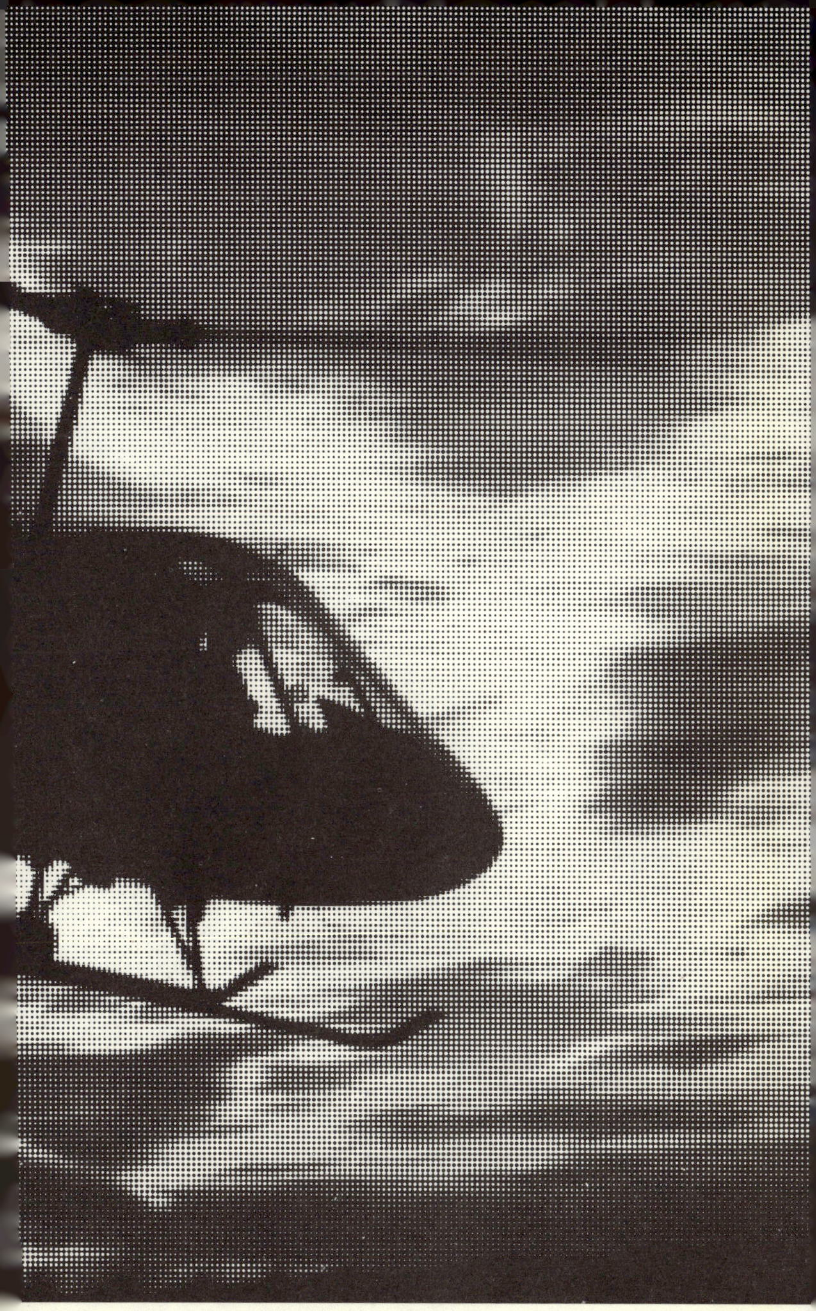

deve ser pensado aqui como um hemisfério em crise. A crise que se conota em meio a essa produção, diz respeito a percepção de uma cisão significativa, uma quebra de significados anteriormente fixados, em busca da produção de processos de diferenciação.

As práticas da chamada *arte pública* – como se fosse possível imaginar uma arte que não seja ou que não se pretenda, em alguma estância qualquer, agir ou estar publicamente colocada – foram terreno fértil para as pretensões desenvolvidas por esse processo de investigação. Será a partir dessa produção que irá se formar

O campo nomeado como *Tradição delirante*.

No entanto, é preciso estar atento. Duas questões se colocam rapidamente: Qual a extensão de uma proposta artística e qual é a sua relação com os limites de um corpo e como eles interagem? Quais as possibilidades de uma ação *efetiva* dos grupos de criação e o conjunto dos variados corpos e agentes sociais que formam múltiplos grupos e estamentos sociais?

A pergunta que Espinosa propôs na alvorada da modernidade se coloca, agora, como uma força real: *O que pode um corpo?*

Essa ausência de consciência das potencialidades do corpo amplia o *gap* entre suas potências e estratificações, intensificando a distância e os processos de alienação pela qual passam as produções de subjetividade do corpo na contemporaneidade. O corpo é hoje um local de guerra. A luta que se desenvolve hoje nos corpos coloca em xeque conceitos considerados centrais para a modernidade. Mas o que seria o corpo hoje, o corpo no tempo atual, o corpo no contemporâneo?

Tempo: contemporaneidades[8]

Pensar o corpo hoje é explicitar, prioritariamente, a corrente dificuldade de classificação do que seria, ou do que poderia *vir-a-ser*, pensado como *contemporâneo*. Pensar o Tempo, as temporalidades.

Utiliza-se, geralmente, a idéia de que o contemporâneo se encontra balizado por um recorte temporal, uma periodização precisa, em que certos aspectos demarcariam seu território. Contudo, é preciso notar que estes enquadramentos temporais não são suficientes. A noção de contemporaneidade escapa às possíveis territorializações. Seus movimentos são qualificados como deslizes, escoamentos, recortes, estabelecendo dinâmicas distintas das relações conformadas pela primazia da idéia de determinação como elemento *a priori*. O tempo cronológico surge muito mais como um aparelho de domesticação do presente, ordenação qualificativa de teores e recortes, do que como um propósito de liberação dos fluxos e desejos de uma temporalidade indócil.

O que se poderia arriscar a nomear como contemporâneo encontra-se em permanente tensão – movimento não-linear, constante; embate direto entre as linhas de estratificação e ordenação cronológicas; fluidificação das trajetórias e linhas de fuga realizadas pelos aspectos delirantes da realidade discursiva do campo cultural.

Nietzsche (1995), em seu texto sobre os pré-socráticos, trabalha sobre Anaxágoras. Se a idéia de que *tudo nasce de tudo* é colocada como pressuposto básico, seu desdobramento possível e direto engendra a idéia de que *tudo está contido em tudo*, ou seja, as coisas e os nomes das coisas encontram-se em perma-

---

8 Essa parte da reflexão surgiu a partir de seminários realizados no Departamento de Filologia da Universidade de Salamanca (Espanha), em abril de 2000.

nente movimento numa espécie de *mistura primordial*. A esse *vir-a-ser* o físico dava o nome de *Nous:* princípio de segregação e preponderância das substâncias, a partir da completa seleção dos elementos iguais ou semelhantes – um movimento inteligente de ordenação das coisas, aproximando e harmonizando as diferenças. Aqui entra um detalhe bastante interessante: *quando a ordenação chega ao fim, o nous retorna ao seu automovimento* (Nietzsche, 1995, p. 84). O movimento de precipitação dos iguais é um movimento circular. Esses movimentos são realizados como *atos de vontade livre*, que ele vai caracterizar como algo sem uma finalidade determinável, ou uma função causal específica – é como o *jogo da criança* ou o *impulso lúdico do artista*. Nietzsche já aponta aqui para o que ele viria nomear posteriormente como o *eterno retorno*.

Se pensarmos bem, esses movimentos circulares do *espírito* de Anaxágoras, criam o contemporâneo como um campo de possibilidades infinitas: movimento de retorno ao movimento. Obviamente, corre-se o risco de pensar que esses movimentos possuem uma característica evolutiva, aprimorando os iguais das coisas. Apesar do sentido harmonioso dessa configuração, um ponto dilacera qualquer possibilidade de ordenação e equilíbrio: o movimento, não tendo finalidade última, realiza em seu périplo perpétuo um deslocamento de forças – retorno ao *vir-a-ser* caótico, aos momentos de pré-diástole: desconstrução das coisas ditas. Pode-se agora falar em contemporaneidades: para além de uma noção unificadora, para além da unidade restritiva do *Cronos* contemporâneo, para além do *Saturno* devorador.

O tempo *kairótico* apresentado por Platão em um de seus *Diálogos*, mais precisamente no *Timeu* (1979), revela uma outra possível entrada para a questão das contemporaneidades. As relações do Uno com o Ser só podem se dar se medidas por uma duração e estabelecidas pelo tempo. Surge outra questão: como o Uno pode ser mais velho ou mais moço do que Ele mesmo, sendo que para que Ele seja, é necessário que seja no tempo e não fora dele, e se Ele é, Ele já foi e ainda será, simultaneamente? Como pode o Uno estar fora do tempo e do Ser? A resposta é colocada da seguinte maneira:

> O instante. O vocábulo *Instante*[9] parece significar algo assim como o ponto da mudança em direções opostas. Sim, não será da imobilidade, enquanto imóvel, que ele se mudará, nem do estado de movimento, como tal. Essa coisa de natureza inapreensível, o Instante, se encontra situado entre o movimento e o repouso, sem estar em nenhum tempo, sendo que a transição converge para ele e dele parte, da coisa em repouso para o movimento e do movimento para o repouso [...] [o Uno] terá de mudar-se, na passagem de um desses estados para o outro, pois somente em tais condições chegará a fazer ambas as coisas. Mas, ao mudar-se, muda instantaneamente, e no Instante preciso da mudança não poderá estar em nenhum tempo, muito menos em movimento ou em repouso. (Platão, 1979, p. 68, 156)

Platão aponta para um tempo que se dá no instante, um tempo que escapa ao tempo se tornando instante. A mudança instantânea retira das coisas seu peso cronológico, dá-lhes simultaneidade; possibilidade do Uno estar/ser Múltiplo. Fora do movimento e fora do repouso, esse instante se realiza na potência do encontro.

É o ponto de convergência das intensidades corporais, fixação momentânea de fluxos fora do tempo. Instante-intensidade: ser fora/no tempo. Contemporaneidades.

Essas contemporaneidades devem ser pensadas como a ação de devires presentificados em cada momento de singularização das forças em jogo. Essas forças tomam formas culturais, sociais, econômicas, libidinais sobre a ecologia dos corpos e suas dinâmicas de/em construção/desconstrução permanente. Marcas desse jogo: a espacialização do tempo, a potencialização de temporalidades emergentes nos corpos performatizados. A *performação* de devires presentificados nesses corpos,

---

9 Do grego *kairós*.

marcam a múltipla configuração que vai constituir o indivíduo: *indivíduo-composto*. Inserção de afetos em realidades discursivas que se bifurcam. As composições dos eventos socioculturais hoje se encontram sendo compostas a partir das configurações presentes na rede de afetos que vão afirmar os estatutos discursivos presentes nos corpos. Esses corpos, por sua vez, vão estabelecer em seus movimentos um jogo de *performação*: a ação dos múltiplos discursos e suas inflexões na superfície dos corpos. A *performação* é o ato de discursividade presente em cada movimento dos corpos. Serão estes movimentos que vão estabelecer vetores pulsionais na composição de um indivíduo. Assim, cada indivíduo será uma rede de multiplicidades em constante movimento, um campo de possibilidades em pleno andamento, um jogo de forças em *eterna* produção de diferenças. A contemporaneidade será o Tempo deste indivíduo multiplicador de possibilidades.

A contemporaneidade é um relâmpago.

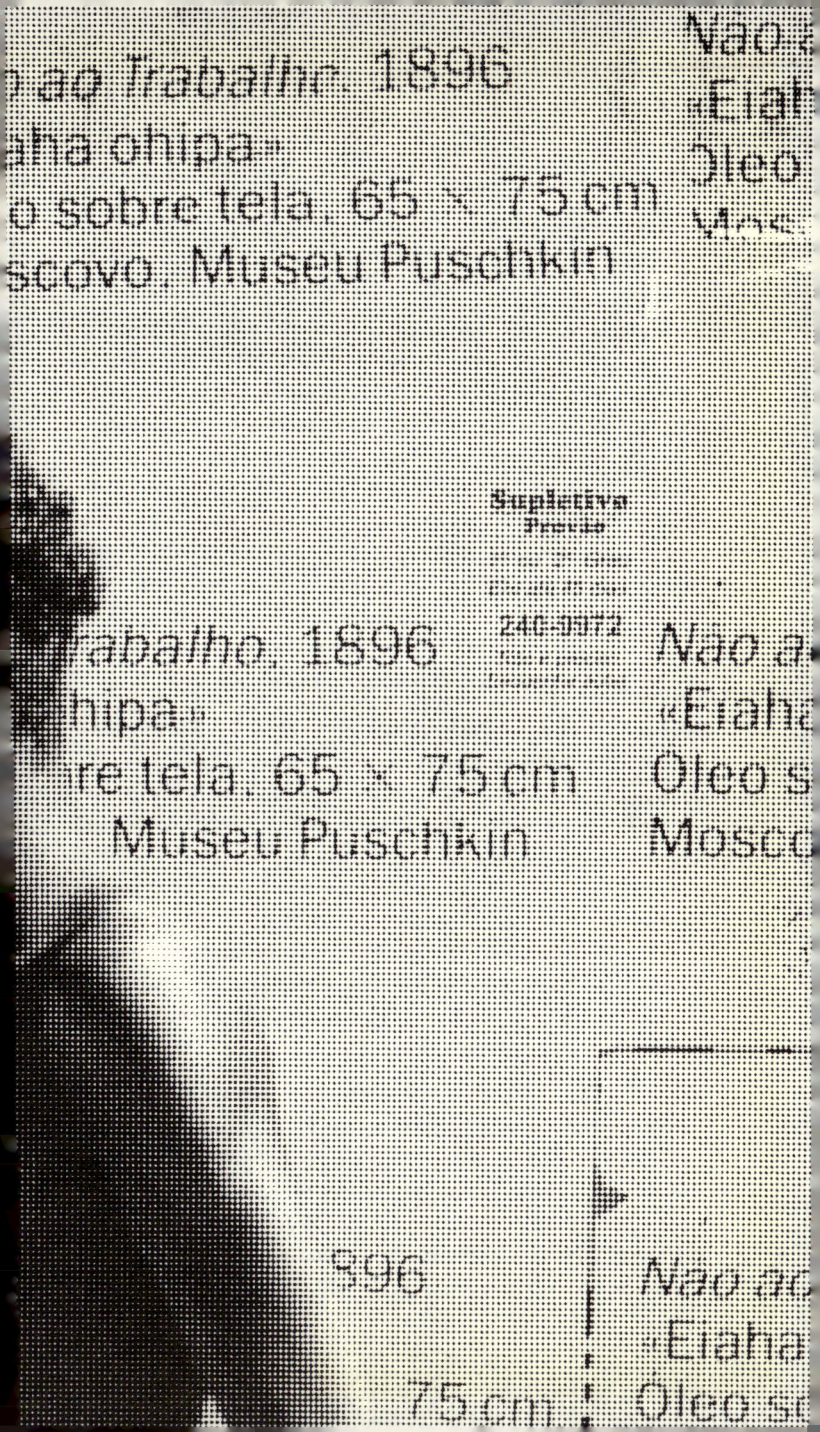

ao Trabalho, 1896
aha ohipa»
o sobre tela, 65 × 75 cm
scovo: Museu Puschkin

Supletiva
Prévia

246-9972

Trabalho, 1896
hipa»
re tela, 65 × 75 cm
Museu Puschkin

Não a
«Eiaha
Óleo s
Mosc

996

75 cm

Não ao
«Eiaha
Óleo s

Campos e batalhas: corpos

... o corpo humano é mais surpreendente do que a alma de outrora ...
Vontade de Potência (II, 173), **Friederich Nietzsche.**

É notória a impossibilidade de trabalhar com a idéia de unidade, em qualquer sentido que seja, quando estamos discutindo corpos. O corpo é algo que se encontra em permanente ação. Essa ação pode ser classificada a partir de diversos parâmetros: aspectos políticos, sociais, econômicos, signos culturais, discursos étnicos, objetividades artísticas etc. O que importa inicialmente são as séries de encontros prováveis e improváveis, possíveis e reais, com a multiplicidade de corpos dispostos em determinados campos: sociais, políticos, culturais etc., onde serão definidas as singularidades de cada indivíduo. A crítica mais atenta deve ser desenvolvida a partir desses aspectos que irão configurar a pluralidade de forças e embates: os corpos em jogo.

Pensar a idéia de singularidade, como elemento diferencial na composição de forças em luta nos corpos, é uma saída, uma linha de fuga possível. Basta estabelecer a idéia de que "toda relação de forças constitui um corpo" (Deleuze, 1976, p. 85). Essas forças não estão em batalha, elas já se encontram numa relação efetiva de tensão entre si – relação essa que é a própria forma possível dos corpos, os próprios elementos potenciais constituintes. O corpo será sempre esse encontro de forças, duas ou mais forças, um plural de singularidades. O múltiplo será sempre o princípio ativo de um encontro real entre duas ou mais forças, antagônicas ou não, no processo constituinte dos corpos.

Em relação ao desejo de transcendência, à pretensão de origem, ao fundamento como princípio e causa, podem-se articular as potências da imanência em sua dispersão constituinte. A tensão presente aos encontros corporais será realizada nesse espaço, nesse campo, em que estarão colocados dois vetores possíveis: a imanência e a singularidade – vetores de movimentação, linhas, traços, rastros – o primeiro em sua horizontalidade e o segundo em sua verticalidade; o primeiro como plano, superfície, espraiamento, o segundo como ponto, encontro, dobra.

A combinação dos dois planos compõe um jogo: o lance de dados das bifurcações. Nas bifurcações o acaso entra em cena: paralisando ou fazendo deslizar, destruindo ou aparelhando, fluidificando ou estatizando as forças em jogo. Os desejos de dominação são simultâneos, uns sobre os outros, em quantidade, estabelecendo relações de tensão que se colocam, então, com impacto total.

É precisamente aí, nesse *indecidível,* onde brotam as questões de cunho político – uma política específica, uma ética amorosa dos traidores, que irá se afirmar a potência constituinte da política dos corpos em tensão e de suas lutas contra a unidade totalitária e totalizante do *Homem,* esse evento constituído e solidificado pela modernidade. É aí onde minorias vão construir suas máquinas de guerra e desenhar suas linhas e planos de ação na batalha contra os aparelhos de captura do poder imperial. Após essas definições preliminares, pode-se formular aqui um pensamento sobre essa questão emergente nas redes culturais e suas interligações com as contemporaneidades que cruzam e cortam essas superfícies.

Corpo: espaço de presentificação e singularização das intensidades estéticas e éticas nos campos discursivos e culturais da contemporaneidade.

Um possível atual: CORPO-HÉLIO

O corpo se virtualiza – tentativa direta para escapar a uma inflação de signos que percorrem-no, imprimindo-o em um território, inserindo-o e re-inserindo-o no universo dócil dos códigos sócio-antropológicos previamente definidos. Assiste-se – ou melhor seria experimenta-se? – a construção de um corpo que não se restringe à condição normativa aceita genericamente como humano: a luta artaudiana contra o órgão. As condições em que se encontram esse corpo em vias de desterritorialização – cruzado por linhas de fugas, perdendo seus contornos, borrando seus limites, desconstruindo sua anterior unidade – explicitam marcas e implicações, nítidas, no campo das manifestações da chamada arte contemporânea. Talvez seja nessa área tão perecível, tão extasiada pelas inúmeras *soluções* vanguardistas de uma modernidade tardia, onde se encontra campo bastante significativo para as experienciações desse corpo em constante transmutação.

Quando Hélio Oiticica (1981) vai pronunciar a plenos pulmões, em meio às movimentadas neovanguardas cariocas do início da década de 60, a necessidade da *integração do espaço e do tempo na gênese da obra*, ele aponta para a *insurreição* do corpo na obra de arte. Não se trata de um movimento de libertação exclusivamente comportamental, apesar de seus fortes teores contestatórios, mas sim de uma necessidade que se manifesta na esfera da sensibilidade do próprio corpo. A inserção da dupla conceitual espaço/tempo coloca o corpo como locais dos embates e realizações da obra: é aí, nesse corpo, que outros corpos serão inseridos, afetando e sendo afetados, percebendo e sendo percebidos. Mas a obra-corpo vai agir num sentido de criação que não se pretende representativa, *transforma-o num não objeto*.

É essa não-objetividade que vai se configurar a partir de duas vertentes: por um lado, a *arte-ambiental,* ou a espacialização da experiência artística, a construção de um espaço de penetração e interação da obra com aquele que realiza/assiste a obra – o *participador,* e por outro lado, a *arte sensorial,* ou a emergência de corpos de participadores – algo lembra de maneira direta a formação de um indivíduo espinosista como foi descrito anteriormente –, um corpo composto, um *entre-obra, entre-participador.*

A performação discursiva das formulações de Hélio Oiticica pode ser pensada como ponto genealógico de aspectos que irão marcar certas obras em sua tentativa de construção/experienciação de problemáticas da contemporaneidade, no presente cenário cultural brasileiro.

De certa maneira, a rede cultural brasileira tem como uma de suas marcas a impossibilidade de registro baseado em valorações tradicionais, na medida em que o fenômeno de criação da tradição é inventado sobre a marca das vanguardas modernistas. A partida se dá no momento da experimentação: o modernismo heróico da década de 20 *refunda* um *Brasil* – nascido das incompletudes do seu passado-presente colonial. A condição brasileira é pensada/escrita como falta, erro, novo, jogo de possibilidades futuras, necessidade de rompimentos com o passado, realização do presente como construção possível. Instaura-se uma questão: como lidar com esse presente em permanente construção, ou como propor uma obra-trajeto que caracterize particularidades dessa formação cultural? Algumas leituras preliminares apontam para uma pulsão discursiva – a percepção das contemporaneidades como ponto de encontro explícito entre os olhares brasileiros.

As práticas estético-discursivas de certas obras-trajeto brasileiras são marcadas pela força das contemporaneidades. A idéia de experimentação, tão defendida contemporaneamente pelos países desenvolvidos, emerge aqui como elemento básico, como traço genealógico do caldo cultural brasileiro. Esse *trauma original* contribui para a construção de uma singularidade do modo de operação imagética, perceptivelmente presente, no processo de performação do discurso de *nação*.

Homi K. Bahbha (1998) descreve duas estratégias discursivas presentes no discurso de formação da nação: o *pedagógico* – constituído por idéias fundamentalmente baseadas num passado historicamente concebido, com uma função nitidamente ideológica; e o *performático* – agindo diretamente sobre o presente, construído como as ranhuras, fissuras e dissonâncias no projeto hegemônico de nação. Ambos conceitos não se excluem ou se antagonizam, ambos são constituídos por uma lógica de *suplementação,* não se reduzindo à relação binária da contraposição. Eles coexistem no hemisfério da realidade discursiva, na construção dos processos de identificação da idéia de nação.

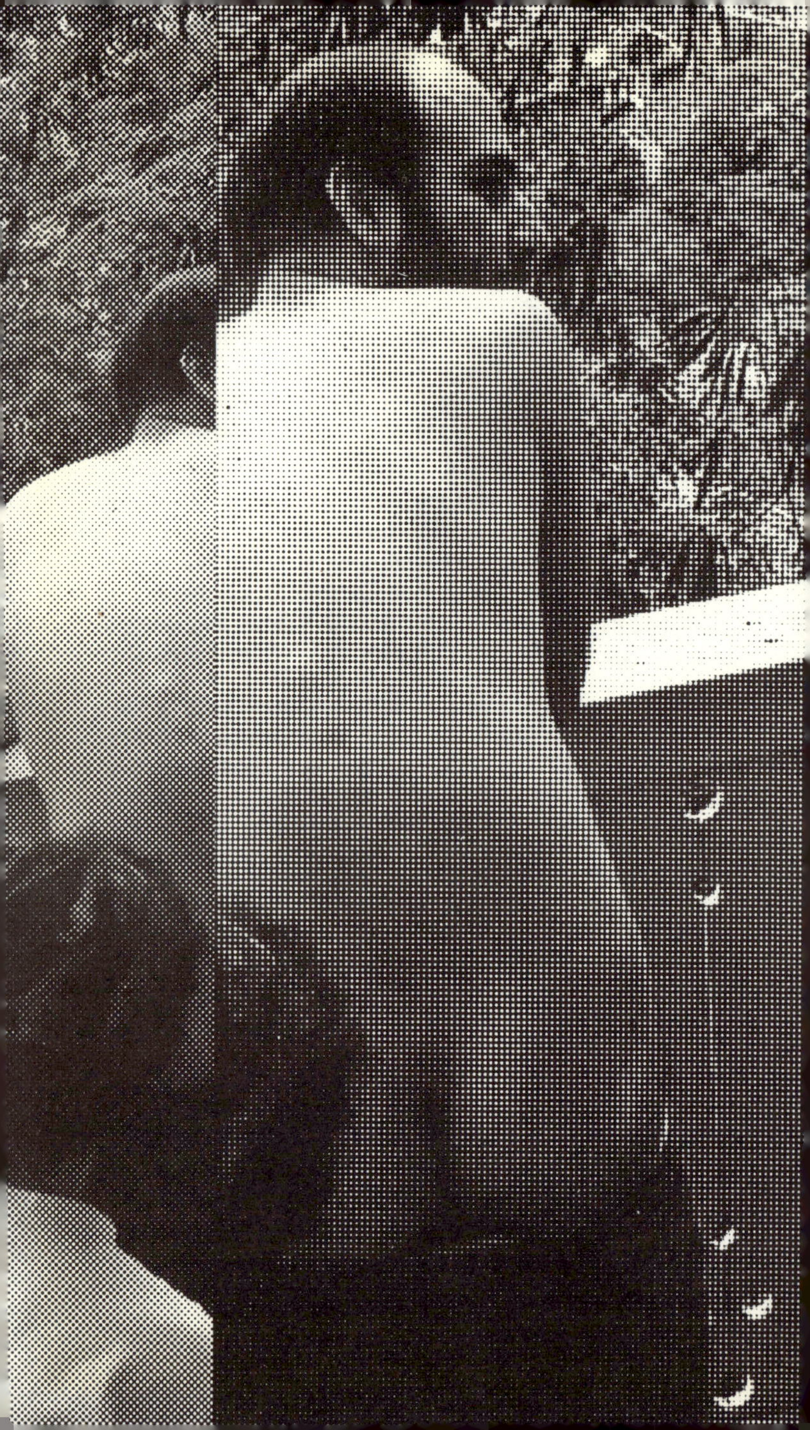

Denise Mattar

Gilberto Chu

Reis

Heitor

Marcus Lontra

Steve-O

As características discursivas presentes na prática experimental dos artistas contemporâneos brasileiros encontram ressonâncias na caracterização do discurso pedagógico e na *escrita* performática de suas obras-trajeto. A leitura de uma possível condição brasileira emerge diante dos olhos. Não se trata aqui de elevarmos muros em defesa da precariedade, e nem de fazer apologia de uma economia simbólica da miséria. Trata-se de observar certas particularidades de uma rede cultural que se constitui a partir de elementos em trânsito e negociação. Trata-se de elaborar um pensamento que perceba as singularizações de um processo cultural bastante particular, que busca, nas suas características performáticas, uma estratégia discursiva própria.

Performance. Corpo: instância do presente – *insistência*, não mais existência; ação, *agoridade* – o corpo é espaço da obra, onde-obra, plano em transformação, movimento-permanência, ponto de construção/desconstrução de realidades virtuais e atuais. O corpo: local do embate e atualização das contemporaneidades.

O corpo-ativo, o corpo-afetado é um ponto de bifurcação para o jogo, para a busca de definições possíveis, para a apreensão da produção de diferença presente em certas manifestações artísticas atuais, marcadas/marcando pelo exercício do pensamento – pensamento-obra –, como podemos definir a partir de artistas como Flávio de Carvalho, Hélio Oiticica, Artur Barrio, Lygia Clark, e toda uma atual forma de relação estabelecida pelos artistas que pretendem estar produzindo corpos-pensamento, produzindo obras-corporificadas no seio das lutas da contemporaneidade.

Ação erógena dos afetos, ação direta dos corpos ativos. Alegria da atividade afetiva: penetrar, ser penetrado. Corpo poderoso, corpo que se desterritorializa: tentativa de apreender o real, realizar o real, corporificar o corpo real.

CORPO/SENSAÇÃO/IMAGEM

As discussões relativas à imagem e à produção desse campo também se configuram como uma área de interesse significativo. O real como *constructo*, a crise da representação e a relação entre imagem/corpo/sensação são pontos a serem desenvolvidos aqui como uma possível e necessária entrada no sentido de elaboração de um exercício crítico sobre algumas potências contemporâneas presentes no cenário cultural brasileiro.

A idéia que se tentou construir sobre a imagem como um possível objeto determinável em sua unidade – um local onde a presença se faz como a própria unidade anunciada através de uma lógica de contenção formal, ou em última análise, como uma representação mimética de algo descrito ou caracterizado como realidade ou real – encontra-se o presente instante, sob a marca de algumas impossibilidades. Não se pode ter a presunção de que a chamada *crise da representação*, como pontua Gumbrecht (1998), é um fenômeno cultural exclusivamente contemporâneo.

Seria possível afirmar que a incapacidade reprodutora da imagem *per si* parece dar sinais de impossibilidade desde os primeiros momentos em que se assumiu peremptoriamente a possibilidade de apreensão/descrição do real. Seja nos esforços de um Giotto e seu renascimento primitivo – busca da tentativa de representação do binômio deus/homem, colocando os dois no mesmo espaço – sejam às idéias construídas pelas escolas do realismo programático oitocentista – associadas ao desejo de representação do *real* como um todo, ou melhor, como *ele era* –, a noção de representação como reprodução do real, parece apontar para uma série de questões paradoxais. A representação surge na arte como uma questão que traz em si mesma os sinais de sua impossibilidade. O já clássico trabalho de Hal Foster[1] vai tentar dar conta desse abismo entre representação e real através de

---

1 Trata-se de *The Return of Real*: the avant-garde at the end of the century. London: MIT Press, 1996.

uma leitura lacaniana do real – a noção de abjeto, a intercessão entre sujeito e objeto, como revelação da rachadura do real. De fato, parece também haver problemas na busca de sublimação do limite da experiência do real através da conexão entre sujeito e objeto, contudo, sem dúvida, é um caminho significativo no imaginário de alguns artistas na contemporaneidade.

Se a própria idéia de homem, como coloca Nietzsche (1974), é um artefato que tem seu início marcado por uma necessidade moderna, então existe algo que funciona como apêndice moral, como imperativo constitucional na lógica da presença da necessidade de se auto-representar, ou de representar algo que seja seu entorno, algo nomeado como realidade. Se o homem tem um início, pressupõe-se que também tenha um fim. O fim do homem é também o fim de Deus, é o fim de sua semelhança com Deus. Imagem e semelhança: como qualificar este desejo de paridade, este reflexo pedagógico de pai e filho, esta apropriação da relação mimética das coisas criadas com as coisas criativas? O fim não seria, então, o retorno a um pressuposto inicial, original, a uma matriz referente, a uma idéia ideal onde estariam contidas as forças de propulsão dessas imagens, um nicho familiar (materno/paterno) em que o papel que cabe ao filho seria o de subjugado, reprodução, representação da imagem primordial? A crise da representação acompanha a própria crise da noção de humano, a noção de início, origem do homem. Seria esse o retorno sublime ao real? Certamente, muito mais do que um retorno seria um recuo, uma queda no universo referencial platônico que muitos pensadores – inclusive, obviamente, Nietzsche – buscaram romper e desconstruir.

Partindo, então, da possibilidade de um mundo de imagens, como nos propõe Bergson em *Matéria e memória* (1997): a única imagem que conheço, que posso arriscar a conhecer, que posso responder/falar através, por, dentro e via ela, que posso conceber como real, é meu corpo, chega-se a um ponto que não é uma origem, mas sim um devir-ser, o corpo como campo de forças.

Ainda Bergson: por dois meios distintos essa imagem é inserida/ produzida na sua relação com as coisas: afecções (externo, fora, visão) e percepções (interno, som, dentro), sendo que ambos os aspectos encontram-se aqui estabelecidos como uma dobra, uma dobradura, um ponto de inflexão, uma borda perenizada em sua multiplicidade de fluxos; dentro/fora, externo/interno, afecção/percepção não podem ser lidos isoladamente, separadamente; agem como vetores pluridirecionais, sem a finalidade da síntese dialética.

O corpo (ou os corpos no plural espinosista) não pode ser lido como um espaço marcado por uma idéia de unidade. Devem ser lidos aqui como *lócus* de um exercício de possibilidades infinitas, uma rede de múltiplas combinações e bifurcações, o *corpus* se metamorfoseia, sendo o ser-outro. Paul Valéry (1995) nos propõe o problema dos três corpos:

1. o primeiro pode ser chamado de meu corpo: não tem passado, não tem unidade, não tem e nem detém uma capacidade de controle da relação afecção/percepção imanentes e/ou exteriores a ele, é formado por instantes, age no presente;

2. o segundo corpo é o corpo reflexo, ponto narciso, inflexão que se relaciona com o entorno, local da visão, do visto, do que vê;

3. o terceiro corpo é justamente os espaços insondáveis, tanto pela visão como pelo tato, função, fisiologia e funcionamento, universo microscópico, líquidos, liquefação.

Ainda segundo Valéry, para cada um dos três corpos existe um quarto corpo; corpo que permeia e é permeado por todos os outros. Mas o que é, de que será, de que maneira se configura ou se constitui esse quarto corpo? A resposta é direta: do incognoscível, incompreensível, irrepresentável.

Mas então seria possível apreender a ação desse quarto corpo? Arrisca-se aqui uma tentativa de seguir algumas das possibilidades-trajeto dessa ação.

Nomeá-lo, genericamente, como força ou como campo de forças, um campo de forças menor diante de um campo de forças maior, uma língua menor, como diriam Deleuze-Guattari; instância em permanente movimento, ou que realiza/atualiza os movimentos virtualmente presentes nos outros corpos. Veja bem, não se trata aqui especificamente de uma força causal (apesar de estabelecer tensões e inflexões em todos os outros corpos), mas sim de uma complexa rede de possibilidades, uma área, um terreno: sem pólos, sem estratos imóveis e linhas duras. O movimento, a ação dessas forças, constitui uma superfície a qual pode ser chamada de *sensação*. Essa sensação, da qual se está tratando, não habita local específico e nem está ligada a efeitos determinados ou determináveis, não tem caráter fechado por impulso externo ou interno e não estabelece esse tipo de relação com os outros corpos. A sensação se configura como um campo, um jogo, um movimento de forças, e é a essa conjunção que se pode nomear como imagem.

A imagem é então o *lócus-sensacional,* não o que delimita ou explica a sensação, mas, sim, o que realiza a potência virtual presente nos corpos em jogo. Ela é um impulso de deslocamento, um não-lugar onde são tangenciados encontros – nada mais, nem nada menos que encontros: pequenas singularizações, olhares menores das relações meu corpo/entorno/corpúsculos: filme-sensação, imagem em movimento criando imagens.

Estas digressões nos levam diretamente às questões existentes entre as relações estabelecidas pela imagem com as noções de simulação/simulacro. Já se partiu da idéia de que as imagens *existem/habitam* um *topos,* ou seja, existem como a própria natureza da forma-objetal que ocupam. Esse *topos* se concretiza como conjunção – um construir-incorporar como propõe Hélio Oiticica com seus citados parangolés, um vestir-assistir, onde a imagem é roupa e corpo simultaneamente. Esse *topos* se demonstra como uma conjunção de aspectos de *simulação* – como estamos definindo aqui.

A simulação é então um recurso instrumental da imagem, uma performação do discurso objetal, sendo utilizada em seus processos de *concreção*, especificamente como realização e deslocamento dos processos de significação dos corpos; novamente Oiticica: uma extensão concreta do vestir-incorporar. Nessa trajetória, os corpos que estão em jogo ganham seu significado como simulacro. Simulacro aqui pensado como uma estrutura penetrável, erógena em sua relação com as coisas, translúcida, transparente em sua constituição. Então, temos por um lado, na simulação o impulso, o deslize, o corte, e pelo outro, o simulacro como receptáculo, como transparência, como o espelho de Orfeu/Cocteau e sua porta-passagem de sonho.[2] Ambas as pulsões devem ser pensadas aqui como pontos de conexão na relação, no movimento imagem/corpo, constituindo e sendo constituídas pelos/nos mesmos. Aliás, seria interessante sublinhar que a imagem e corpo funcionam aqui como um *duplo-mesmo*, agentes em negociação permanentemente imbricados, marcas de singularização dos processos de produção de presença, atuadores da presentificação das contemporaneidades.

Esse esforço conceitual, essa ligeira tentativa de investigação de algumas das possíveis relações existentes entre o complexo imagem/corpo, nos leva a pensar a fragilidade tática dos registros de trabalhos realizados por artistas em espaços públicos como exercícios da sensação. Alguns trabalhos do artista Artur Barrio, por exemplo, são realizados no limite entre a ação necessária da experiência e o registro enquanto forma de captura, na linha tênue entre a realização das potências corporais, o ato de liberação dessas potências, e a representação fílmica das ações, em suma, as imagens capturadas e reproduzidas não pretendem dar conta da experiência real, mas sim extrair e potencializar outros corpos reais que estão sendo atuados no acontecimento plástico. Barrio corporifica seus duplos, seus múltiplos em seus registros

---

2 Trata-se do conhecido filme *Orpheé* de Jean Cocteau, onde o poeta encontra um caminho para se aproximar da sua Morte, pela qual ele está apaixonado.

precários, estabelecendo uma ética e uma prática política no campo do real. Cada ato de Barrio é a afirmação da apresentação constituinte de um corpo que se insurge contra as linhas duras das instituições do chamado mercado de arte e suas variações.

Tentar pensar o vídeo, a fotografia, entre outros, como linguagens que se aventuram a criar a partir da utilização do suporte tecnológico, uma tentativa de captura da sensação – sensação como imagem em deslocamento, não-linear, sinteticamente potencializada em *frames* que escapam, escoam, deslizam, borram suas significações – é também pensar as táticas e lutas de alguns artistas contemporâneos contra a tentativa de cristalização de seus próprios trabalhos no universo auto-referencial das instituições de arte. Pôr diante dos olhos, a possibilidade de construção de uma experiência de singularização das forças; forças essas que se encontram imanentes nos corpos apropriados pela linguagem do significado social – escapar ao significado: se lançar... devir-imagem. A proposição que se apresenta diante do exercício das *táticas de auto-imagem* criadas por muitos desses artistas contemporâneos é a de uma desconstrução do sentido representável da imagem como descrição do que se vê; os corpos são arrancados de sua existência cotidiana e ressemantizados, o real deste ou daquele corpo passa a ser atualizado de uma maneira completamente distinta: são corpos cortados por significações plásticas, devires não condicionados, sensorialização do real, a realização do real. O corpo capturado por esse aparelho tecnológico é jogado, despedaçado, devorado, arrancado de todos os seus clichês. A proposta é clara: desconstruir o corpo, arrancá-lo da sua objetividade, marcar um olhar singular sobre/sob/no corpo, reatualizá-lo, dar a ele a materialidade que possui, escapar a pasteurização do olho estigmatizado pela repetição do mesmo.

Obviamente, existe uma questão que nos remete à noção de nomeação do corpo: seria possível uma operação que escape ao imperativo do nome? Não se trataria somente de executar um exercício de renomeação, ou seja, algo que se coloca na esfera de um jogo de linguagem? Não é possível ignorar os riscos que surgem desse embate com a representação. Podem ser encontrados jogos de submissão: recolocação de clichês ou a possibilidade de repetição do mesmo como tentativa do outro, ação mimética. Existe o risco. Apostar no risco como possibilidade. Realizar a aventura intelectual: colocar-se diante do abismo. No entanto, o próprio suporte tecnológico se impõe na sua necessidade de ressignificação: desconstruir a representação, propor a apresentação, outro olhar, outro corpo.

Outra bifurcação, caminhemos: pensar a tradição emergente desse corpo que delira, delirar, fazer vibrar os campos de traição desta tradição.

TRADIÇÃO / TRANSITIVIDADE

And
Des

ar
ocamento

Cidade Ocupada

As circunstâncias de o trabalho apresentar-se camuflado na paisagem dota-o de um certo "conteúdo virótico" capaz de instaurar uma reflexão efetiva no pedestre descuidado. Toma-se de assalto o espectador, desarmado dos paradigmas da arte, instaurando, pelas próprias condições da obra, a morte do autor e, ao mesmo tempo, o nascimento do espectador.

Atrocidades Maravilhosas: ação independente de arte no contexto público, **Alexandre Vogler.**

O modo de viver nômade e as particularidades da comunidade deram-me a idéia de estabelecer um sistema de comunicação e de intercâmbio entre os habitantes, eu mesmo, os artistas e o público. Percebi em muito pouco tempo que todos meus amigos e associados queriam participar nesta história que chamo de TAMA – Tempory Autonomus Museum for All.
TAMA, **Maria Papadimitrou.**

O Guilherme Vaz fala dessa relação entre o artista e o nômade; para ele, a arte conceitual, justamente por essa não-materialização do trabalho, seria por definição essa circulação meio nômade do trabalho e do artista. E o artista viveria esse nomadismo, o que é sempre um aguçador de percepção...
Barrio: 4 dias e 4 noites, **Luis Camillo Osório.**

Ação como Necessidade. Agir pode parecer um verbo em desuso, ou então um recurso retórico, ou ainda uma continuidade de certas políticas públicas sanitárias, que cuidam, em primeira estância, da manutenção do espaço, do corpo, da subjetividade, da produção social do Império, da produção de biopoder como falam Negri e Hardt.[1] Agir deve ser pensado aqui como necessidade, seja do ponto de vista da sociedade de controle e suas dobraduras, seja do ponto de vista das resistências e/ou da abertura e realização de espaçamentos possíveis na contemporaneidade.

Algumas questões devem ser colocadas. Se começarmos pela ação, como serão seus desenvolvimentos, como e no que consiste esse ato de agir e por que e onde se dá essa ação? Quem faz e o que é feito com ela ou a partir dela, em que ponto a mesma se encontra em xeque, travada, ou inviabilizada e qual é a intensidade das suas trajetórias?

Trata-se de um pensamento voltado para a prática: o interesse vetorial é norteado pelo fugaz e intenso momento de enfrentamento em que se encontram os corpos e suas produções atuais. De um lado, todas as forças de um conjunto de atividades de controle exercidas esteticamente, judicialmente, economicamente, politicamente, enfim, culturalmente sobre o coletivo social e suas práticas; e de outro, as novas formas intensificadas de luta e resistência construídas pelos corpos indóceis e suas ações. A prática é o campo de estudos escolhido: *lócus* onde transpira a produção desse corpo-texto.

A partir de uma rede de intensidades, a produção da chamada arte contemporânea – espaço de manifestações estéticas, onde as produções plásticas/visuais podem ser pensadas como elementos de ponta na pesquisa dos limites e das possibilidades do corpo – é o espaço desenvolvido pelo presente texto. Partes das práticas desse segmento se encontram norteadas atualmente no sentido de estabelecer parâmetros de discussão e interferência no espaço público e nas realidades sociais que o compõem. Sem dúvida, é difícil estabelecer o que poderíamos nomear como espaço público, a sua maneira, todo espaço tem estâncias públicas. A partir do desenvolvimento radical dos meios de comunicação de massa, a qualidade do que se pode

1 HARDT, M.; Negri, T. *Império*. Rio de Janeiro: Record, 2001.

chamar de público entrou numa crise sem precedentes. Se o espaço público é o mesmo no interior da casa de um ribeirinho no Amazonas, ou na sala de estar de um abastado morador de Ipanema, o mesmo se reproduz, tornando todo o espaço passível de homogeneização. Todo espaço se torna público diante da sociedade de controle.

Diante desse quadro, um aparente contra-senso se coloca: como fica a experiência estética, o rigor conceitual e artístico no campo da chamada arte contemporânea, já que a maioria das formas de produção de subjetividade se encontra sob forte domínio de um processo de colonização? Já que um possível papel social anterior, certa noção de *valor*, desenvolvido pela experiência artística, desaparecera em meio ao limbo das chamadas culturas pós-modernas?

No início da década de 80 do século passado, o Brasil e o mundo assistiram a uma reação formal e ideológica das produções artísticas e de seus produtores. Se o mercado já era, sem dúvida alguma, uma realidade, as experiências do campo da arte não estavam exclusivamente ligadas à tradução direta, endossando e reproduzindo os parâmetros da criação artística. É claro que casos notórios – como a relação de Warhol e Basquiat – são exemplos de destaque na forma de criação de *novos* parâmetros de comercialização da arte. Porém, o surgimento da idéia de um mercado sem fronteiras, uma lógica exclusivamente financeira e financista, em suma, de fundamentalismo de mercado, conformou o objeto da experiência artística em um parâmetro estético hegemônico.

As *belas formas* voltaram a dominar o cenário. Uma certa produção comprometida com o *descompromisso*, falando, de si para si, uma língua sectária, segregacionista e muitas vezes inerte. A contenção, a ausência de arestas, a limpidez, a assepsia, o equilíbrio, as formas bem acabadas, sem nenhum tipo de relação direta com ambiente onde se encontram, um pretenso rigor conceitual que enclausura o objeto ou a experiência em um universo mínimo de especialistas, enfim, uma arte comprometida exclusivamente com as lacunas existenciais de uma subjetividade exclusivamente ligada às transações financeiras, à mentalidade *yuppie* desenvolvida nas grandes empresas transnacionais. Uma arte de *situação* – no sentido político que se pode dar este termo –, muito próxima de algo como a decoração, ou coisa do gênero.

É importante salientar aqui que se corre o risco de generalizações, a produção é farta, tendo, as mais variadas tendências, executado trabalhos significativos. No entanto, o que se pretende esquadrinhar no presente caso, é uma tendência que se tornou hegemônica ao longo das duas últimas décadas em todo cenário artístico mundial, e especificamente no cenário nacional. É claro que certamente outras experiências foram desenvolvidas e até conseguiram espaço na mídia e no próprio mercado. O importante na presente linha de argumentação é conseguir precisar a disparidade e/ou aproximações do ponto de vista contemporâneo *atual* com suas preocupações sociais e públicas, em relação ao olhar contemporâneo conceitual das duas últimas décadas do século passado, extremamente encerrado em debates auto-referenciais. Sem dúvida, mais à frente, serão explicitados os elementos presentes no conflito de interesses e posturas existentes entre essas duas tendências.

O objeto artístico se reduziu a uma discussão de um pequeno grupo de produtores, sua fala capturada pouco ou nada interessa, seus corpos perderam substancialidade. Transações comerciais, tendências de mercado, galeristas ou diretores de marketing de gravadoras, definem o que, como, e por que tal ou qual produto deveria ser veiculado e/ou comercializado. A inversão se dá neste ponto. O público fora criado fora do público – *público* pensado aqui como os espaços onde a produção artística é socializada, onde e como circulam os produtos e seus produtores, onde são realizados os encontros corporais entre esses produtos e esses

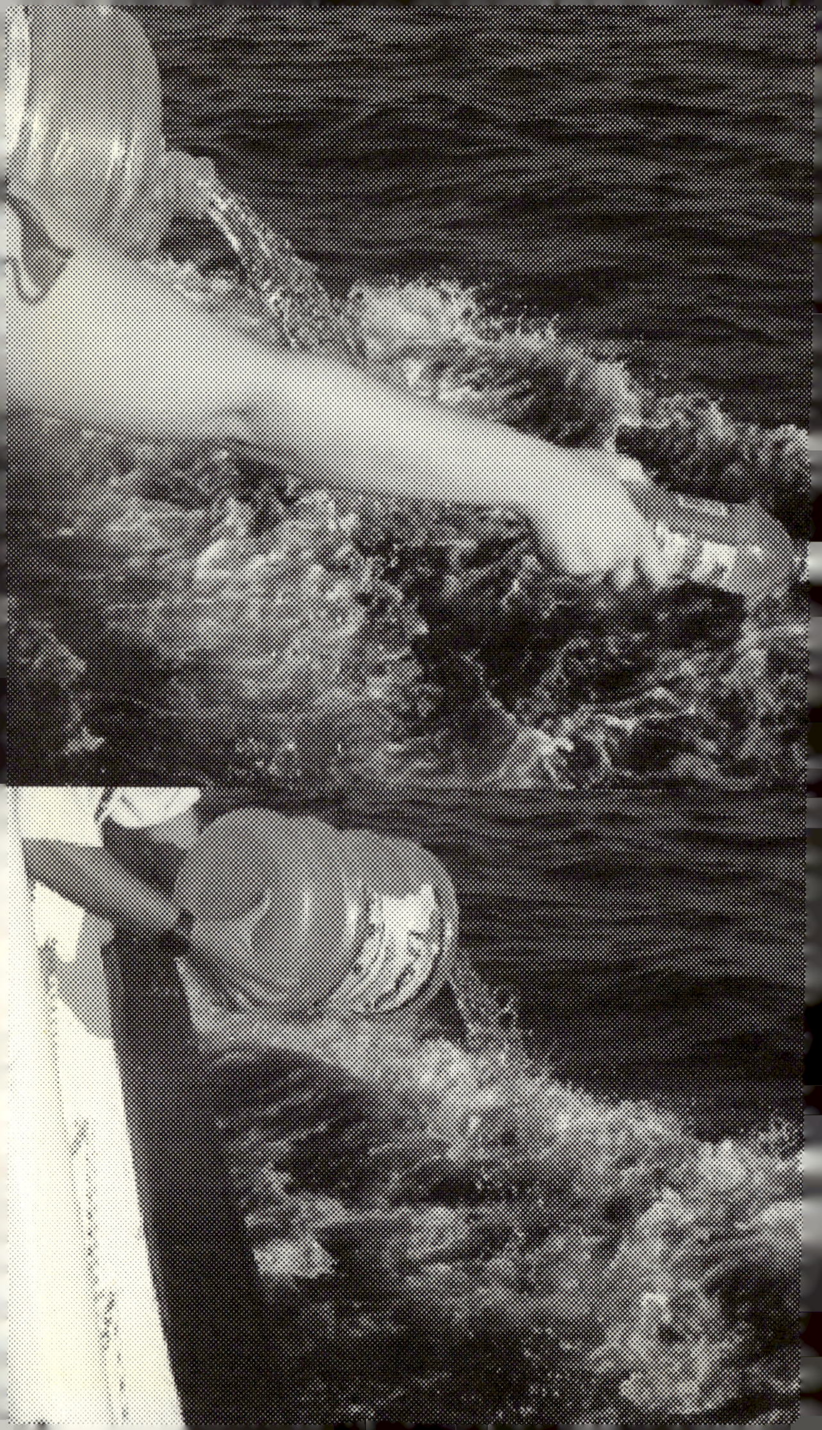

produtores e, enfim, como provêm e são realizadas as produções de subjetividade das experiências estéticas atuais.

A sociedade de controle desenvolveu sobre os corpos um estado de ordenação de subjetividade. O *público* – enquanto espaço de criação social – é engendrado por forças produtivas previamente selecionadas. O que define 70% das recepções e suas tendências é, de certa maneira, algo pré-produzido, pré-elaborado, algo que é desenvolvido numa estância privada, longe dos elementos sociais e de suas representações. Trata-se da produção de subjetividade dos corpos. Não se trata aqui de uma radicalização dos postulados da Escola de Frankfurt, e nem de uma generalizada paranóia desmedida, sob a forma das recepções contemporâneas. Não existe dúvida de que alguma produção é realizada no espaço público propriamente dito, e certamente seriam necessários analisar milhares de detalhes dessas microrrelações, contudo, o maior ganho em termos de controle, em termos de garantia de propagação e imanência dos modos de controle nas sociedades atuais, estabelecido e desenvolvido pelo atual modo de produção, é certamente a *produção de produtores* (Negri; Hardt, 2001). É nesse ponto onde se encontram as forças de luta, embate e resistência ao biopoder da sociedade de controle. Segundo Hardt, Deleuze retira o termo *Sociedade de controle* do escritor norte-americano William Burroughs:

> Deleuze nos diz que a sociedade em que vivemos hoje, é uma sociedade de controle – termo que toma emprestado do mundo paranóico de William Burroughs. Ao propor essa visão ele afirma seguir Michael Foucault, mas devo reconhecer que é difícil encontrar, onde quer que seja na obra de Foucault – em livros, artigos ou entrevistas –, uma formulação clara da passagem da sociedade disciplinar à sociedade de controle. De fato, ao anunciar tal passagem, Deleuze formula, após a morte de Foucault, uma idéia que não encontrou expressamente formulada na obra de Foucault. (Hardt, 2000, p. 157)

Mesmo no próprio Deleuze, esse conceito ainda permanece alinhavado de uma maneira bastante frágil – essa discussão só vai surgir em seus últimos escritos – logo, é um conceito recente que foi desenvolvido em larga escala na já citada obra de Hardt e Negri, *Império* (2001). Pensar a sociedade de controle e seus meios de captura e de produção é ponto fundamental para identificar as táticas desenvolvidas pelas forças criativas, forças ativas de resistência em meio a produção contemporânea de arte e de ação. Para tanto, devemos mergulhar nas experiências contemporâneas dos atuais ativismos, suas lutas, suas propostas, seus embates e suas limitações,

seus corpos: a multidão.

Corpos: Multidão
...formas mais sociais de expressão, da criatividade popular na arte espontânea dos comerciantes (as vitrines), nas ruas, no espetáculo que a sociedade oferece a si mesma; nesses homens aí [...], nesses artesãos, existe um conceito incontestável, ligado ao objetivo comercial, um fato plástico de ordem nova equivalente às manifestações existentes, quaisquer que elas sejam...
Gávea II, **Fernand Léger.**

Os eventos como os de Seattle e Gênova, as manifestações pela paz contra a invasão americana no Iraque e todas e muitas forças de desobediência global proporcionam possibilidades concretas para serem pensadas formas atuais de ação. Nesse ponto, se insere a problemática dos *modos de usar* essas novas experiências corporais, essas novas corporeidades insurrecionais. Essa revolução antropológica atinge em cheio a maneira pela qual as potências corporais vão estabelecer e lançar o jogo de forças no coração do Império e da sociedade de controle.

Os corpos se revoltam.

As atuais formas de desejo dão vazão à produção constituinte de novas forças de subjetividade. A insubmissão dos corpos na contemporaneidade nasce da falência e da impossibilidade de manutenção de um elenco de modelos de reprodução de sentido, que se encontram completamente esvaziados.

Não existe como sustentar na contemporaneidade uma frente única e uniforme de luta. Não existe mais uma doutrina, ou a hegemonia estreita de uma ideologia fechada sobre si mesma. O grande desafio é a constituição de uma língua comum, de eixos de comunicação que extrapolem as mídias e meios exclusivamente oficiais e oficiosos. Esse evento comunicacional não pode ter a pretensão à unidade pelo simples fato que ele irá funcionar. Trata-se do desafio encerrado no paradoxo de construir uma linguagem na/da desconstrução.

Os corpos não têm rostos fixos. Os corpos não são somente corpos, são indivíduos, são compostos. Os corpos são uma experiência coletiva. São campos, batalhas, enfrentamentos. Conjuntos de segmentações.

Os corpos produzem a possibilidade da autonomia. Os corpos escapam ao controle, ou pelo menos têm a possibilidade de atualizar as forças de escape. Será nos corpos, a partir deles, por eles, que se lutará e se constituirá nova força de produção de diferença, desenvolvendo táticas, linhas de fuga, línguas menores. O signo comum desses novos corpos reside na potência da multidão. Essa é a chave. A rede articulada pela multidão propõe uma atual forma de luta. Sem um líder fixo, sem referências específicas, a multidão se insurge enquanto potência e resistência em relação aos atuais modos de controle e ordenação da produção.

Toda a produção do Império, constituída por movimentos de desterritorialização constantes realizados dentro de si mesmos, valores, sentidos e signos móveis, cambiáveis, negociáveis, para, logo, num momento subseqüente, serem territorializados, sobrecodificando a vida e a produção de subjetividade social, vai ser realizada sobre o corpo. Será esse processo que irá atrelá-los ao modo de produção hegemônico, ao fundamentalismo de mercado, em última estância, ao sistema de controle capitalista. Ocupar e colonizar os corpos, transformar em reprodutores dos módulos de controle: esse é o jargão das forças reativas do sistema.

Existe uma longa linha de pensamento pela luta e pela liberdade do corpo e seus embates com os modos de disciplinarização e controle. Marcuse, Reich, Debord, McLuhan são alguns de uma série de autores e obras que lidam com esse tema há muito tempo. O que parece acontecer é um esquecimento proposital; ele não é devidamente valorizado nos debates atuais, muito por conta de não pertencerem às tendências intelectuais hegemônicas no presente. São tratados como obras datadas. Esse é um momento para se lembrar ativamente dessas experiências anteriores, significativas e pedagógicas em suas forças de criação. É necessário estudá-las, pensá-las, retomá-las.

Os corpos são e sempre serão espaços de litígio, locais de permanente tensão, superfícies de ataque e defesa. As disciplinas dos séculos XVII e XVIII já buscavam esquadrinhar esse espaço, pretendendo organizar seus fluxos e escoamentos, como já foi colocado anteriormente – é impossível não recuperar Foucault e seus estudos sobre a origem da medicina social, a sexualidade e a loucura.

Espinosa imaginou uma ética norteada pela lógica dos bons encontros. Ele acreditou ser possível a construção de uma prática social baseada na alegria. No entanto, os limites são impostos: os maus encontros provocam a tristeza. O que fazer diante da impossibilidade de realização da felicidade? Como operar as limitações e constrangimentos impostos por corpos não desejados?

As relações entre os corpos serão, então, um espaço necessário de problematização teórica, prática e subjetiva nas contemporaneidades. O indivíduo – esse coletivo de corpos – é um local de encontros. Esses encontros descrevem as linhas e os segmentos em que a multiplicidade social vai desenvolver seus modos de produção.

Os processos de desterritorialização e de reterritorialização operados nas linhas da rede do Império evidenciam as tentativas de estratificação do domínio e da ordenação social ao criar um rosto específico do inimigo: o outro-descontrolado, a mundialidade mestiça, como nomeia Philippe Zarifian.[2] A realização de maus encontros deve ser administrada numa lógica de suplementação. Na busca eminente da manutenção de uma paz justa, constituída pelas guerras e operações policiais executadas pelos quatro cantos do globo, via controle e a sobrecodificação dos códigos sociais, corporais e biológicos, os aparelhos de captura dos segmentos de controle, se colocam como máquinas de criação de outros-mesmos. O inimigo não está em nenhum lugar, mas está localizado: assim as cartografias de captura do Império seguem se construindo pela ação imanente da sociedade de controle.

Como articular processos de resistência diante desse quadro? Como criar outros procedimentos de criação de outros? Como extrair dos corpos colonizados outros corpos possíveis? Como realizar as potências criativas do biopoder? Como criar um contra-poder já que não há fora, já que a sociedade de controle não está em nenhum lugar, e não é ninguém especificamente? A resposta é clara, e existe a contrapartida:

a força da multidão.

A multidão é um devir. A maneira pela qual se dá a experimentação de um acontecimento é a possibilidade de instalar-se nele como num devir, tangenciando todas as suas dobras. Essa operação extrai a força imanente do acontecimento, possibilitando

---

2 Zarifian, P. Por que este novo regime de guerra? *Revista eletrônica Multitudes*, abr./maio 2003, Paris.

a emergência de outros reais dentro do real hegemônico. Isso é um devir revolucionário. A multidão produz esses devires, produz essa resistência. Resistência é insistir no poder criativo do coletivo e construir condições de liberação e experimentação dos devires dos corpos sobre suas cristalizações.

Experimentar o devir revolucionário é ser afirmativo como o sol, é tornar o *vir-a-ser* real, prenhe de possibilidades de outros reais, é combater e destruir as cristalizações microfascistas dos corpos controlados pelo Império.

A multidão é uma rede de minorias diante dos poderes hegemônicos. A minoria, ou esse povo criativo, que não se deixa capturar pelos condicionamentos da maioria, pode ser traduzida pela idéia de multidão. A desobediência é a forma de ação desta multidão. Esse coletivo de corpos, esse conglomerado de indivíduos, que produz sobre si mesmo e sobre outros espaços-tempos linhas de fuga incontroláveis, se manifesta de forma agressiva: a multidão não poupa nem seus próprios corpos. É uma ação de risco. É uma ação criativa.

CAMPOS DE AÇÃO: PRODUÇÃO

A rigor, não há nada para ver [...] não se trata de um investimento da visão. É mais uma questão de rítmica vibracional [...] Fazendo um só corpo com seu objeto. [...] Vamos aprender a olhar com os ombros, a olhar pelas costas, a enxergar com o branco dos olhos...
A Instauração, Arthur Omar. **Lissete Lagnado.**

Elaborado e proposto pelo artista brasileiro Tunga, o conceito de *Instauração* pretende estabelecer novos parâmetros de análise e ação artística, mesclando as propostas ambientais da instalação com a ação física da *performance*. Segundo Tunga,[3] a noção

---
3 A fonte, nesse caso específico, provém de conversas com o próprio artista.

de instalação é insuficiente para a contemporaneidade pelo simples e direto fato de pressupor como limite a mobilidade; por mais que se possa interagir com um espaço onde ocorre um evento, uma proposta visual, ou um vácuo a ser ocupado pelos corpos dos espectadores, a instalação sempre será, na maioria dos casos, um espaço limitado e imóvel.

Dentro dos parâmetros da produção hegemônica dos últimos vinte anos – já assinalados anteriormente – , esse tipo de apresentação, de colocação espacia, propicia o descompromisso e o esfriamento das recepções e da produção de subjetividade.

Do outro lado, a *performance*, objeto de muitas intervenções a partir da década de 60, muitas vezes utilizada na realização de eventos artísticos, das mais variadas tendências e linhas, encontrou seu limite na exaustão e na flacidez de sua prática. A excessiva execução dessa prática trouxe o hermetismo e a vulgaridade conceitual que pontuaram a maioria da produção executada ao longo da geração 80/90: a *performance* virou uma espécie de jogo do tudo e nada, impossibilitando e inviabilizando uma busca de um diálogo direto com o público – por desejo próprio – engessando os elementos constitutivos de uma prática que se pretendia uma nova esfera de experiências de linguagem.

É importante pontuar aqui, as recentes experimentações dos grupos de *performances studies*, da New Yorker University, onde a produção, em sua grande maioria, encontra-se ligada a uma discussão de gênero e/ou minorias, sejam étnicas, religiosas, raciais etc. Grande parte desses trabalhos foi realizada ao longo das duas últimas décadas, e tem como desejo a construção de um discurso de resistência e identidade como algo reativo, buscando um espaço de representação social dessas minorias junto às instituições *democráticas* da sociedade americana. A inclusão, a partir de uma estratégia multicultural, é colocada como objetivo estratégico de grande parte dessa produção.

É importante notar que essas questões são prementes em qualquer discussão que se pretenda contemporânea. Sem pensarmos em elementos que compõem o hibridismo dos gêneros, as estratégias e particularidades dos processos de legitimação, as formas e as plasticidades que serão produzidas nesses processos, não se tem condição de estabelecer qualquer parâmetro de luta e enfrentamento nas atuais condições da sociedade de controle.

Apesar de todos esses pontos, seria importante atentar para o risco que se coloca de uma apreensão, uma captura das potencialidades dessas questões. O desejo enciclopédico, as normas classificatórias, a ordenação sistêmica dos presentes casos pode contribuir para um processo de domesticação, territorializando essa produção em pequenos guetos belicosos e muitas vezes estéreis. Mais preocupados com as posições em que se encontram nessa constelação multicultural do que com ações efetivas de transformação e intervenção social, esses grupos e produções acabam por contribuir com a manutenção dos presentes estamentos de mercado sem oferecer nenhum tipo de ameaça direta à sociedade de controle. Talvez seja uma discussão extremamente significativa para a maneira como a sociedade norte-americana pretende discutir suas divergências internas, porém certamente exclui muitas outras formas propostas como meio de afirmação construídas por todo o resto do globo.

Voltemos ao conceito de instauração. Por ser ainda uma idéia muito recente, é preciso tentar entender como ela veio se configurando ao longo dos últimos anos e como ela se coloca contemporaneamente. Certamente as grandes referências iniciais são as obras de Lygia Clark e Hélio Oiticica.

Segundo a crítica e teórica de arte Lissete Lagnado, podemos localizar historicamente essa discussão no Brasil a partir do que Lygia Clark denominou como proposição: "sublinhar a ação do Outro, a descoberta de uma experiência primeira, a espontaneidade da nudez do corpo". (Lagnado, 2001, p. 373)

Não se trata de uma busca ontológica por elementos essenciais de uma prática artística pura, como pode sugerir numa leitura rápida. Trata-se de um movimento de erupção, de uma crise múltipla; é em toda a sua força, uma questão de insustentabilidade de certos pressupostos hegemônicos, que até então, norteavam os parâmetros do estatuto da obra e do artista:

> A eclosão da crise da estrutura do quadro (Mondrian) levou Clark a elaborar um campo de ação do qual o artista seria quase expulso. Mas não deixa de ser redutivo, ou talvez mero sintoma de uma crítica formalista remanescente, conferir-lhe exclusivamente a responsabilidade do deslocamento da estrutura para o espaço (ou, em outras palavras, a "ruptura do suporte"). Seu depoimento é muito mais amplo que a negação da geometria euclidiana, embora tenha sido o vetor para a articulação de um espaço orgânico inaugurado pelo movimento neoconcreto. Junto com Oiticica, estabelece o diapasão do espírito do nosso tempo, e a tarefa da crítica em sintonizar esse projeto, dito vanguarda nos anos 1960, com as inquietações mais recentes. (Lagnado, 2001, p. 373)

O preconceito formalista apontado no texto explicita as limitações de outras produções teóricas, cujo objeto central se encontra na esfera reduzida da discussão do papel da vanguarda e de seus *valores* enquanto elemento estático. O rompimento geracional realizado pelos neoconcretos reforça a necessidade de uma atividade de resistência. Suas investigações abrem parâmetros outros para a avaliação e a realização do fazer artístico.

A instauração, se pensada como instrumento de uma lógica desobediente, investigativa, experimental, traça possibilidades atuais de discussão dos limites do fazer artístico. Parte da produção, em suas contemporaneidades, estabelece um diálogo direto e radical com as ações de Hélio Oiticica e de Lygia Clark. Esses dois precedentes estabelecem como necessidade a construção da singularidade conceitual e corporal como pressuposto de uma vida/obra afirmativa. A força dessa singularização constitui um corte no modo de pensar e de agir, estabelecendo o que poderíamos contemporaneamente nomear como novas linhas de resistência ao padrão global. Sempre partindo de elementos que compõem as realidades culturais do Brasil, eles serão as principais referências de uma possível produção de resistência à sociedade de controle e suas territorializações. É claro que suas vidas/obras encontram-se hoje mais do que nunca canonizadas. No entanto, é dessa forma paradoxal de apreensão, realizada pelos aparelhos e meios mercadológicos da arte, que surge uma de suas maiores forças: mesmo no movimento de captura eles escapam, mesmo catalogados e dissecados, seus corpos ainda produzem subjetividade singular, libertária, e suas obras continuam a propor uma ação direta do público, possibilitando a incorporação do devir revolucionário experienciado por esses que escapam,

esses que resistem em suas proposições.

Nesse momento em que se pretende discutir estratégias e forças de ação e resistência aos modos de produção e formas de controle imperial, a instauração é uma arma, um conceito, uma linha, uma força bárbara, que em seu nomadismo constitui uma potência desterritorializante de produção ativa dessa mesma resistência.

Existe claramente a urgência de uma maior compreensão e elaboração do conceito de instauração; aqui e em grande parte do texto, o conceito (principalmente quando é utilizado e associado à produção de arte) tem conotação ativa, afirmativa, pressupõe ação: não estática, prenhe de possibilidades de produção de subjetividade em toda sua intenção e extensão. Trata-se de uma referência contemporânea que marca a produção de certos artistas. É uma prática. Contudo, ela é pensada e utilizada aqui como tática para além da ação artística, comportando um recorte significativo quando relacionado à corporeidade atual. Voltemos ao texto de Lissete Lagnado na sua tentativa de pensar e estruturar essa idéia:

> Como apreender a natureza do gesto que "instaura"? Um primeiro cuidado se impõe: a instauração não é uma figura de linguagem "estável". Os movimentos que a constituem, embora constantes,

apresentam uma unidade fragmentada. Seu valor não constitui de modo algum, uma categoria estética. [...] O parentesco com a Action paiting, em que é imperativa a energia do gesto, é apenas longínquo, pois é preciso considerar uma mudança radical na percepção fenomenológica da estrutura sujeito-objeto. Distância em curto-circuito, o espaço entre o si-mesmo e o Outro coloca agora à deriva as noções de um sujeito forte. O que diferencia a instauração da performance é que o artista, sem abdicar do tom confessional que vem marcando os anos 1990, vem deslocando o foco de seu próprio corpo (como fizera a Body art) para corpos alheios. Agenciamento é fusão. (Lagnado, 2001. p. 371-373)

Mais do que colocar em xeque a questão do sujeito-objeto, a instauração permite a radicalização de uma experiência que só pode acontecer coletivamente. A semelhança de ritos xamânicos, a instauração viabiliza o acontecimento como construtor de singularidades. Será na divisão e realização da experiência, do gesto, que se dará a obra – os encontros. Os corpos são o espaço e o *lócus* da ação artística. É a multidão que realiza a obra. Nesse sentido, cada instauração é uma ação política, uma máquina de construção de encontros. A instabilidade do conceito e a impossibilidade de apreensão de seu conteúdo como categoria estética, nada mais é do que exercícios de estratégias. A força dessas pequenas máquinas de guerra está em sua velocidade de deslocamento. O gesto escapa. É impossível apreender o ato de "instaurar". Em verdade é desnecessário e pouco significativo, já que se trata de um elemento transitivo em suas formas e conteúdos. De outro ponto, não se deve desprezar as forças presentes no jogo e no ato. A atitude política do gesto que instaura – uma política de afetos, uma economia de subjetividades, uma cultura de desobediência e imprevisibilidade – rompe com os parâmetros institucionais de controle. Mesmo estando esses gestos nos locais institucionais – museu, galeria e cercanias – a insustentabilidade e a manutenção desses espaços são violentamente provocadas. Se realizadas em espaços públicos – ruas, em meio à cidade etc. – são potencializadas suas forças de subversão.

Para finalizar os primeiros momentos dessa reflexão, seria mister uma pequena explicação: estamos tratando aqui de objetos, sujeitos e conceitos que se pretendem inseridos em dois pontos de força: os corpos, como espaço e local de potências e forças, e as contemporaneidades, como vetores de temporalidade possível e real. Sendo assim, as estratégias e forças de ação serão pensadas como cartografias propositivas de uma resistência a forma de produção do Império e da sociedade de controle. Trata-se de um pensar-agir, onde os corpos do pesquisador se encontram em batalha afirmativa e real.

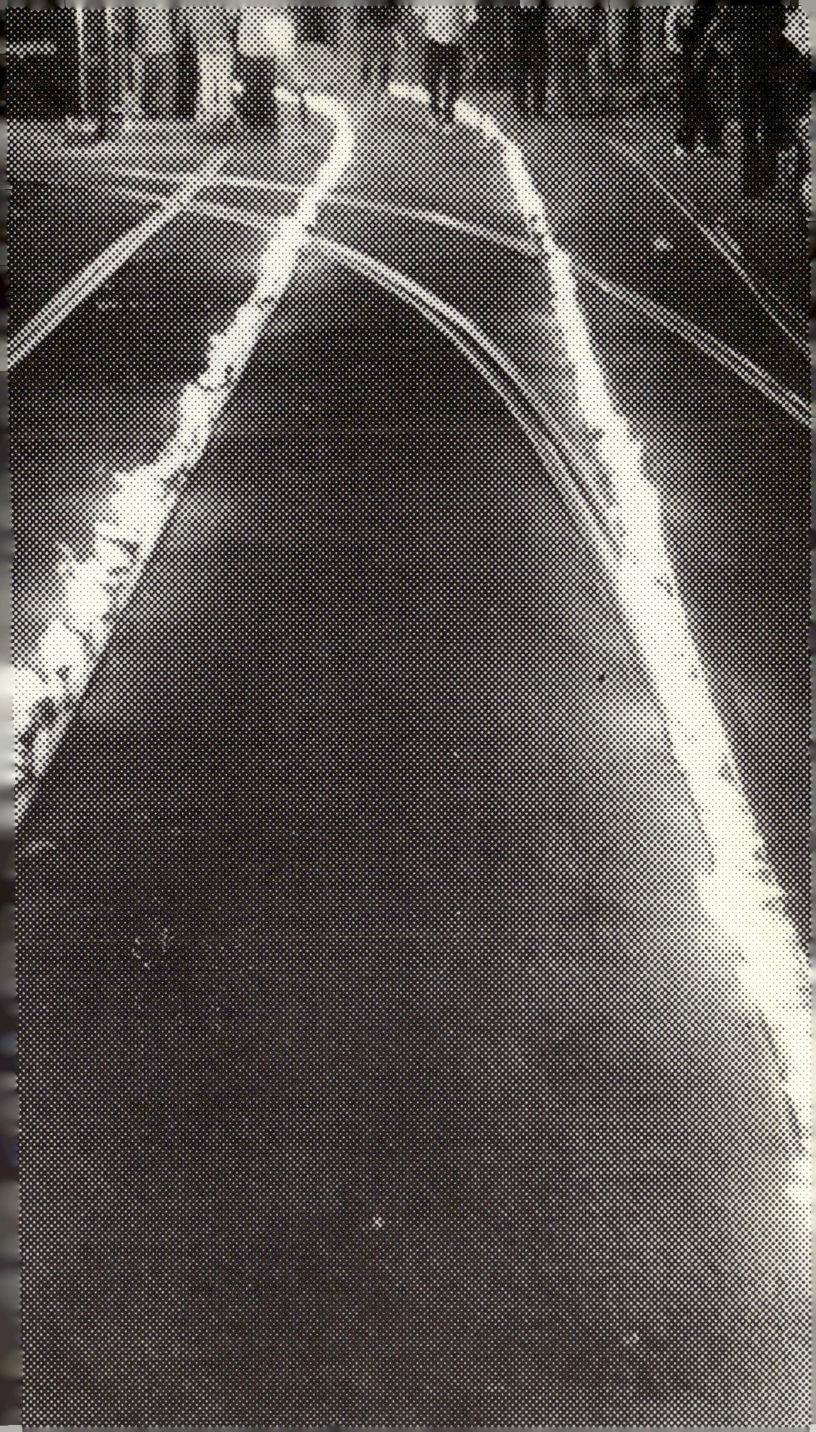

FORÇAS: A TRADUÇÃO DA TRADIÇÃO DELIRANTE

No senso comum, a palavra tradição é utilizada para descrever processos de conservação de certos valores em determinada sociedade. Muitas disciplinas foram criadas para descrever os desenvolvimentos da tradição: a **história** dos grandes eventos, dos grandes líderes, seus determinismos, seus positivismos, seus dogmas; o **museu**, com nascimento ligado a exposição dos espólios de guerra, o retorno dos exércitos, a narrativa dos feitos violentos, conquistas etc.; o **Estado** e a construção de um *bem comum*, controlador e disciplinador, aquele que contém, mais do que isso, que propaga os monopólios de violência, coordenados a partir da lógica do soberano, administrador dos gestos de exclusão/inclusão; a **cultura** como propagador da repetição hegemônica do mesmo, estrutura de manutenção das causas lineares, campo de totemização dos ícones de uma tradição; e obviamente a **religião** que é uma questão particular, está tão ligada ao princípio da tradição que se pode dizer que é sua genitora, ou como pontuou Freud, é um fenômeno do âmbito do *instinto gregário*.[1]

As cinco disciplinas pontuadas acima chamam atenção para o fato de que todas estão sendo lidas a partir de paradigmas modernos. As críticas presentes no tom do texto já explicitam isso de maneira bem clara. O propósito de se trabalhar a partir dessas concepções está ligado ao fato pretendido pelo próprio objetivo desenvolvido pelo trabalho: levantar as ranhuras constituídas por inferências e insubmissões, executar a tarefa genealógica de pensar a proveniência da *tradição de traidores* que irá potencializar acontecimentos transformadores na cultura brasileira, engendrando elementos de singularização, até o ponto de criarem/inventarem concepções de Brasil, concepções de ser/estar no Brasil, e de uma maneira mais ampla, concepções

---

1 Freud, S. *Psicologia de grupo e outros trabalhos*. v. 18. Rio de Janeiro: Edições Standard (Imago), 1974.

de mundo incompatíveis com o totalitarismo provinciano gerador de equívocos, preconceitos e cultura que tanto pontuaram a brasilidade em suas aventuras pelo universo da construção de sua *identidade* autoritária e clicherizada.

O Brasil – enquanto figura, enquanto *constructo*, que se autoreconhece em determinado recorte e/ou imagem – *é criado* a partir da experiência do Moderno (como foi pontuado mais acima do texto). O Moderno – e obviamente os modernistas e suas buscas –, enquanto sentido histórico, foi quem *inventou* um Brasil que nós ainda vivemos. O *ser* brasileiro, até os dias de hoje, ainda se encontra pontuado pelas idéias, os conceitos e as afirmações desses criadores e dificilmente será possível se liberar dessas marcas. Essa emergência configura no imaginário social e em suas práticas um evento que conota particularidades específicas: se formos uma invenção moderna, somos uma área plena de porvir, onde a invenção é uma necessidade premente, e o presente é o momento de uma ação infinita de devires-outros; em que certos corpos resistem a qualquer ponto de chegada, a qualquer captura totalizante, estabelecendo no agora sua identificação flutuante, lutando e produzindo em meio ao caldo cultural, a ebulição de forças ativas de diferenciação, liberando potências constituintes semoventes que estabelecem uma rede de multiplicidades combinatórias em que o ato de criar é também definido como o ato de criar a si mesmo como outro, na imensa busca de dinâmicas socioculturais em que a desigualdade oitocentista de uma sociedade escravista seja descartada de uma vez por todas. A presentificação constante das forças constituintes desta aventura que é a brasilidade nos caracteriza como uma multidão de acontecimentos, onde o contemporâneo é um recorte de *natureza* significativo: somos, por assim dizer, um *evento contemporâneo*, tendo na contemporaneidade um reduto de produção de diferença e criação que age em alguns espaços pelo globo, com toda carga problemática que isso pode trazer e com toda a particularidade que significa assumir esse *devir-constituinte*.

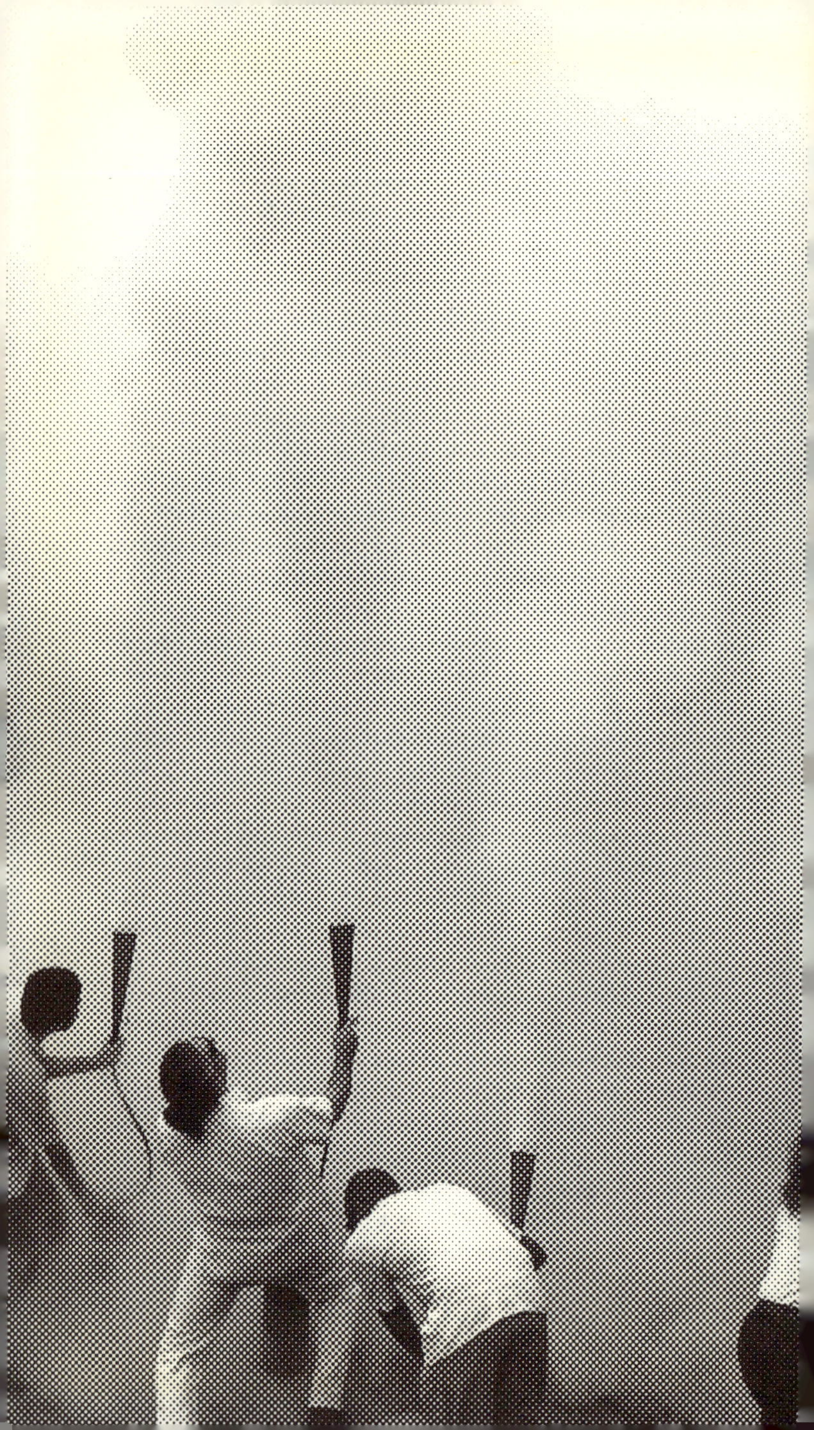

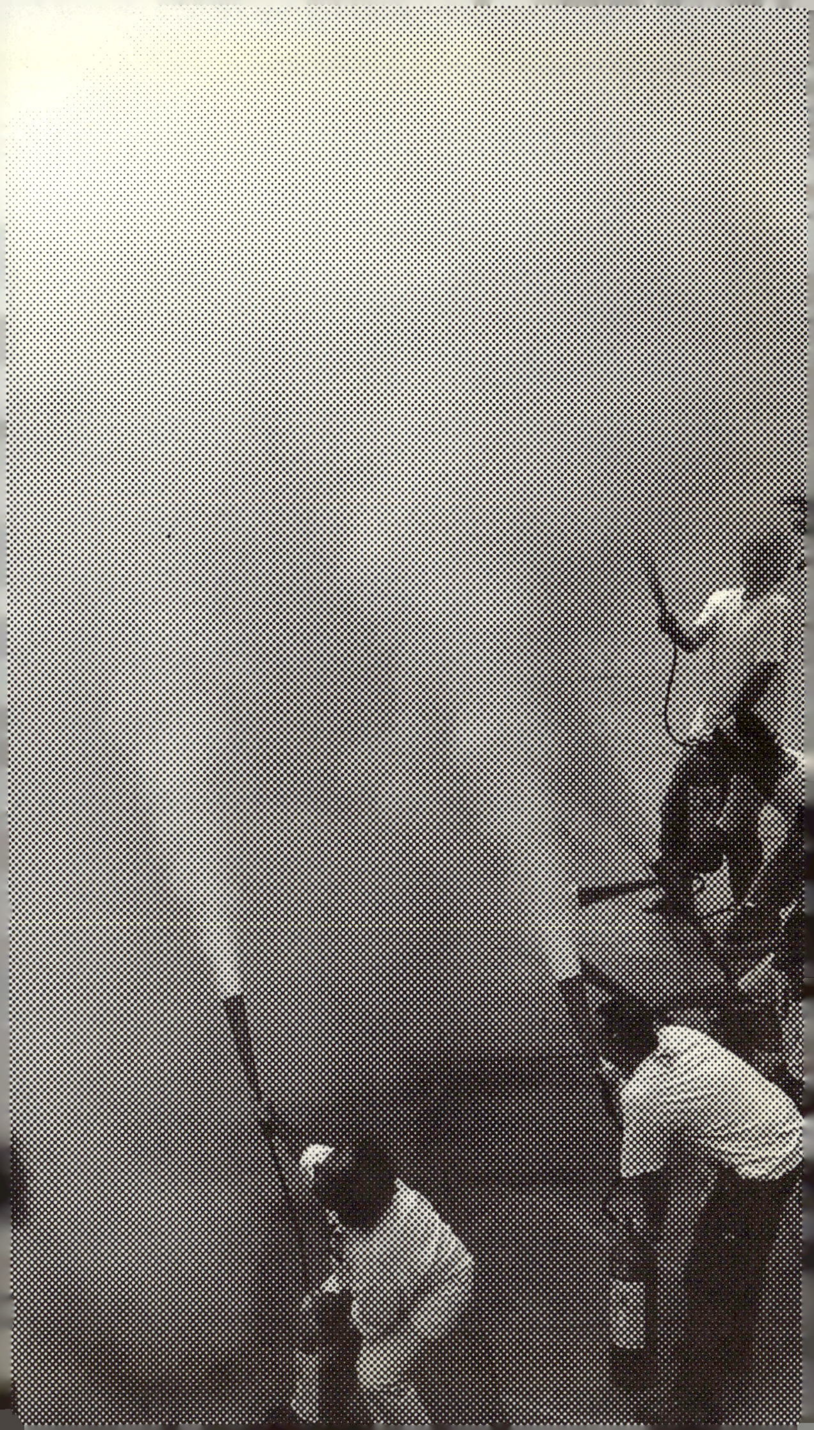

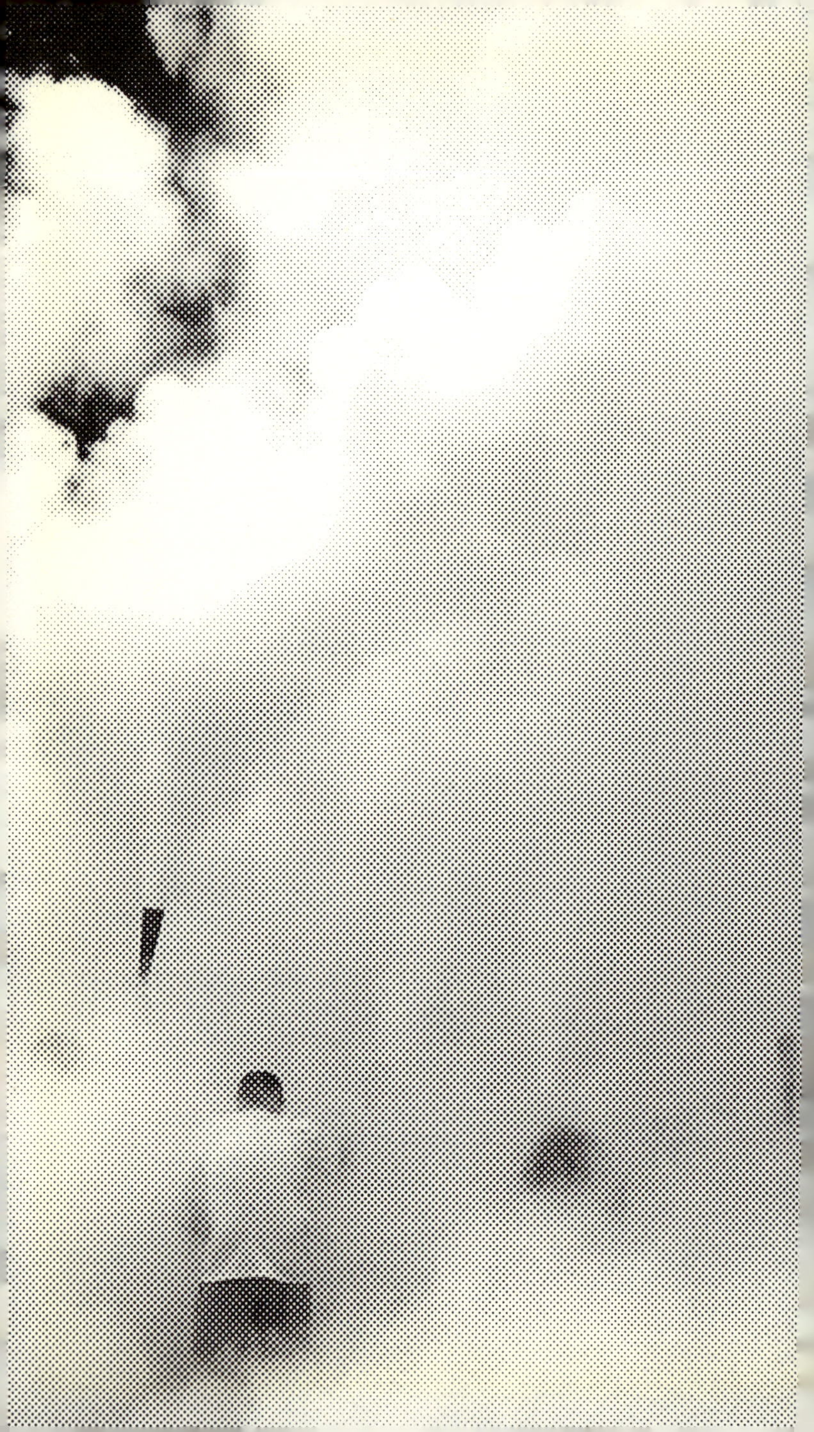

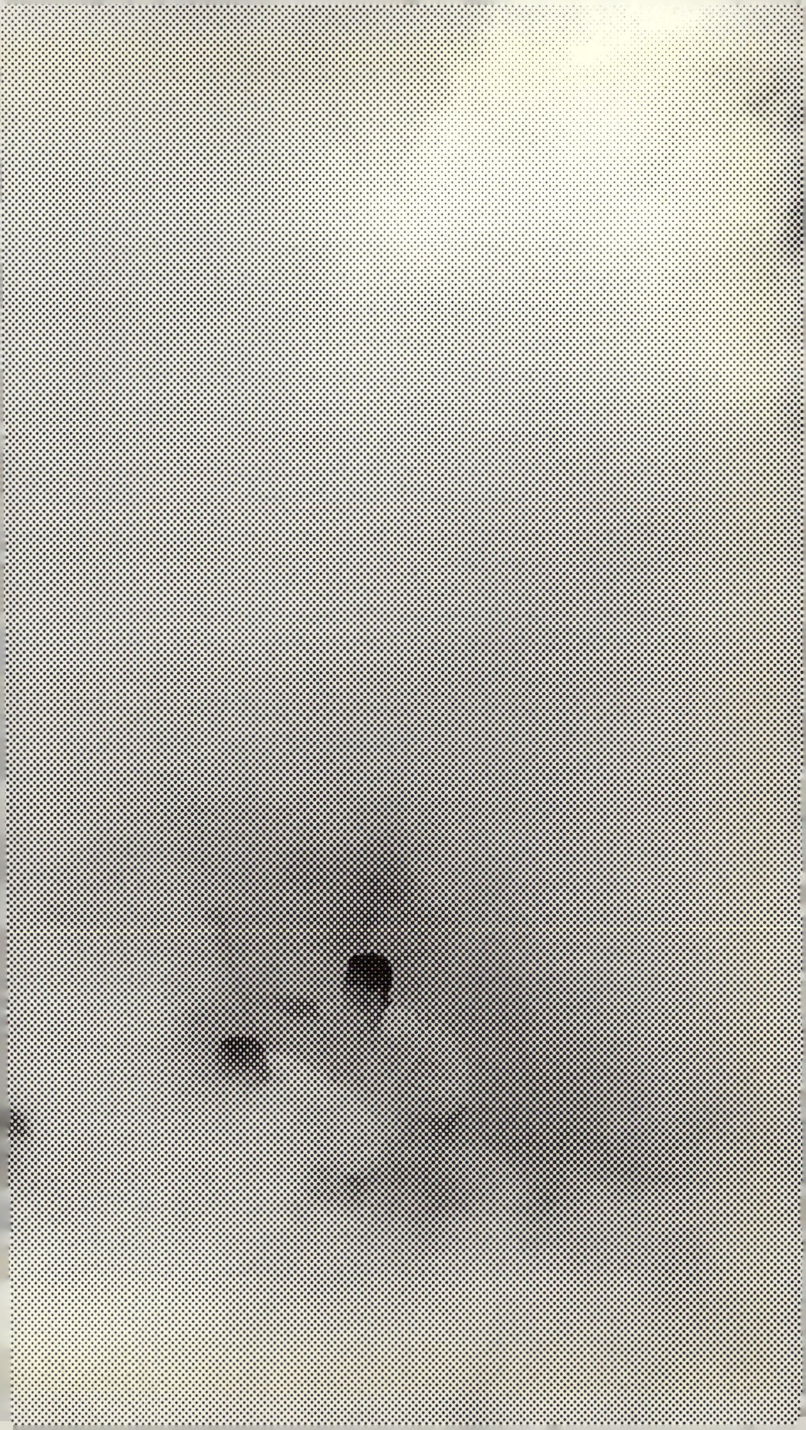

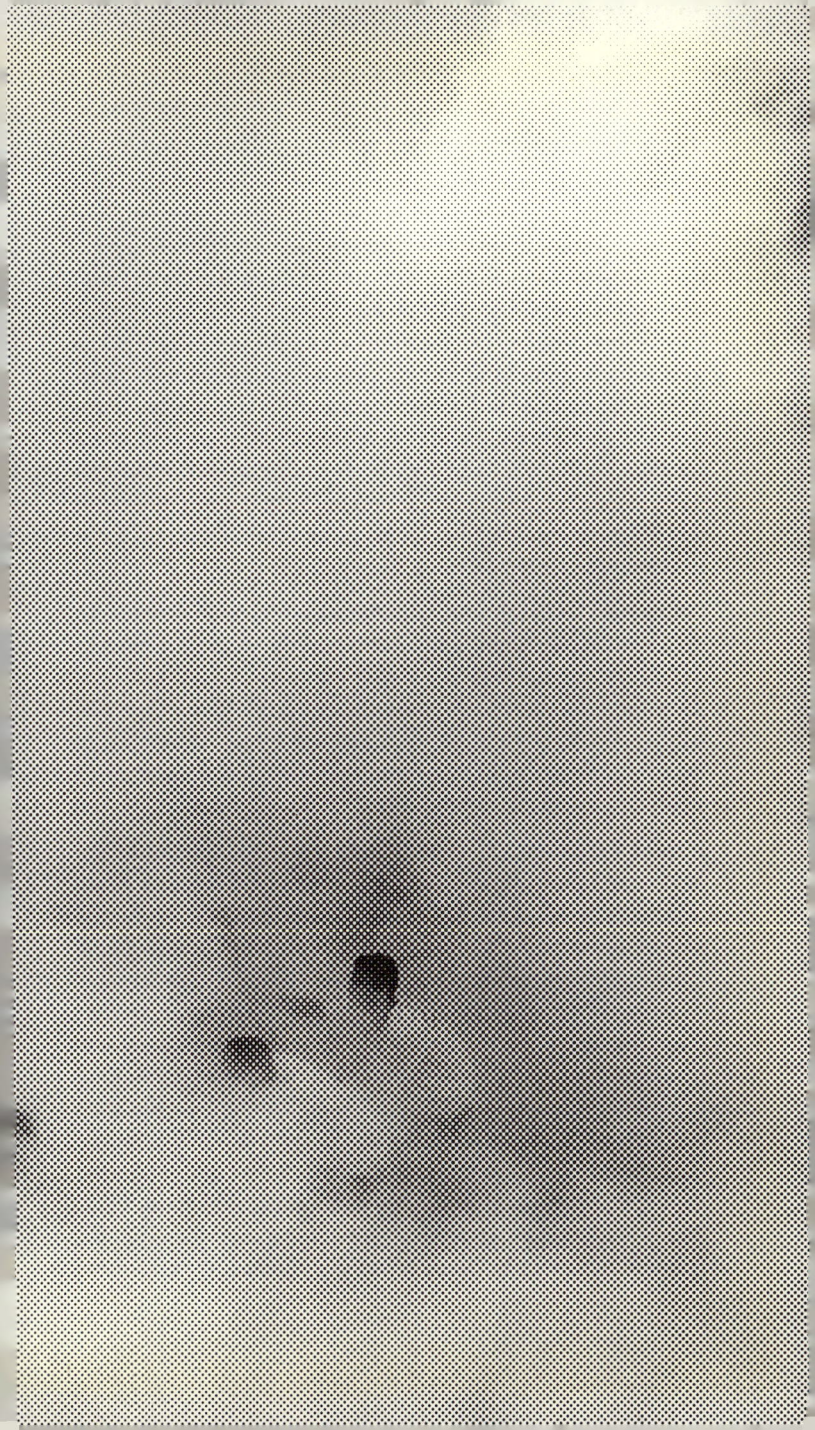

Não se trata de realizar uma apologia nacionalista tardia, mas sim de observar e selecionar que eventos particulares pontuam o campo de estudo que está sendo trabalhado aqui. Fazer a genealogia de certos aspectos de uma história cultural como a do Brasil é mergulhar num intenso limbo de contradições e expectativas frustrantes. Todos esses materiais estão presentes quando se está selecionando os pontos de entrada que se pretende fazer. O trabalho de seleção é talvez um dos mais importantes e cuidadosos a ser feito. Olhar de perto essa tradição de traidores é também se perceber como parte de um *devir-minoritário* que permanece, mais do que nunca, pela insistência em meio a vários aparelhos de captura construídos pelas estamentos e estratos hegemônicos em suas formas de controle e exclusão.

Então, falar de Brasil aqui, também será um ato de resistência, será *inventar* um Brasil, uma brasilidade que existe em meio às partes baixas, que foi/é ex-onerado como ex-ótico no processo de estatização *standard* da cultura *nacional*; fluir com o que escoa, se corporificar, nu, para deleitar-se numa batalha de trair para existir, existir como *outro-entre*, vivo, para estar-se vivo. Contar algo desses traidores.

E, quem são os traidores? São os inventores de tradição. Mas tradição – *entregar a alguém* – não é garantir a continuidade, a linearidade, a seqüência causal que vai garantir a repetição ritual do mesmo, garantindo a coesão do grupo ou do estamento social em questão? A idéia de *entregar a alguém*, não funciona *per si* como entregar o *mesmo*: o ato de entregar traz em seu meio potências e valores similares à invenção e à criação. Entregar é engendrar no outro a possibilidade real de produção de diferença, é assinalar o trabalho de desconstrução da linearidade, apontar o sentido da multiplicidade. O ato de *entregar a* sugere movimento: ato de passagem, transmissão, deslize. Ato constituinte que se percebe como pulsão desterritorializante. Os processos de iniciação, os ritos de passagem, os festins e rituais de afirmação grupais, também fazem parte dessa tendência nômade. O nomadismo cria seu território para desterritorializar-se. A tradição é campo de forças em permanente conflito. É nela que se encontram as mais diversas pulsões e devires que irão nortear as ações de avanço e recuo, a coesão e dissolução de projetos de identificação, o contexto cultural como *constructo* variante e dinâmico. Os acidentes e acasos, os encontros e descensos, os descasos e os cansaços serão as linhas constituintes desta rede de traições chamada tradição.

Em italiano a diferença entre *tradittore* – traidor – e *traduttore* – tradutor – é de apenas uma vogal. Os traidores são os tradutores da tradição do descenso. Serão os que farão a tradução de um ato plural de produção de diferença. Para além do conhecido anagrama concreto, o ato de traduzir é o ato de entregar algo que não é alguém, mas que é outro, sempre diferente, sempre mutável. Traduzir é trair a fidelidade passível da língua matriz, inventar nela algo que sou eu sem sê-la. É falar a língua dos traidores. A própria idéia de ser entregue, suscita a noção de entrega, de estar entregue; estar entregue à própria língua que se cria, se recria, se transforma em língua-outra e conta de sentidos de um corpo que se quer intenso, sempre outro em suas intenções de resistência e criação.

Stuart Hall[2] construiu uma referência significativa nessa discussão. A maneira como ele trabalha a idéia de tradução corresponde à capacidade e a potência presente nas dinâmicas produzidas pelas atuais identidades culturais na contemporaneidade. Citemos uma passagem:

> Como conclusão provisória, parece então que a globalização tem, sim, o efeito de contestar e deslocar as identidades centradas e "fechadas" de uma cultura nacional. Ela tem um efeito pluralizante sobre as identidades, produzindo uma variedade de possibilidades e novas posições de identificação [...] Entretanto, seu efeito geral permanece contraditório. Algumas identidades gravi-

---

2 Hall, S. O global, o local e o retorno da etnia. In: *A identidade cultural na pós-modernidade*. Rio de Janeiro: DP&A, 2003, p. 77-89.

tam ao redor daquilo que Robins chama de "Tradição", tentando recuperar sua pureza anterior e recobrir as unidades e certezas que são sentidas como tendo sido perdidas. Outras aceitam que as identidades estão sujeitas ao plano da história, da política, da representação e da diferença e assim, é improvável que elas sejam outra vez unitárias ou "puras"; e essas, conseqüentemente, gravitam ao redor daquilo que Robins (seguindo Homi Bahbha) chama de "Tradução". (Hall, 2003, p. 87)

O sentido dado ao conceito de Tradição nesse pequeno trecho incorre na manutenção de uma idéia que prima pela reprodução enquanto forma de operação dos devires históricos. O senso de manutenção cultural que aparece pontuado aqui encerra as potências de criação e invenção num campo reativo que pressupõe as noções de origem e causalidade como fundamento de uma pureza que deve ser mantida e reproduzida homogeneamente. Sigamos com o texto:

> Este conceito descreve aquelas formações de identidade que atravessam e intersectam as fronteiras naturais, compostas por pessoas que foram dispersas [...] A diferença é que elas não são e nunca serão unificadas no velho sentido, porque elas são, irrevogavelmente, o produto de várias histórias e culturas interconectadas [...]. As pessoas pertencentes a essas culturas híbridas têm sido obriga a renunciar ao sonho ou à ambição de redescobrir qualquer absolutismo étnico. Elas estão irrevogavelmente traduzidas. A palavra "tradução", observa Salman Rushdie, "vem, etimologicamente, do latim, significando 'transferir'; 'transportar entre fronteiras'". Escritores migrantes, como ele, que pertencem a dois mundos ao mesmo tempo, "tendo sido transportados através do mundo..., são homens traduzidos" (Rushdie, 1991). Eles são produtos das *novas diásporas* criadas pelas migrações póscoloniais. (Hall, 2003, p. 89)

Ao estabelecermos aqui uma relação direta entre tradução e traição, já pressupomos que a infidelidade endêmica presente em cada ato de tradução impele o texto ou o recorte cultural a um hibridismo que não busca nenhum nível de identidade, que, por sua vez, é insustentável na conjuntura em que se insere essa discussão. Sendo assim, a necessidade de afirmação que aparece no texto de Hall, diz respeito a uma conjuntura específica, onde o hibridismo cultural ainda é algo a ser, de alguma maneira, construído por uma série de práticas e representações sociais em maior ou menor escala. O contexto político-étnico que se apresenta no texto revela a constituição de políticas de afirmação cultural baseadas na identidade e na premência de uma hegemonia *apriorística*, que defina os elementos em jogo. Ainda dentro de uma noção de centro e periferia, essa dicotomia valorativa, estabelece quais serão os novos caracteres dos grupos e estamentos hegemônicos que serão trabalhados enquanto parâmetro seguinte, no lance dos fluxos de capital e acumulação de poder. Na contemporaneidade, esse paradigma ainda baseado na identidade, se encontra problematizado.

Não se pode negar que existam vetores de concentração de poder que estabelecem territorializações de centro e periferia ao longo de todo o mundo, e obviamente, essa dinâmica deve ser combatida e desconstruída com todas as forças disponíveis. Mas também, não se pode negar que muitas das políticas de identidades são produtos dessa mesma composição e cumprem seu papel em estabelecer novos nichos de poder em pleno modo de operação da sociedade de controle. Não se trata de socializar ou de dividir poder, trata-se de funcionalizar uma interdependência na produção de controle.

Trair é inventar tradições, é criar línguas. A terra natal é também elemento desta criação. A própria fala é articulada no bojo de uma permanente diáspora. A tradução é o movimento de traição que dissemina a língua em diáspora.

Ao pensar a resistência como afirmação da necessidade de produção de diferença, a máxima aproximação que se pode pensar em realizar com o texto de Hall, consiste na idéia de que existem algumas *identificações possíveis* no contexto de uma tradição criada enquanto processo de singularização de diferenças. O princípio homogênico presente nas políticas de afirmação deve ser visto como necessário, porém também, como um evento transitório, um elemento da diáspora, e não um fim em si mesmo.

A tradução é o movimento da tradição inventada pela traição.
A tradução é a fala da contemporaneidade.

Invenção e delírio: Uma tradição real

Tradição delirante. Delírio subtende-se como a capacidade que o evento literário tem de extrair da língua dominante, sua pulsão esquizo, fazendo-a delirar, produzindo algumas espécies de singularidades em meio à superfície aparentemente homogênea e conformada: *Literatura é saúde,* como qualificou Deleuze.[3] Delírio tem no aspecto físico sua base: o corpo é a localidade delirante. É no corpo que se dará a criação do duplo – esse duplo tão querido por Artaud. No duplo que se fará a operação claro/escuro, a emergência de processos de diferenciação: o contraste, o fundo infinito, as emanações de luz, a figura e a figuração... é o evento barroco como invenção da lógica da sensação.[4] É nesse jogo sensual das dobras que se buscará a tradição delirante em suas múltiplas linhas de fuga que escorrem, se liqüefazem, transbordam – como Mercúrio (seja o deus, seja o elemento): tão líquido e tão sólido, efêmero e concreto, ágil, veloz, comunicativo e fragmentado, sempre escapando à forma própria, sempre retido pelo continente, e, novamente, escapando, escapando – no território conservador da tradição como repetição, como conservação, como contenção moral de uma ética para os que acumulam: ser perdulário.

E, novamente, quem são então, esses perdulários vagabundos, esses traidores inventivos, esses nômades perdidos, esses inventores efêmeros, esses que são as figuras constituintes de acontecimentos necessários e fugazes? São agenciamentos:

---

3 Deleuze, G. Introdução. In: *Crítica e clínica.* São Paulo: 34, 1999.
4 Deleuze, G. *Lògique de la sensation.* Paris: De Minuit, 1995.

corpos, acontecimentos e eventos. Seus registros são o tempo próprio da ação, ou então, pequenas notas, transcrições rigorosas de eventos que se dão neles mesmos – *seus corpos: a memória* – e restos, rastros, traços.

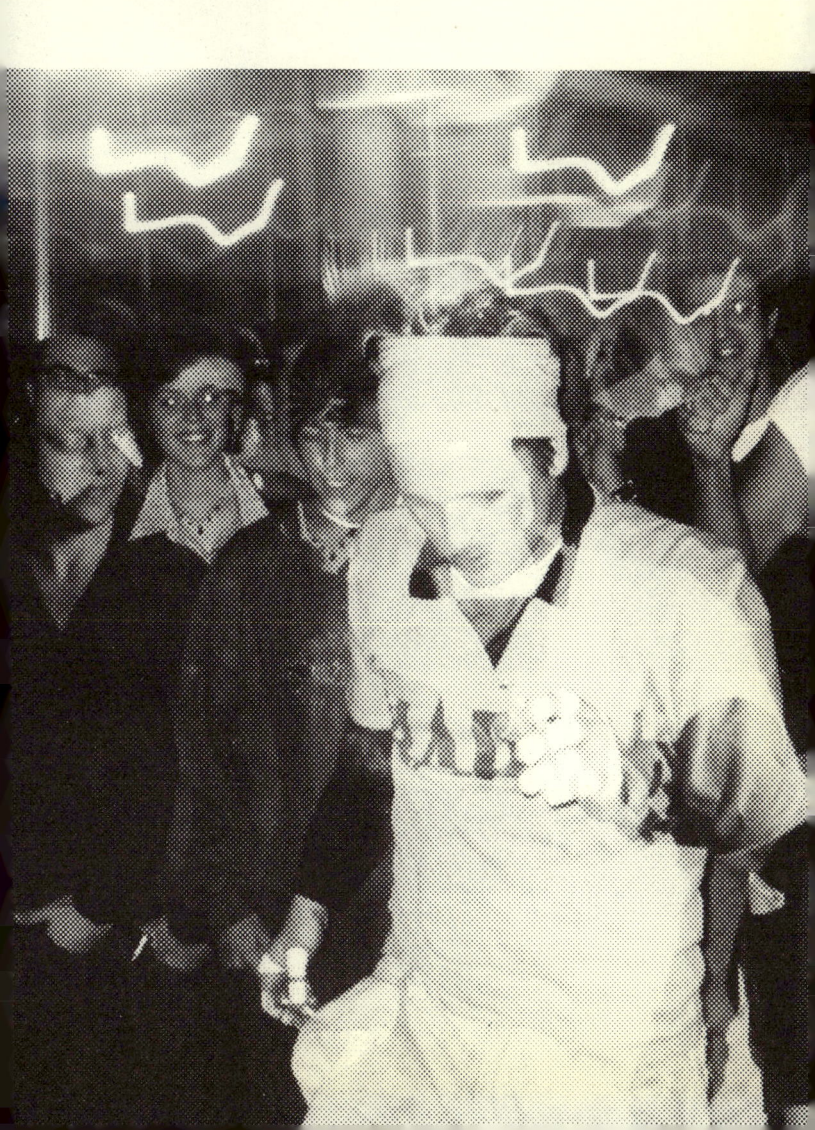

Capítulo 05
12 PROPOSIÇÕES:
(Resistência, corpo, ação – táticas e forças na produção plástica atual)

2

...A obra nasce de apenas um toque na matéria...
Hélio Oiticica, 1960.

E Eu
em meio a milhões de palavras
por uma pequena fresta
existo fora do ser ...
Poema Crime, **Silvio Barros.**

...Sempre gostei de bagunça. Não de ordem nem de desordem. Bagunça.
O que tenho a mão vou mexendo até perder, prá depois achar de novo.
Achando o que perdi acho o novo de novo, reencontro o novo no velho – é
como a luz, a velha luz, descansada e sempre nova de novo...
Barroco de lírios, **Tunga.**

... o que pode um corpo? ...
Ética, **Espinosa.**

1 — Re-insistências. Resistência. Existir. Re-existir: sempre no possível, nas possibilidades. Romper. Continuar. Ir além do óbvio, do sim domesticado, do clichê assumido como real. Inaugurar sempre a possibilidade, novas possibilidades, a possibilidade do *outro*. Insistir. Re-insistir. Sem mágoas, sem rancor, sem luto. Uma memória prenhe, possível. Fazer nascer novamente. *A força plástica de uma história para os vivos.* Contar aos outros sobre os *outros*. Função pedagógica: criar povos novos. Trazer o novo de novo. Plantar e colher. Círculo. Mutação. Resistência. Ampliar a rede. Estender no real o virtual possível. Criar um *outro* real. Colonizar, contagiar, espraiar. Criação. Insistir no sim.

O sim do sim. O sim que afirma: não sou esse mesmo, sempre o mesmo, sempre dócil, sempre palatável. Devorar. Tornar o outro outro dentro de mim. Sem medo, sem receio. Metabolizar. Afirmar a tribo. Ser muitos, sendo *outros*. Fazer um Brasil. Criar um Brasil. Contar de um Brasil de *outros*. Resistir. Seguir sempre. Esquecer as ruínas. Seguir sempre. O nômade — aquele que vem de novo: resiste. Coletivizar experiências. Seguir novamente. Sempre em frente, ou ao lado, ou em meio, ou a partir de, ou simplesmente seguir... Resistir.

2 — A resistência passa por uma triangulação de potências: o corpo, a produção de subjetividade e a multidão. **O corpo** é o espaço mínimo: é nele e a partir dele, que se dão os encontros possíveis na busca da execução e formas de ação. Propiciando combinações múltiplas comuns, o corpo realiza os *encontros* possíveis: o indivíduo, esse coletivo de experiências corporais. Os corpos serão o espaço de potência do porvir. Os processos de seleção dos encontros definem as possibilidades de transformação/conservação dos indivíduos. Linhas e caminhos abertos. A capacidade de realização das potências de transformação vai buscar a associação de redes de afeto: capacidade de encontro dos corpos de conformação do indivíduo com eventos e efeitos corporais *outros*, onde as configurações propiciam a experienciação da transformação do indivíduo. Esses afetos detonaram processos de atividade e reação, que constituem a *afirmação das diferenças* como plano de imanência — espaço de ação das diferenças e conexão das potências, afetos e forças. Instauração do múltiplo. O corpo tem como necessidade sua desterritorialização: ao longo dos processos de construção/desconstrução de coagulações de controle, de mimetismos disciplinares, de catequese de subjetividades, a afirmação da diferença tem uma função ativa na formação da resistência dos indivíduos. Os encontros: produção de diferença. Cada corpo produz diferença; mesmo um corpo fascista, doente, produz diferença. Cada corpo deve ser pensado a partir de suas potências de desterritorialização. Os deslizes, os movimentos, os fluxos, são caracteres informativos das potências corporais. Corpos: diferenciação. Essa informatividade diferencial produz a rede de intercomunicação ativa – potências configurando planos de imanência: campo de ação onde as máquinas de guerra contam suas estórias, histórias e devires. É aí onde o contágio acontece. A intensidade afirmativa das resistências é ativada: os olhos do furacão, as linhas do mar, os caminhos da floresta... muitos e múltiplos.

3 — A produção de subjetividade. Definição proposta: os grupos e estamentos sociais, através de suas práticas e representações, incitam e constroem a subjetividade dos indivíduos. Essa é uma questão descoberta no século XIX, antes de Freud. Agora, algumas derivações atuais: como entra a produção, um conceito de matriz econômica, nos processos de subjetivação dos indivíduos? E se a subjetividade é algo produzido, no nível individual e social, como escapar aos processos de colonização desenvolvidos pela sociedade de controle? É possível pensar uma subjetividade fora dos elos do consumo, do mercado, do Império? A resposta é clara e direta: não. Não existe fora, não existe além, nem qualquer outra idéia de transcendência real. Só a brutalidade dos fatos. O atual. Urgência: de maneira direta e irreversível, a construção de forças de ação e resistência afirmativas. É impossível ignorar esses fatos. A grande maioria das perspectivas tradicionais e institucionais de resistência utiliza como forma de luta, preconceitos melancólicos, de matriz reativa – a *moral do escravo* – parecem ignorar as configurações contemporâneas de poder. É necessário sublinhar a seguinte noção: as mais variadas e diversas configurações sociais atuais se encontram hoje, em todo o planeta, sobre um forte e ágil esquema de ocupação. Um dos vetores primordiais é o da produção de produtores de subjetividade. Isso significa que o que interessava num modo de produção anterior – a sociedade disciplinar e seus corpos dóceis, os produtos e os parques industriais de gigantesco porte, as grandes massas disciplina-

das em suas fábricas, escolas e hospitais, a homogeneização e construção de um *povo*, com seus discursos e territórios, como colocou Foucault – tem estatuto menos significativo na atualidade. Os pilares de sustentação da sociedade de controle são *outros*. A produção de subjetividade é o viés dinâmico do atual modo de produção. É nessa área que o controle é produzido para ser reproduzido. Os corpos são os espaços ocupados por essa reprodução. A objetividade: construção de uma subjetividade controlada pelo controle imperial. Os corpos são desterritorializados, para serem reterritorializados como territórios ocupados, indivíduos colonizados. Imensas redes de propagação da reprodução e controle são constituídas por esses corpos *linkados* à comunicação global – é pela/nos meios/modos de comunicação globais que a produção de subjetividade controlada escoa, é distribuída, é imposta. A comunicação produz controle sem a necessidade da presença concreta dos agentes controladores. As indústrias culturais locais são importantes nós de propagação da reprodução de produção de subjetividade. O fundamental para o Império é a formação de redes de produção de produtores de subjetividade produzidos em escala planetária que ajam localmente. Para tanto, é mister o controle dos meios de produção de comunicação em escala global e local. A velocidade, os padrões de qualidade, as formas de enquadramento, os modos de utilização das tecnologias de informação etc. são instrumentos do controle dessas produções. O quadro parece complicado. Toda essa configuração permite a elaboração de atuais formas de resistências. A surpresa nasce do inesperado. O singular é um corte no horizonte.

4 — A multidão. Em outros momentos podíamos chamar de povo. Posteriormente, nação. Finalmente, massa. A nomenclatura muda de acordo com a conjuntura. Mas qual é a diferença? O que difere, o que propicia mudanças desses estatutos corporais? *O limite é o próprio Capital.* O capitalismo se desenvolve

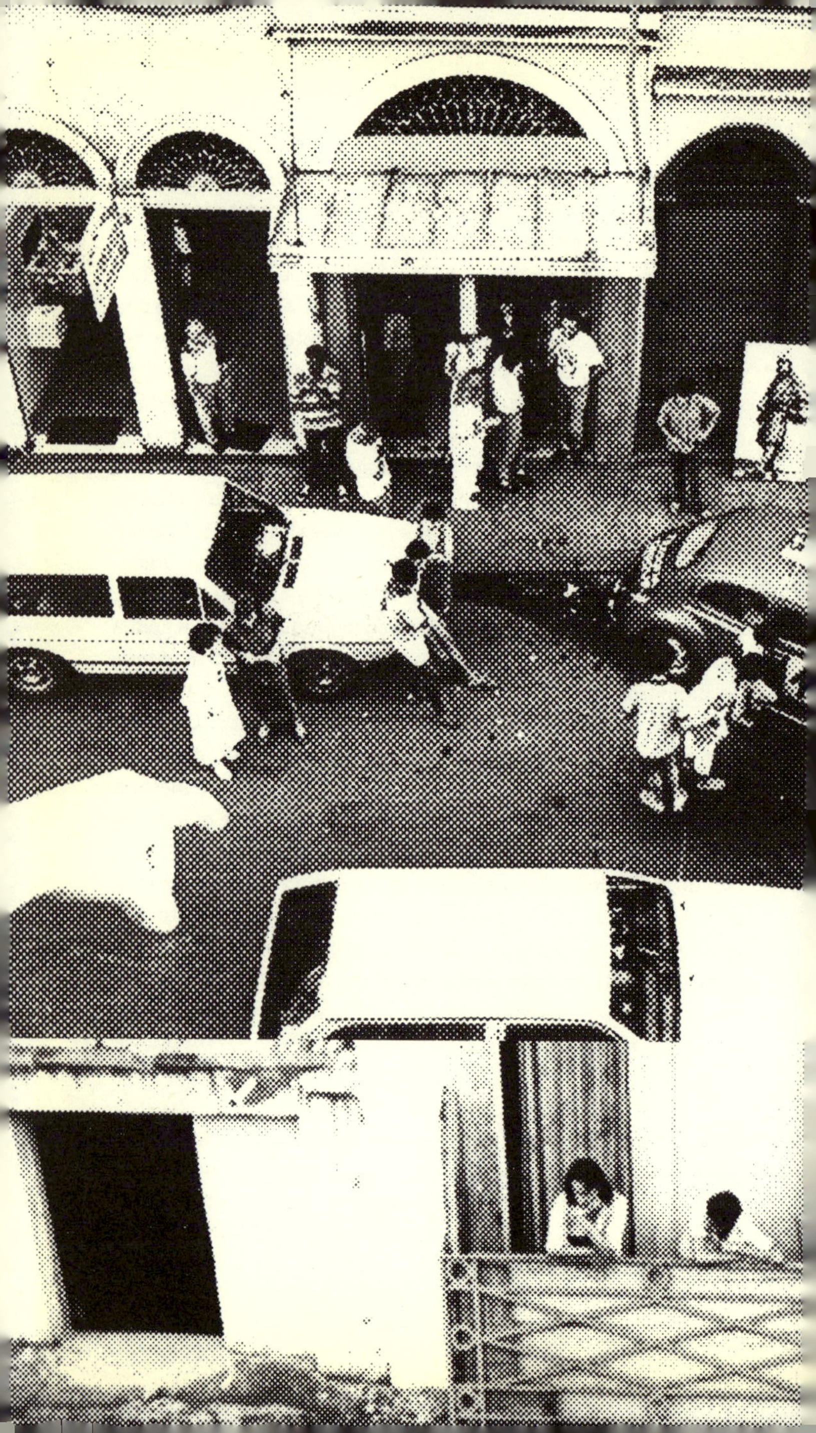

nele e a partir dele. A maneira como ele vai constituir e produzir corpos, é uma questão de extremada significação em meio às suas mobilizações. A multidão. Os corpos são instrumentos e espaços de efetivação dos processos de produção do capital. Em seus diversos estágios de transformação, o capitalismo construiu modos de operação diversificados, economias e políticas sobre os corpos – suas subjetividades e objetividades. Se lembrarmos Montaigne, em seus *Ensaios*, percebemos em muitos lugares, no florescimento da noção de *outro*, a tentativa de apreender as diferenças e particularidades de corpos formados em modos de produção distintos. A multidão: ela não tem rosto, ela não está em um lugar específico, ela não está contida em um território ou estado. Ela é a área e o meio de produção de biopoder, onde a sociedade de controle se faz presente em toda sua potência. Ela escorre, transborda, não tem limites, desorganiza. Diferenças entre multidão e povo: *multiplicidade, um plano de singularidades, um conjunto aberto de relações, que não é homogênea nem idêntica a si mesma / o povo tende à identidade e homogeneidade internamente, uma vontade e ação únicas, Toda nação precisa fazer da multidão um povo.* Negri/ Hardt. As diferenças entre multidão e massa: a sociedade de massas, tão discutida ao longo dos anos 60 e 70, parece trazer em seu gene, a evolução prática dos meios de produção de controle sobre a multidão; os processos de homogeneização: tornar igual, o mesmo, construir segmentos de consumo e controle; a transformação dos corpos em recanto dos fluxos de consumo, colonizar e ocupá-los com subjetividades reproduzidas e reprodutoras e objetividades imediatamente ligadas aos anseios do modo de produção tecnológicos do alto-capitalismo; a massa é a multidão capturada nas teias exclusivas do controle/consumo, a multidão é a possibilidade de desobediência e insurreição dentro da ocupação do Império: resistência.

5 — Afirmar. Insistir. Investir no real. Criar outros reais. Extrair do tempo, outros tempos. Impelir ao tempo, outros reais. Fazer brotar. O tempo nunca é o mesmo. O tempo agora segue sendo

outros tempos. Resistência. Reconhecer o que é próximo. Aliados: parentes auriculares, orelhas sensíveis, estar seletivo... Uma luta sem fim, sem início. Só luta. Todos os tempos presentes. Trazer a ciência da luta. Outras histórias, atuais devires. Instinto pedagógico. Entender o tamanho: monumento de possibilidades chamado Brasil. Agir. Existe uma demanda destes outros. Agora. Sempre existe. Agora. Continua a existir. Agora. A necessidade. A necessidade. A necessidade. Um matemático francês disse: *não resisto por escolha, resisto por necessidade.* O tempo. O tempo atual pede outros tempos. Resistir. Insistir. Ou então ficar somente com o ser contemporâneo: alinhavar compromissos, omissões, aparar arestas e conter forças, e as formas (sempre as formas): mantê-las, assumir no controle a possibilidade maior, ter no poder, sua casa, ter na burocracia, sua cama – contenção e limpeza: saudades de um estruturalismo racionalista perdido, de uma geometria estática concreta, de um equilíbrio impossível numa realidade periférica como a nossa. A submissão e o clientelismo – *os males do Brasil são...* Escapar. Fazer rodar a roda. Dançar a gira. Girar com o tempo. Extrair no porvir, o agora. Resistir. Imaginar e criar. Na arte, um campo de batalha. É necessário girar, fazer dançar. Escapar. Buscar um fora onde só há dentro. Romper o dentro. Fazer dobrar o dentro, fazer o fora, dentro. Girar. É necessário fazer dançar, girar. Insistir. Resistir.

6 — Forças de resistência e produção x formas de controle (potência x poder). Os esquemas e aparelhos de captura: armadilhas abertas e alertas, nós mesmos como algozes, nós mesmos como prisioneiros. Perceba como os meios de comunicação produzem incessantemente seus sonhos e seus desejos. Perceba como as esferas de poder decisório se fazem presentes nesse complexo jogo de imposições que é ser um consumidor contemporâneo. Apocalipse: revelação, explicitar os jogos de poder. Foucault nos ensinou tudo isso. Olvidamos. Não obstante, esses

pensamentos parecem ser desnecessários para grande parte da produção acadêmica contemporânea. Olvidamos. Por que pensar sobre essas questões se o que se propagou nas últimas décadas é uma não-necessidade pós-moderna de manter-se onde/como se está, já que até a história chegou a seu fim, já que somos todos somente consumidores? Mas, há um jogo dentro do jogo. Há possíveis *outros* aqui ou ali. Existe sempre a recepção: muitas vezes já comprometida em seu nascimento com os esquemas de controle. Mas há a recepção como algo criativo, afirmativo – ainda há espaço para resistir. Existem também os já citados estudos culturais ou pós-coloniais: novas configurações de antigos problemas, dança das cadeiras entre o que é periférico visto exclusivamente como periférico e de periferia, e o que é central visto como, quase *naturalmente,* continuando, centro e central; há aqui também espaço para uma possível resistência: os jogos emergem, as forças podem se colocar; há o embate ou a naturalização do conflito. Outros espaços serão possíveis? Perceba como a produção acadêmica está comprometida, está em/no jogo. Perceba como o centro gravitacional da produção de sentido, conhecimento e poder passa muitas vezes ao largo do que se tem feito na universidade. Perceba a necessidade total de mudanças de prisma, de mudanças de texto, mudanças de postura, mudanças corporais, mudanças de formas e forças. Nada é tão maniqueísta, nada é tão binário, nada é tão estanque e nem tão perverso que não produza diferença pretendendo produzir controle, ou produza controle pensando estar produzindo diferença. Há sempre um jogo dentro do jogo. *Ver com os olhos livres.* Será possível? O fim de pensamentos propositivos chegou ao seu fim. Não há como se pretender fora do jogo. A necessidade da invenção. A necessidade daquilo que é outro dentro de outros. A necessidade de produzir algo que não seja, algo que será agora, algo que é sendo, sendo o possível amor ao que não é, um porvir agora, algo que pode vir a ser, já sendo: resistir, *fazer dobrar a existência*; sendo o desejo do que não está, mas do que se propõe – outras situações, outras ações. Inventar povos, outros, agoras – experienciar os devires revolucionários; mesmo que muitos já tenham sido experimentados. Realizá-los. Todo segmento temporal tem suas necessidades. Toda geração deve se perceber nos jogos de suas épocas. Os pensamentos acadêmicos, universitários, devem se perceber em/no jogo. Não há espaço para omissão. É novamente necessário propormos outras forças de resistência em meio a esses outros meios de produção de controle. Criar jogos dentro dos jogos. Re-insistir.

7 — Produções da multidão. A multidão age como corpos em estado de desobediência. Importante: criar a diferenciação da idéia de uma barbárie civilizada de matriz hobbesiana, para uma ação de resistência e desobediência da multidão. A violência parece ser um ponto comum entre ambas. No caso da barbárie civilizada, sim – vide todo o processo histórico de *descobrimento* do novo mundo –, a violência é o que dá ao estado-nação a consciência de sua extensão, é o que define suas funções. Na multidão: o caráter de agressividade substitui a violência. A agressão é uma resposta coletiva à violência institucional dos meios de comunicação e controle do mercado mundial. É necessário, em meio à configuração política planetária atual, uma certa dose de agressividade para se estabelecer possibilidades de articulação de um contra-Império. É claro que isso pode ser problemático. Os produtos derivados da afirmação de uma necessidade de agressividade na contemporaneidade podem ser os mais variados. As coagulações fascistas estão aí. Desde as experiências revolucionárias e insubmissas da década de 60, esse debate não vinha à tona. Toda uma retórica de cunho melancólico foi adaptado pela esquerda tradicional, abrindo flanco para a agressividade de outros grupos, no caso específico, pequenos grupelhos de extrema-direita. Importante: notar que a multidão está prenhe de diferenças. Essas diferenças – se não forem construídas como elementos de potência afirmativa de outros processos de diferença – correm o risco de chafurdar nos esquemas de violência e controle promulgados pelo Império. A capacidade de homogeneização das formas de controle está em plena e cotidiana potência. A preparação de contingentes de massa que atendam as demandas da sociedade de controle em seus movimentos de conformação é reiterada dia após dia. A multidão é uma contrapartida histórica em relação ao Estado, e posteriormente ao Império. A massa é a multidão controlada. Ela irá sustentar a violência dos pequenos grupelhos violentos que agem em nome do Estado, muitas vezes pela forma de omissão – *good people, dirty work* . A omissão: proposta criminosa da massa. A necessidade de ações agressivas por parte de grupos de resistência, tornados multidão pela ação/articulação, parte da maneira inexorável como as formas de controle se colocam sobre todos os corpos. O enfrentamento direto, as ações diretas, são hoje demonstrações claras da falência de modos institucionais de representação. O biopoder é uma área de ação que deve ser disputado por essas forças da multidão. Extrair do controle os corpos, arrancar da massa a multidão, construir o desejo espontâneo da multidão como forma de manter os fluxos de enfrentamento livres, sem unidade, sem um rosto, sem um líder, só pulsões e forças da criatividade, da diferença. Luta perigosa de corpos que se colocam em risco. A multidão: um imenso conjunto de diversidades e conflitos. Os devires de ação devem ser experienciados, custe o que custar. Multidão: resistir. Ter a agressividade de uma semente ao brotar, de uma tempestade ao chegar, de uma possibilidade por se tornar real...

8 — As questões continuam as mesmas: as coisas continuam como sempre foram... não há nada de novo... não há novo... tudo é velho... tudo é como sempre foi... estamos no mesmo lugar... fim da história... o mercado... o mercado... o mercado... As questões continuam as mesmas: nada está no mesmo lugar... tudo é novo... tudo mudou... a história nunca terminou... a história nunca existiu... alguém... alguém sempre contou o que aconteceu... o acontecimento: recorte singular no tempo, perpetrando tempos, liberando fluxos, propondo experienciações pessoais, micror-

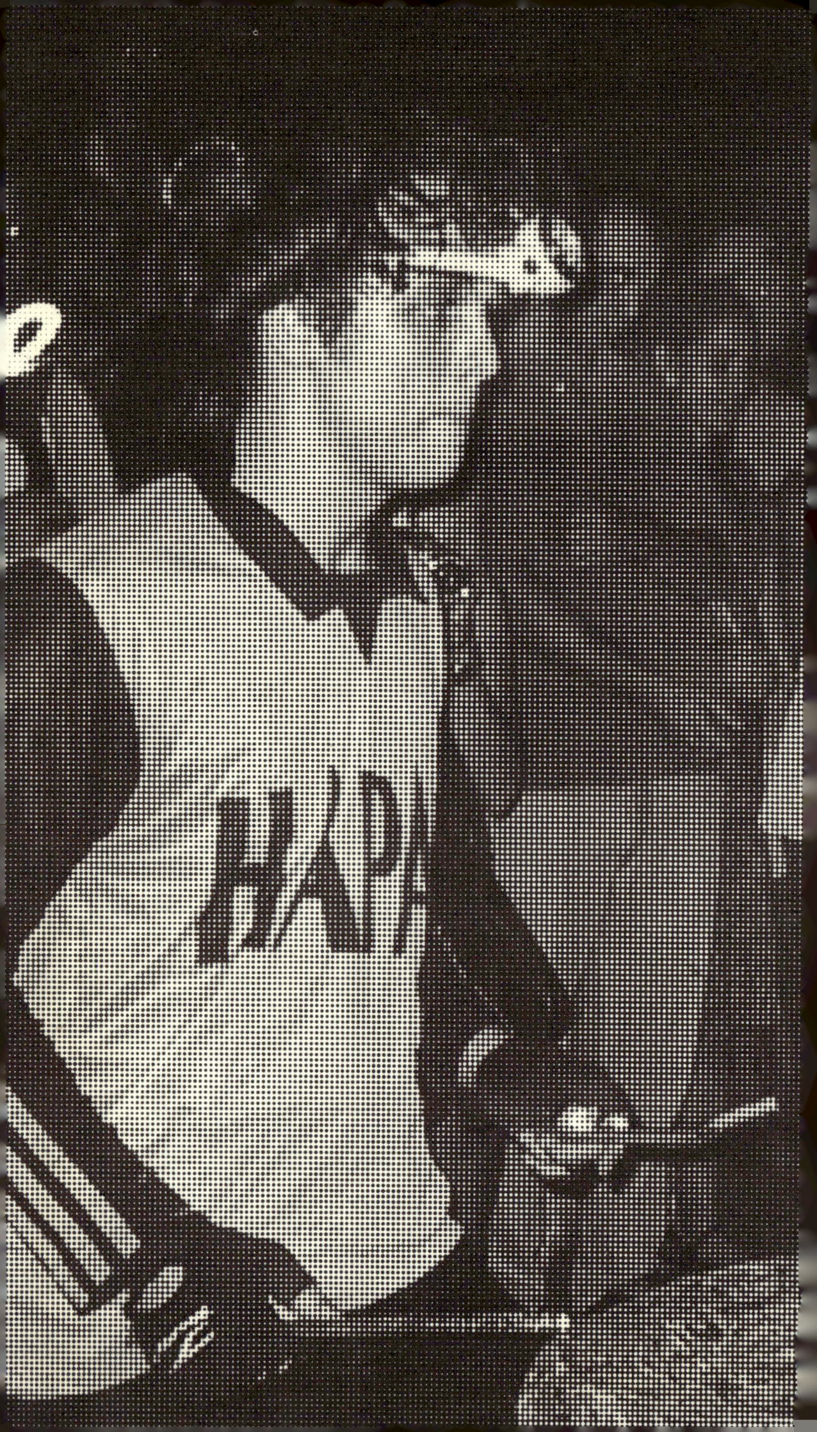
HAPA

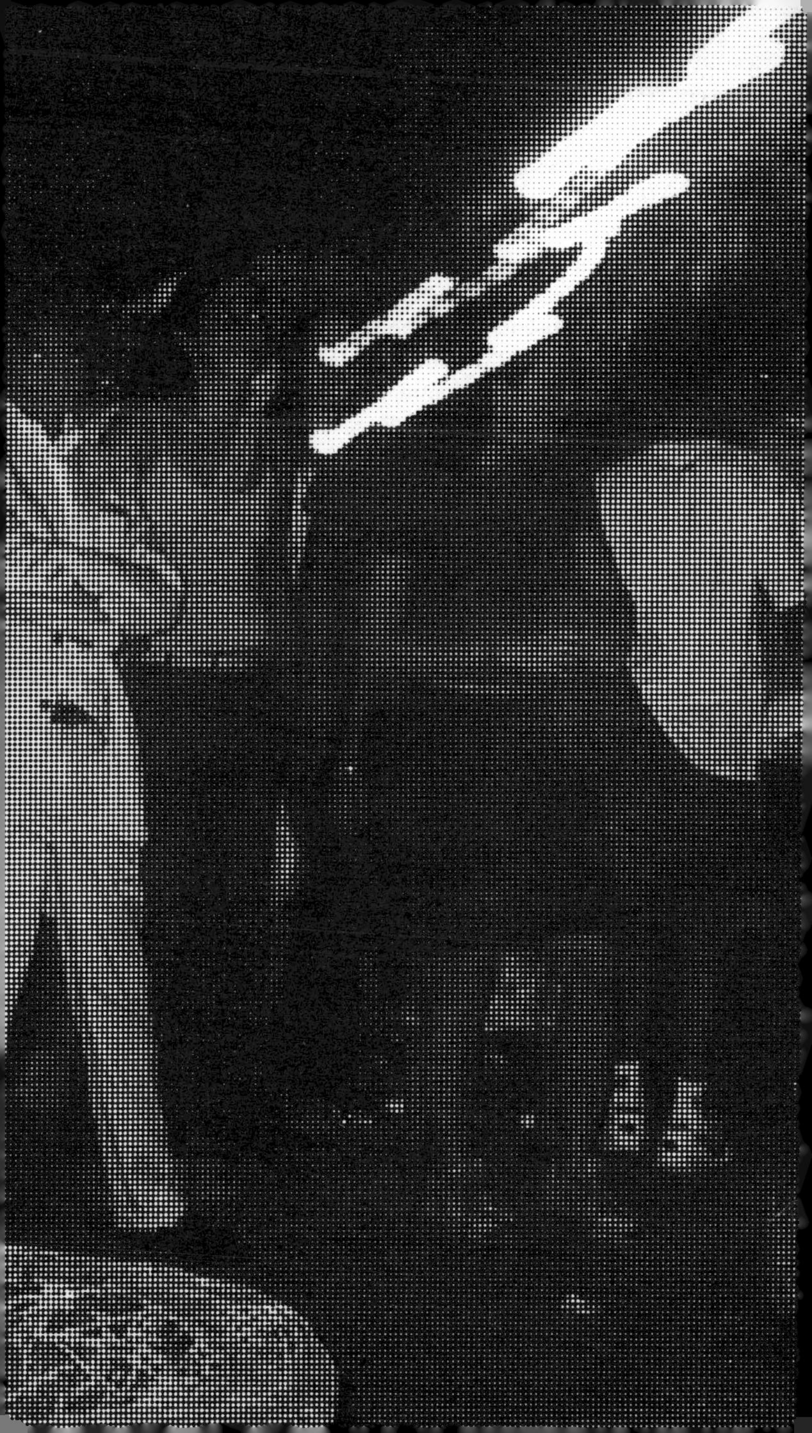

revoluções. São as simultaneidades paradoxais. O processo na contemporaneidade: liberar certos devires. Criar no real outras realidades. Insistir. Resistir. Desconstruir a perspectiva hegemônica do *tudo já era*. Revelar a covardia entranhada nas práticas sociais atuais: tudo em nome da manutenção dos conchavos e aparências. Ausência do *eu crio* em nome do *eu compro*. Coletivizar experiências. Criar outras experiências coletivas. Multidão. Produzir diferenças. Encontrar no outro a diferença. Ação crítica. Propor outras formas, outros discursos, outros nomes. *O poeta é um criador de mundo* – Huidobro. Não esquecer: as vanguardas primavam pela invenção e a experienciação, elementos ausentes. Não se trata aqui de defender as *vanguardas de mercado:* incomunicabilidade como pressuposto de uma prática formalista, íntimas e exclusivas ligações com fluxos de capital, com agentes de controle, gerando uma anti-ação: amortecimento e letargia. Trata-se de saúde. Divergência é saúde. Resistir é saúde. Fazer com os corpos. Agir com os corpos. Contra-controle. Multidão. Muitos corpos criando muitas histórias... muitas histórias... Acontecimentos: coagulações fascistas ou fluxos de libertação?... Paradoxos: tudo está como sempre foi... tudo mudou... resistir... insistir... re-insistir.

9 — A triangulação das forças e suas produções. Cada indivíduo é uma multidão. Os corpos. Cada multidão é composta por muitos corpos. Cada corpo produz subjetividade. Essa produção de subjetividade pode ser pensada como potências de real. "I. O corpo humano é composto de um grande número de indivíduos (de natureza diversa), cada um dos quais é também muito composto." (Espinosa, 1989, p. 83). O real. A realidade é uma construção múltipla. Os meios pelo qual se dá essa construção: os corpos – a multidão, a massa, os povos –, as forças – de produção, de socialização, de controle, de liberação... Os corpos são compostos por forças. Eles as produzem e também são produzidos por elas. As forças, como propõe Nietzsche, podem

ser ativas ou reativas. Existem os jogos: "Nenhuma força renuncia ao seu próprio poder. Do mesmo modo que o comando supõe uma concessão, admite-se que a força absoluta do adversário não é vencida, assimilada, dissolvida. Obedecer e comandar são duas formas de um torneio" (Nietzsche, 1976, p. 33). A produção de subjetividade de cada indivíduo está intimamente ligada a essas forças, a esses jogos. Trata-se, portanto, de elaborar estratégias de afirmação/reação das forças da multidão em cada indivíduo. Daí segue a elaboração de linhas de produção de subjetividade que não sejam exclusivamente constituídas pelas forças/formas de controle. Aqui existe uma luta, ela está aqui. Resistência: construir estratégias de ação que combatam os estratos de massificação dos indivíduos, que desestabeleçam o biopoder da sociedade de controle, passivo e reprodutor de produção, e produza um biopoder ativo, afirmativo, que possa agir como processo de diferenciação, produtor de subjetividades de liberação e singularização, criador e multiplicador de multidões. Produzir, como propôs Tatiana Roque no Fórum Social Mundial de 2002, a resistência elétrica – que realiza calor, luz, afirmação –, não a resistência mecânica, que reproduz movimento, reativo, reprodutivo. Necessidade. Produzir condições subjetivas de afirmação dos corpos produtores de multidão. *A resistência como dobra da existência.* A triangulação das forças de resistência: corpo, produção de subjetividade e multidão. Campo de trabalho, campo de ação. Re-insistência. Resistência.

10 — As produções e as ações: as forças plásticas. Partamos de uma determinada área de produção artística: as chamadas artes plásticas e/ou visuais. Estamos falando aqui das mais diversas experiências e experimentações que, de maneira geral, se encontram associadas a esses recortes e suas variações. Existe toda uma produção de elementos ligados ao contexto da criação *artística* na contemporaneidade que conotam crise e enfrentamento. Existem também as relações e compromissos, estruturas e dependências, que alguns grupos assumem diante do quadro de produção de subjetividade da sociedade de controle. É necessário diferenciá-las. O mapeamento dessas produções deve passar antes de tudo pelo estudo de suas estratégias de resistência e se elas realmente existem como possibilidade e/ou realidade no quadro de produção atual. O modo como se caracteriza o mercado de arte, os critérios de seleção e definição das instituições e de seus representantes, também são parte dessa crise. A maneira como a arte foi extraída do contexto de relação direta com a sociedade – o *público* foi expulso –, conota um efeito: hoje, a produção artística e seus derivados são mais do que nunca uma produção de interesses privados, que detém todos os modos e meios de escoamento e realização. Crise: sinal de resistência. Sem dúvida alguma, esse não é um problema exclusivo das concepções contemporâneas de arte. No entanto, na atual configuração de poderes e forças, esses problemas ganham conotações específicas. Partamos de algumas definições: (1) não há nenhuma produção possível fora das relações de mercado, toda a produção artística, em qualquer nível, tem algum tipo de relação virtual ou estabelecida com o mercado; (2) a partir deste pressuposto, o mercado reprocessa o estatuto do *artista*, alinhavando-o a relações de poder e a redes de distribuição específicas; nós propomos chamá-los aqui de *produtores de arte*; (3) os produtores de arte têm em suas mãos alguns instrumentos de ação: o capital simbólico de suas obras, as forças de produção de subjetividades múltiplas presentes em suas produções, e as potências de intervenção/ criação de realidades possíveis; (4) nesse quadro se colocam três segmentos relativos às relações dos produtores de arte com o mercado e seus estratos de qualificação: a primeira é da ordem da *produção de reprodução ativa*, ou seja, a reprodução parcial ou total do discurso e das práticas de poder e de seus elementos; a segunda é da ordem da *produção de reprodução reativa,* onde se encontram muitos dos produtores que estabelecem uma relação crítica ao mercado, sem, contudo, realizarem cortes ou rupturas mais significativos; e por último, a ordem da *produção de produção ativa*, que se pretende mais intensa em suas ações de ruptura e cortes, agressiva, propondo linhas de enfrentamento e tensão em relação às práticas da sociedade de controle e seus aparelhos de captura. Resistir. É esse o quadro emergente. É aqui que se dá a luta. Resistência. Insistir. Re-insistir.

11— As *tradições delirantes* e as atuais forças de resistência. Há tradições de experimentação e ruptura ao longo a história cultural brasileira. É necessário pensar em Flávio de Carvalho nos anos 20 e sua *Experiência n. 2*, pensar nas investigações dos anos 50, ao qual se segue o neoconcretismo, pensar na erupção do conceitual na década de 60 no cenário brasileiro, pensar em seus embates, aproximações e divergências, pensar no trabalho de Hélio Oiticica, Lygia Clark, Ligia Pape, pensar nessas lutas neovanguardistas, pensar em toda a década de 70 e a radicalização e exaustão das experiências mais agressivas e mais ensurdecidas, pensar em Waly Salomão, em Raimundo Colares, em Barrio, em Guilherme Vaz, em Tunga, suas saídas, suas entradas, suas forças... É necessário pensar em todas essas lutas, como elas se canonizaram, como escaparam, como sobreviveram ao longo das décadas de 80/90, onde certo modo de produção artística, intimamente ligada aos esquemas de financiamento, de distribuição e classificação da sociedade de controle e seus desdobramentos se estabeleceram. É necessário estabelecer alguns parâmetros para uma leitura contundente dos trajetos dessa tradição ao longo da formação cultural brasileira. A importância desses produtores reside em constituir todo um aspecto delirante, através de desvios e insurreições críticas em relação à tradição *standard* nacional. Para Deleuze, *a literatura é saúde,* ela faz a língua delirar retirando-a do seu estado clínico, a partir do silêncio, do gaguejar, da descontinuidade, provocando sua *cura*: o mergulho no universo esquizo contra a neurose edipiana. A tradição delirante estabelece uma fala construída a partir da percepção de uma série de dissonâncias e tunelamentos entre obras e autores dentro da produção artística e cultural brasileira. O *delírio* como parte fundamental da obra e/ou vida. A operação esquizo proposta por Deleuze, em seu aspecto mais estrutural, é um olhar, uma fala que libera elementos recalcados, historicamente alijados da leitura disciplinar e institucional de nação e de cultura. *Não precisamos de lirismo, precisamos de delirismo*: discurso indócil, inquieto, que muitas vezes teve como resposta a ação repressora dos aparelhos de controle do Estado, a repressão. As forças delirantes muitas vezes obtiveram êxito: criaram Brasis por claves absolutamente anticonvencionais. Países dentro de países. São essas forças que fazem brotar os elementos de composição da resistência atual. A produção de produtores que dialogam com essa tradição na contemporaneidade, propõem estratégias de ação, a partir de processos de crítica ativa em relação ao mercado. O efêmero, o espaço público, a tensão em relação aos meios de distribuição e produção institucionais, a auto-ironia, a velocidade de escape, a intensidade da ação, a necessidade da ação, o movimento grupal antiautoral, a coletivização das experiências de criação e investigação, são algumas das estratégias possíveis. Dos grupos de artistas que produzem a chamada *arte pública*, ou estão retomando pressupostos de uma *arte povera* afirmativa, ou então, criando suas pequenas áreas de atuação e de produção contra-controle, ou ainda, estão discutindo/agindo a partir de uma perspectiva crítica em relação a configuração atual de poderes, podem ser citados: o *Atrocidades Maravilhosas*, do Rio de Janeiro; o *Camelo, de* Recife; o *APIC!*, de Porto Alegre; o *Resistência RRRadial*, e o *Hapax*, ambos do Rio de Janeiro, para pontuar alguns dos mais próximos. Existem também produtores de arte como Jarbas Lopes, Cabelo, Edson Baurrus e o Rés do Chão, Mônica Nador, Ducha, Erica Frankael, Graziela e sua casa, Alexandre Vogler, entre outros, que vão propor a retomada dessa tradição delirante como força de construção de resistências afirmativas. Esse é o quadro que emerge atualmente na área de artes plásticas/visuais. Esse é o campo de batalha, esse é o espaço de enfrentamento e as máquinas de resistência que estão sendo construídas contra-controle. É aqui que acontece a resistência. É aqui que estamos pensando, estamos agindo. Resistência.

12 — Resistir. Insistir. Extrair dos corpos a multidão. Afirmar. Potencializar forças de ação. Invadir. Extrair. Irromper. Atacar. Ir para o deserto, ou para a floresta, ou para o mar... buscar na luta a sua casa. Resistir. Agir. Propor outras formas. Estabelecer outras forças. Fazer pulsar. Chamar um Brasil outro, chamar um Brasil de lutas. Cantar. Fazer girar. Sem medo, sem ódio. Só afirmações. Potências. Vida. Afirmação. SOL. Fazer brilhar a luz elétrica da resistência. Fazer mover, subverter. Insistir. Re-insistir. Naquilo que pode ser e já é, naquilo que deve ser e já é, naquilo pode estar e já está. Resistir aqui. Resistir agora. Sorrindo. Dançando. Fazer dos corpos multidão. Prazer necessário da luta. Produzir. Ocupar. Produzir. Sem receio, sem mágoa. Só ação. Abrir linhas, criar mapas, trilhar, mexer em tudo. Produzir. Produzir desejos outros, sujeitos outros, objetos outros, outros outros... multidão de multidões. Agir sempre. Agir porque é necessário. Agir. Chamar todos. Compor múltiplas composições. Propor. Tocar. Resistir. SOL. Insistir. Re-insistir. Re-existência. Resistência. Resistir.

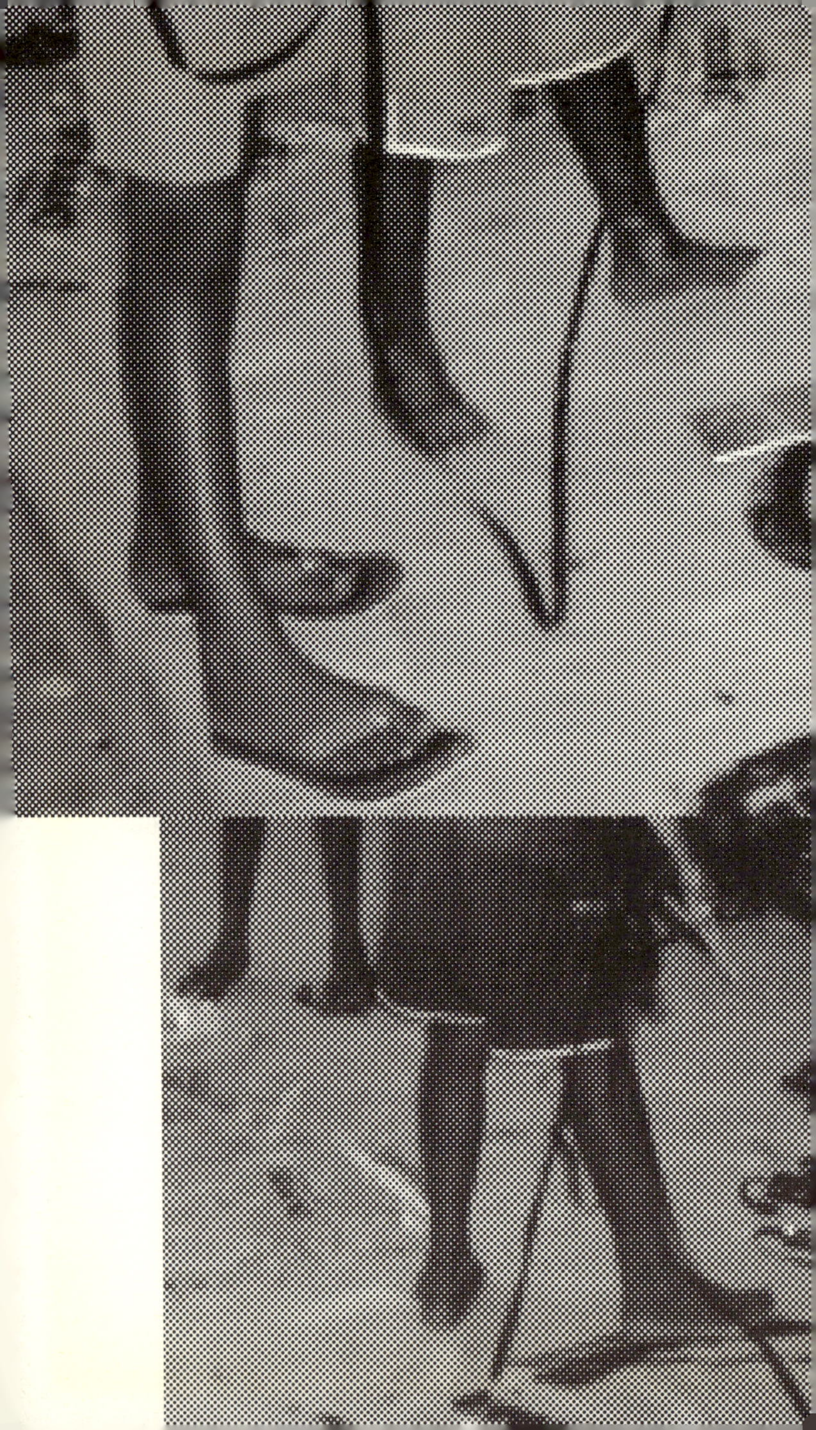

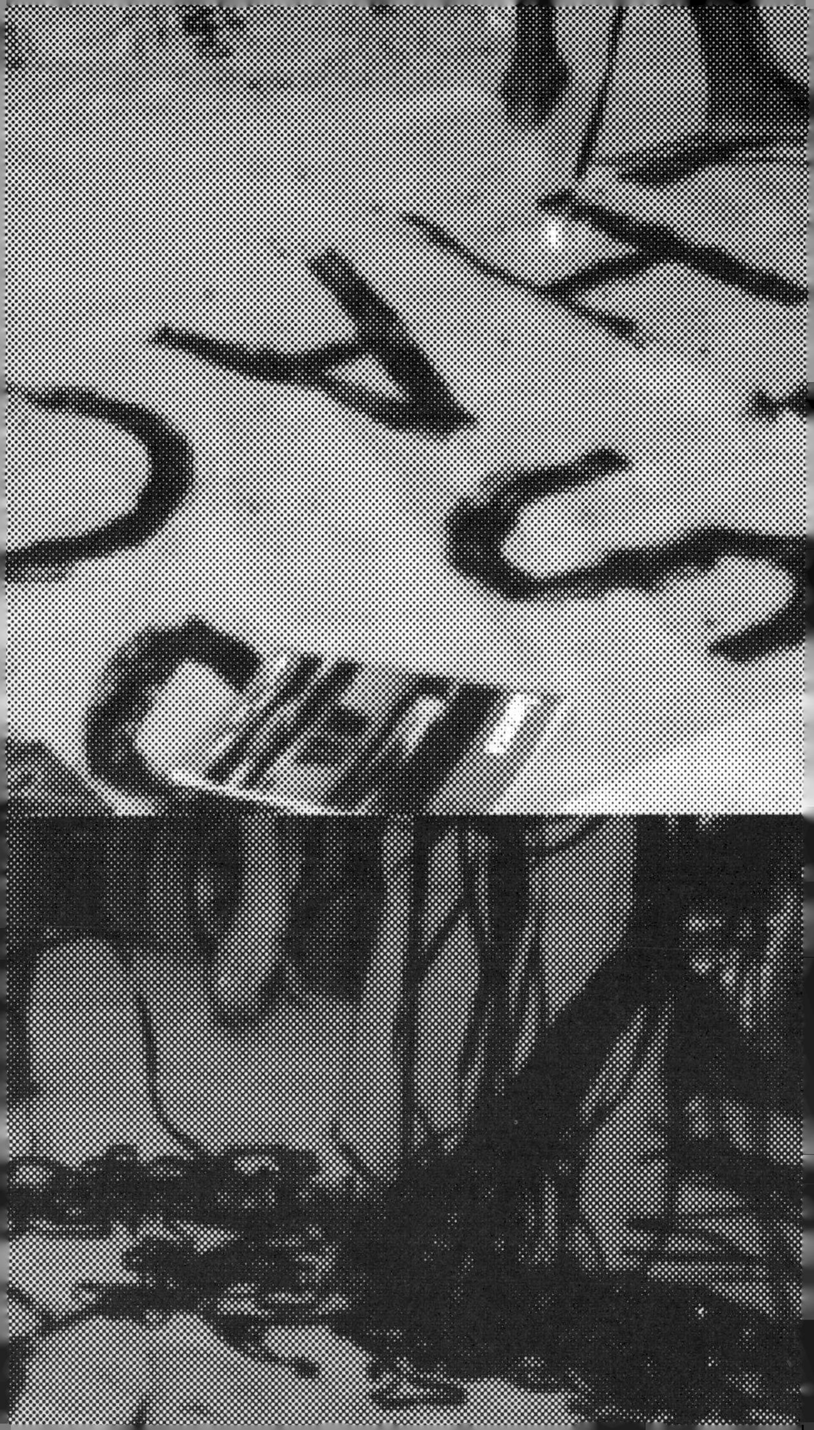

CARTA

Rio, s/ data.

Meus queridos,

Vocês não sabem como fico feliz de poder estar escrevendo para vocês. Não sei quantas boas novas posso contar, como também não sei se existem tantas boas novas assim para serem contadas. Estou falando de um lugar perto de onde vocês estão. Talvez soe como pretensão, mas a realidade é que vocês se encontram muito mais próximos do que podem imaginar. Eu não estou falando daquela coisa de lugar não, eu estou falando do Tempo. O Tempo segue sendo o mesmo. Desde onde vocês estão, até aqui. Estou falando de um pedaço de possível que percorre as nossas veias, nossos estômagos, nossos pulmões e se atualiza no gesto de pertencer ao agora, de estar vivo agora.

Mas, estar vivo agora implica no corpo. O corpo é a última e única estância do agora. O agora acontece no corpo. O problema é que o corpo não cessa de se desgastar. Hoje, um corpo que vocês inventaram, que vocês testaram, que vocês levaram ao limite em vocês mesmos, sem dúvida continua a existir, mas, talvez esteja desgastado. O corpo sofre a ação do Tempo. Parece meio estóico, e na verdade é. Não se trata de resignação. Trata-se na realidade de se perceber no jogo.

Existe um jogo com o Tempo que escapa o próprio Tempo e existe um jogo com o corpo que supera o próprio corpo. O jogo com Tempo nos remete a necessidade de se lançar no instante como única possibilidade de existência. O instante é o momento do jogo, é o lance daquele movimento, é aquele *nu descendo a escada,* multiplicado e multiplicador de estâncias do instante. O lance do instante é o movimento, se por em movimento, ser movimento. O instante não para de insistir no movimento.

O jogo do corpo é o seguinte: o corpo próprio é limitado, então o corpo-obra é uma necessidade. Extrair do corpo próprio a propriedade de um corpo em mutação é lance de corpo em movimento. A corporeidade não se limita à presença do corpo próprio, a corporeidade é uma necessidade do movimento. O corpo será o evento, a corporeidade a experiência do evento. Escapar a eminente decadência do estatuto corporal é se lançar na experiência de eventos da corporeidade, esquecer este estoicismo de tintura cristã. Não tem saída: ou experimenta ou não é. Esse é o papo da radicalidade do jogo entre o corpo e o Tempo.

Bom, é o seguinte: não se pode dizer que as coisas vão de alguma maneira bem. É claro que o embate tá aí... sempre teve. Mas é uma dessas coisas que não dá para esquecer. A parada é correr por dentro. Fazer daquilo que não pode ser um grande PODE SER AGORA. Na verdade é muito mais um tem que ser agora. Pô, eu tô falando tanto desse agora. É por que talvez eu queira mostar pra vocês qual é a coisa que tá rolando. Sabe, é difícil pra danar explicar o que é que tá acontecendo. Sabe, o que tá acontecendo, tá acontecendo. Não terminou. O barato é que continua acontecendo. É isso: o que eu estava querendo falar pra vocês. O que tá rolando é que continua acontecendo. Por isso eu tô falando o tempo todo do agora.

Estou escrevendo pra vocês de tão longe, tão longe...

Esse longe é o meu agora. E o meu agora continua o agora de vocês. Diferente. Mas, continua.

Essa garrafa lançada no mar. O que mais me surpreende é que não sei o que falar. Só sei que quero falar que algo continua, de algo que continua. Continua em vocês. Continua em mim. Continua nas coisas. Não sei, nem tudo está perdido... mas que papo furado!!!

O que está perdido está perdido, deve ser perdido deve voltar a estar perdido. Mesmo o que continua está perdido. Lembrei de novo do Duchamp. Ele era um grande perdulário. Ele nunca estave muito preocupado com essa história de perder. Muitas coisas já aconteciam perdidas. E isso não tem nada a ver com a falta de potência. Tem a ver com não estar nessa de acumular. É isso. Sem essa de acumular. Quase sempre rola esse lance de acaso. Tudo continua. Diferente.

Espero que esta mensagem alcance vocês. Espero que vocês entendam que as coisas estão seguindo seus caminhos, e que agora, talvez mais do que nunca, nós possamos perceber o quanto vocês estão perto, ou até, o quanto vocês se aproximam. Mesmo a aproximação sendo mais do que esperada, nunca se sabe realmente se ela pode acontecer. Às vezes, quanto mais próximo, mais distante.

A nossa distância é inevitável. Não se resume à quantidade de tempo-espaço que nos separa. É muito mais que isso. É uma distância que coloca a gente em dois mundos distintos, completamente distintos. Dois mundos que simplesmente parecem existir de forma paralela, paralelas infinitas. Talvez isso tenha a ver com aquele Mondrian que vocês tanto amaram. Aquelas duas retas, que seguem seus caminhos, se tocam, e depois seguem de novo seus caminhos, sobre o fundo branco sem fim... A distância de nossos mundos é infinita. Daí esse papo de dizer pra vocês que tá tudo aí, que as coisas – de uma maneira ou de outra – estão aí, e que vocês tem tudo a ver com isso, quer queira, quer não. Por que vocês sabem: existe sempre aquele ranço belicista da vanguarda moderna tardia que acha que o lance é a superação do anterior. Vocês bem curtiam essa história, não é? Mas no final das contas, o que fica é algo que escapa a esses vícios e marcas de época; qualquer época é cheia de marcas, e a gente deve ficar atento pra não ficar só repetindo. Quem sou eu pra ficar com um papo desses? Eu sei que vocês sabem disso. Eu sei que vocês experimentaram essa parada toda.

Bom, a gente não sabe muito bem o que fazer, por que não rola mais essa de projeto, sacou? Projeto fechado, sectário, metido nele mesmo. O que rola agora mesmo é a vontade de seguir seguindo, de ir nessa, produzindo, criando, inventando, partindo pra outras paradas que não são só essas de ficar vendo o bonde passar. A parada é que nós estamos nessa de continuar. E as coisas estão seguindo. O mais importante é isso: as coisas estão seguindo.

É isso, a jogada é essa. Talvez eu tivesse mais coisas pra dizer pra vocês mas agora eu não tô conseguindo me lembrar. Fica pra próxima. A gente vai fazendo aí os nossos sons, as nossas transas, as nossas paradas e vocês vão fazendo o que sempre fazem. Pra gente isso é o mais importante, pô!!! É aí que a gente se encontra. Vocês fazendo as paradas de vocês e a gente fazendo as nossas. Tudo é diferente, mas tudo continua.

Fiquei muito honrado de poder estar falando com vocês e espero continuar esse diálogo, esse papo, por muito tempo. A gente sabe que não tem como escapar. Numa boa!!! A gente sabe que se as coisas estão rolando nessa onda, é porque a gente vai estar sempre ligado nessas paradas.

O que fica pro final são aqueles dois papos que vocês mandaram pra gente um dia desses nas paradas da vida: por um lado, da adversidade viemos; e por outro, a casa é o corpo. Esses são papos fortes. É aí que a gente sabe que as coisas continuam. Fortes e diferentes.

Um grande abraço/beijo mundo desse
que joga essa garrafa no mar,

Ericson Pires

Cap.06
DA DEAMBULAÇÃO OU A CAPACIDADE DE CAMINHAR CORPO:

Ação

Tabela tática:

- A necessidade da deambulação enquanto mecanismo de escape.
- Trazer o corpo no corpo e inventar, criar o próprio trajeto que se segue.
- Articular as forças em jogo e fazer jogá-las.
- Manter o movimento como referência necessária ao corpo.
- Fazer da ação a casa do corpo.
- Deslocar-se no campo das intensidades; perceber a extensão enquanto propagação das intensidades.
- Experimentar o corpo enquanto multiplicidades de singularidades.
- A multidão é a vida do corpo.
- Desconstruir o controle e suas modulações.
- Criar subjetividades e processos de subjetivação ativos e criativos.
- Extrair do cultural a modulação dos discursos de controle e fazer falar a língua dos traidores.
- Encontrar no delírio a potência da invenção.
- Experimentar o delírio como processo seletivo da criação do campo cultural.
- Delirar enquanto necessidade do processo deambulatório.
- Pensar o movimento enquanto potência perene de encontros e criações do outro.
- Atacar e saquear as estratificações e modulações do controle impressas nos discursos hegemônicos de cultura.
- Saltar sobre os clichês.
- Pensar o corpo como campo de forças; potencializar as forças ativas.
- Extrair as potências constituintes dos corpos criativos e pensar a produção de cultura desses corpos.
- Romper com a lógica hierárquica, acumulativa e desigual.
- Resistir como existência, necessidade e insistência.
- Apostar na potência da vida contra o poder do capital.
- Criar e produzir diferenças.

Da deambulação ou a capacidade de caminhar
corpo: DELÍRIO-AÇÃO

A MULTIDÃO E FLÁVIO DE CARVALHO

Ato. Te encontro na rua. Você, alto, na rua. Você e seu chapéu verde na rua. Você se encontra na rua. Estar na rua: por que não fazer uma experiência? Você anda. Não será já uma experiência? Você anda na rua. Você anda no sentido contrário. Você entra no fluxo. Você é o contra fluxo. Você é o fluxo no contrafluxo. Fazer uma experiência. Fazer da experiência a experiência. Andar. Andar contra. Encontrar aqueles que não são você. Encontrar o outro nos outros. Encontrar você nos outros. Andar. Andar na rua. Andar pelo meio deles. Seguir a experiência. Seguir experimentando pelo meio deles. Do que eles serão capazes? O que eles poderão fazer? Qual é o limite da experiência? A própria experiência. O corpo próprio. O corpo: eixo de intensidades. Levar seu corpo ao limite da experiência. Levar ao limite do encontro, os outros. Levar ao encontro de seus próprios outros. Seguir caminhando contrafluxo. Fluxo de intensidades. Experiência. Sentir os limites.Sentir o ódio. Provocar o ódio. Sentir medo. Provocar o medo. Sentir a fuga. Fugir. Escapar. Sua razão escapando. Seu corpo escapando. Seus limites sendo colocados. Sentir seus corpos pulsando. Experiência. Experiência N.2. Experiência da experiência. Correr pela rua. Correr pelos gritos. Correr pelos ódios. Correr pelos limites. Correr até uma padaria. Escapar do ódio. Escapar da fúria. Se esconder no teto de uma padaria. Buscar entender. Buscar entender sua experiência. Sentir seu corpo. Você não pode entender. Você só pode sentir. Você só pode experienciar sua experiência. Você sabe que você só pode experienciar sua experiência. Você: seu corpo. Te encontro na experiência.

Era domingo, junho de 1931. Dia de Corpus Christi, São Paulo. Um corpo se desloca. Um homem corpulento com chapéu verde decide andar no sentido oposto ao da procissão. Um corpo: Flávio de Carvalho. Uma experiência: a de N.2. Fluxo e contrafluxo numa experiência que pretende palpar psiquicamente a potência emocional de um grande número de pessoas, se aproximar dos limites violentos de uma, então chamada, multidão. A ação decorrida foi basicamente a seguinte: andar no sentido oposto ao da procissão, provocar os crentes, levando ao limite a tolerância do grupo, e tentar, de uma maneira ou de outra, escapar à ira detonada por suas ações. O que nasce inicialmente de uma tentativa de estudo, tentativa de entender o comportamento de um grande contingente de pessoas, suas reações, suas formas de ação em conjunto, a maneira como determinadas atitudes podem ou poderiam ser propagadas pelo interior do grupo e quais seriam então os resultados e resultantes das emoções provocadas, acaba por se transformar em uma experiência sobre os limites de um corpo em ação. Não se trata simplesmente de deslocar o foco da multidão em fúria para o corpo do agente provocador. Trata-se de perceber como a ação decorre no corpo e pelo corpo, perceber como a experiência é prioritariamente uma experiência desses limites, sejam eles os corpos do detonador, do propositor, sejam os corpos do coletivo. A experiência é um grande encontro entre multiplicidades de produtores de diferença, no entanto serão as linhas de força reativas que realizarão a ação. Vejamos como o próprio Flávio de Carvalho descreve o que transcorreu:

> Tomei logo a resolução de passar em revista o cortejo, conservando meu chapéu na cabeça e andando em direção oposta à que ele seguia para melhor observar do meu ato ímpio a fisionomia dos crentes. A minha altura, acima do normal, me tornava mais visível, destacando a minha arrogância e felicitando a tarefa de chamar atenção. A princípio me olhavam com espanto – me refiro à assistência, pois aqueles que eram da procissão se portavam diferentemente, eles eram os eleitos de deus, os escolhidos e formavam uma massa em movimento lento, contrastando em qualidade com a assistência imóvel; eram, portanto, praticamente, o único movimento em todo o imenso percurso da procissão e esta situação de movimento naturalmente exigia o monopólio da atenção geral, e uma presença perturbadora como era a minha deveria influir diferentemente na procissão em movimento e na assistência. (Carvalho, 2001, p. 16)

Da deambulação ou a capacidade de caminhar corpo: DELÍRIO-AÇÃO

O movimento. O que mais chama a atenção nesta pequena passagem descritiva é a presença protagonizante do movimento. É a partir do desejo de deslocamento que a experiência tem início. O deslocamento, ou pôr em movimento, é a própria pulsão de se colocar em outro lugar, se encontrar em outro lugar, que não seja o meu, o que eu estou. O movimentar-se é fazer, é produzir a possibilidade do outro, outro lugar, outro *eu* fora do meu lugar. As diferentes relações que o deslocamento de Flávio de Carvalho vai provocar entre a assistência e a procissão são fruto de um processo que parece ganhar proporções de encenação da ação. Essa encenação é superada a todo o momento pela força do acontecimento. O olhar teatral que, a princípio, Flávio vai desenvolver sobre sua experiência, sucumbe diante do simples fato de que o movimento provoca deslocamentos em um campo de forças imprevisível, onde o corpo será o epicentro dos acontecimentos, o ponto de inflexão das mais variadas forças e o produtor de afetos e perceptos que irão se constituir pelo movimento, pelo encontro. A experiência é basicamente constituída por dois elementos: seu grau de corporeidade e limite, e o movimento como meio em que se dão os encontros.

O que interessa na presente argumentação é muito menos o pré-projeto racional construído por Flávio para dar início a sua experiência. Os *a prioris,* suas referências, de onde vai partir a pretensão do evento, são de fato pontos que não são considerados absolutamente fundamentais na presente reflexão. Se Flávio parte de uma série de textualidades, onde vai procurar tentar justificar sua ação, o que, perversamente, fica explícito de maneira direta, é que essa elaboração não consegue dar conta do acontecimento. O trabalho de arte de Flávio é seu próprio corpo e seus deslocamentos. Os registros elaborados a partir de interlocuções intelectuais com Freud e alguns outros é parte de um evento subseqüente que se atém muito mais ao sentido de legitimação do trabalho do que à própria experiência. Não se está negando a importância dessas elaborações, nem as necessárias referências em um trabalho de arte – mesmo tanto tempo antes do *boom* da arte conceitual no Brasil. Também não se está negando que Flávio de Carvalho se encontra em meio ao período heróico da arte moderna brasileira e mundial, o que irá sublinhar a necessidade de projetos, de programas, de manifestos para descreverem as ações de arte. Esses registros são partes integrantes da obra. Contudo, o que se está pretendendo apontar aqui é para a insustentabilidade da ação de arte se, como neste caso, a função do crítico estiver completamente, ou quase que exclusivamente, ligada à leitura e interpretação do texto registro da ação. O crítico não pode ficar limitado a um registro que deixa transparecer tanto um programa. O que se encontra aqui é também uma discussão sobre os limites da função do crítico. Da mesma maneira que o registro é insuficiente diante da potência de produção de realidade do ato, essa potência também passa a ser esboçada, passa a ser pouco acessível diante de um acontecimento tão subjetivo, tão corporalmente constituinte. A função do crítico é de se perceber como parte deste perigoso e instigante jogo de limites que se encontram numa experiência singularizante como no caso deste trabalho de Flávio de Carvalho.

O trabalho de arte desenvolvido por Flávio de Carvalho em sua *Experiência N.2* é basicamente um ato de experienciação radical dos limites de um acontecimento que age, a partir do deslocamento, do movimento, no/pelo/sobre/através do corpo. O teste psíquico que ele pretendeu desenvolver o lançou diretamente para a densidade mais palpável dos elementos corporais. Os dois sentimentos-chave – o ódio e o medo – são elos de ligação numa complexa rede de acontecimentos que se configura a partir do deslocamento e da corporeidade. O encontro com a *multidão* é também um pretexto para a realização da intensidade da experiência. A experiência é justamente, atuar na intensidade da própria ação.

Mas existe uma distinção que deve ser feita em relação ao desejo teatral presente a atuação da *Experiência*. O registro realizado a partir da ação ressalta o caráter teatral da experiência. Analisan-

Da deambulação ou a capacidade de caminhar
corpo: DELÍRIO-AÇÃO

do-a pelo ponto de vista de um narrador consciente dos fatos transcorridos, o texto afirma a tentativa de condução do acontecimento. É interessante sublinhar uma possível distinção em meio ao trabalho de Flávio de Carvalho. No verão de 1933, ele irá fundar o Teatro Experiência, justamente um pouco mais de três após a realização da *Experiência N. 2*. Para a inauguração da sala, ele vai escrever uma *peça* intitulada *O Bailado do Deus Morto*. Segue trecho do final do texto:

> *V1 V2 V3 eletrizam-se em linha na frente do palco*
> *Som de batuque baixinho.*
> *Voz no fundo canta o canto nostálgico.*
> *V1: (curvando-se para frente) e o corpo do deus*
> *V2: (curvando-se para frente) e o corpo do deus*
> *V3: (curvando-se para frente) e o corpo do deus*
> *V1 V2 V3 continuam repetindo isso baixinho enquanto o*
>   *lamentador responde:*
> *V1: e o pêlo do Deus...*
> *L (cadenciadamente): para fazer pincel...*
> *V1: e os ossos do deus...*
> *L: para farinha de osso...*
> *(...)*
> *V1: e os chifres... e os chifres...*
> *L: para pentes...para facas...botões, facas, e pentes... botões,*
>   *facas e pentes... para pentes, para pentes...*
> *V1: e o sangue do deus...*
> *L (bem alto): farinha para as galinhas...*
> *(...)*
> *V1: e a fúria do deus...e a banha...e a banha...*
> *L (surpreso): o deus mudou de sexo...*
> *(gongo) há...há...há...há...há...há...há...há...há... (sarcástico)*
> *a banha...a banha lubrificará o moto-contínuo...*
> *(reco-reco alto três vezes)*
> *V1: a as glândulas do pescoço...os gânglios...os gânglios...*
> *L: ah...ah...ah...ah...ah...ah...ah...ah...a mim...eu sou o médico...*
> *com o pescoço e os gânglios...fabricarei um novo deus...*
> *V1 (secamente): não pode...*
> *V3: não pode...não pode...*

V1: não pode...
V2: não pode...
V3: não pode...não pode...
Cai o pano
L (voz sombria e triste): a psicanálise matou o deus...
(Carvalho, 1973, p. 90-93)

A tentativa de Flávio de Carvalho de imprimir intensidade aos desenvolvimentos dramáticos do *Bailado* chama a atenção pelo caráter teatral incompleto: muitas vezes o desenvolvimento da ação só pode ser encontrado nas indicações que aparecem nas rubricas do texto, e o texto propriamente dito, que deveria ser dito ou desenvolvido pelos personagens não passa de uma série de gritos, sussurros, indicações musicais ou coreográficas. Muito mais do que uma exigência do gênero dramatúrgico, o desejo pela intensidade leva Flávio a buscar uma linguagem que consiga traduzir a potência da experiência para a caixa cênica, para a ação teatral.

É interessante notar que se, por um lado, a descrição da *Experiência N. 2* ganha contornos protocientíficos, indo dialogar com a preocupação freudiana de compreender o pensamento da chamada psicologia de massas, de um outro lado, em o *Bailado*, a escrita escapa de seu caráter teatral indo em busca de uma intensidade que não quer ser representada, uma intensidade que se quer em sua totalidade na experiência do ato. No caso da *Experiência*, a intensidade acaba por ser substituída por um discurso de racionalização do ato, tentando viabilizar um ritmo minimamente compreensivo, indo de encontro a uma narrativa dramaturgicamente encenada a partir de referências específicas. O que haverá de pretensamente científico na escrita do texto da *Experiência,* o empurrará no sentido do teatral, da teatralização do acontecimento em nome de uma tentativa de esclarecimento do seu caráter de intensidade. Já no caso do *Bailado*, a impossibilidade de partir de um ato realizado, aponta toda a tentativa do texto de se aproximar, o máximo possível, da experiência crua do ato, sendo que isso é feito pela via de um exercício dramático;

Da deambulação ou a capacidade de caminhar corpo: DELÍRIO-AÇÃO

o caminho é praticamente o oposto: a teatralização só é alcançada através da busca de uma intensidade que só pode ser acessada a partir da linguagem, não da experiência. A distinção entre ambos talvez ajude a esclarecer certas linhas de força que perpassam o trabalho de arte – a *Experiência N. 2* – de Flávio de Carvalho.

O caráter teatral presente no texto da *Experiência,* aponta para um elemento significativo de sua estrutura delirante. A distância entre a pretensão de um ensaio científico sobre estruturas psicológicas de grandes coletivos e o vigor literário do desejo de descrição do acontecimento experienciado corporalmente subsistem em níveis distintos, porém potentes. Quanto mais se explicita a tentativa de uma aproximação racional do evento experimentado, mais se aproxima da força realizada pela experiência e de sua intensidade. Este descompasso, entre o aparentemente projetado e o acontecimento realizado explicita a fragilidade da formulação do registro que deseja substituir a intensidade do acontecimento. O lance inicial da proposição de Flávio surge quase que de maneira espontânea, quando ele se vê afetado pelo evento que transcorre, e articula uma situação, um processo de singularização, através de seu corpo e de seu movimento, em meio ao imenso coletivo supostamente homogêneo:

> Contemplei por algum tempo este movimento estranho de fé colorida, quando me ocorreu a idéia de fazer uma experiência, desvendar a alma dos crentes por meio de um reagente qualquer que permitisse estudar a reação nas fisionomias, nos gestos, no passo, no olhar, sentir enfim o pulso do ambiente, palpar psiquicamente a emoção tempestuosa da alma coletiva, registrar o escoamento dessa emoção, provocar a revolta para ver alguma coisa inconsciente. Dei meia volta, subi rapidamente em direção à catedral, tomei um elétrico e meia hora depois voltava munido de um boné. (Carvalho, 2001, p. 16)

Este ato, por mais que esteja disposto como um pressuposto para uma investigação de ordem psíquica, é um lance num campo de forças que irá envolver pulsões políticas e artísticas. Essa fusão, esse hibridismo, entre campos do pensamento e da cultura ainda tão díspares na conjuntura onde se dá a *Experiência*, aponta a potência que o trabalho de Flávio de Carvalho vai estabelecer no caldo cultural brasileiro. Entre a descrição e a teorização psicologizante, das cinco partes que sucedem a descrição inicial da *Experiência*, é na primeira parte – nomeada por Flávio como Experiência propriamente dita – que se configurará a realização de um processo de criação para além de qualquer pretensão de redução a uma discussão estritamente psicológica. A distinção dos tons utilizados entre essas partes realça o caráter delirante da composição.

Flávio de Carvalho irá se aproximar do que aconteceu com alguns outros produtores de arte na história da cultura do Brasil. Talvez dois exemplo curiosos sejam o de Euclides da Cunha e o de Gilberto Freyre. De uma maneira extremamente sucinta, pode-se dizer que ambos partiram de pressupostos teóricos específicos para tentar descrever determinadas realidades; ambos por motivos distintos alcançaram reflexões que não estavam dispostas em seus planos iniciais de leitura; e ambos contribuíram, de um jeito ou de outro, para se pensar as configurações culturais brasileiras, seja para além de pressupostos conservadores de origem quatrocentista, seja para além de pontos de vista positivistas, cientificistas ou republicanos.

Existem táticas, mesmo para um modernista abastado e bem situado socialmente como era Flávio de Carvalho, de inserção no mundo dos letrados. Na estrutura sociocultural brasileira ainda é necessário se transformar num *homem de letras* para se poder pensar. Não existem grandes artistas de teatro, ou artistas plásticos, ou mesmo pintores que são considerados elementos estruturais do pensamento brasileiro. De algum tempo para cá, os músicos foram um pouco mais integrados a essa possibilidade, no entanto, também não são considerados pensadores de primeira linha. O conservadorismo das estruturas socioculturais brasileiras legitima a idéia de uma supremacia da escrito e do escritor como grande, e possivelmente principal, pensador, e construtor de idéias de nação. Mais do que uma reflexão sobre estados da psique coletiva, Flávio

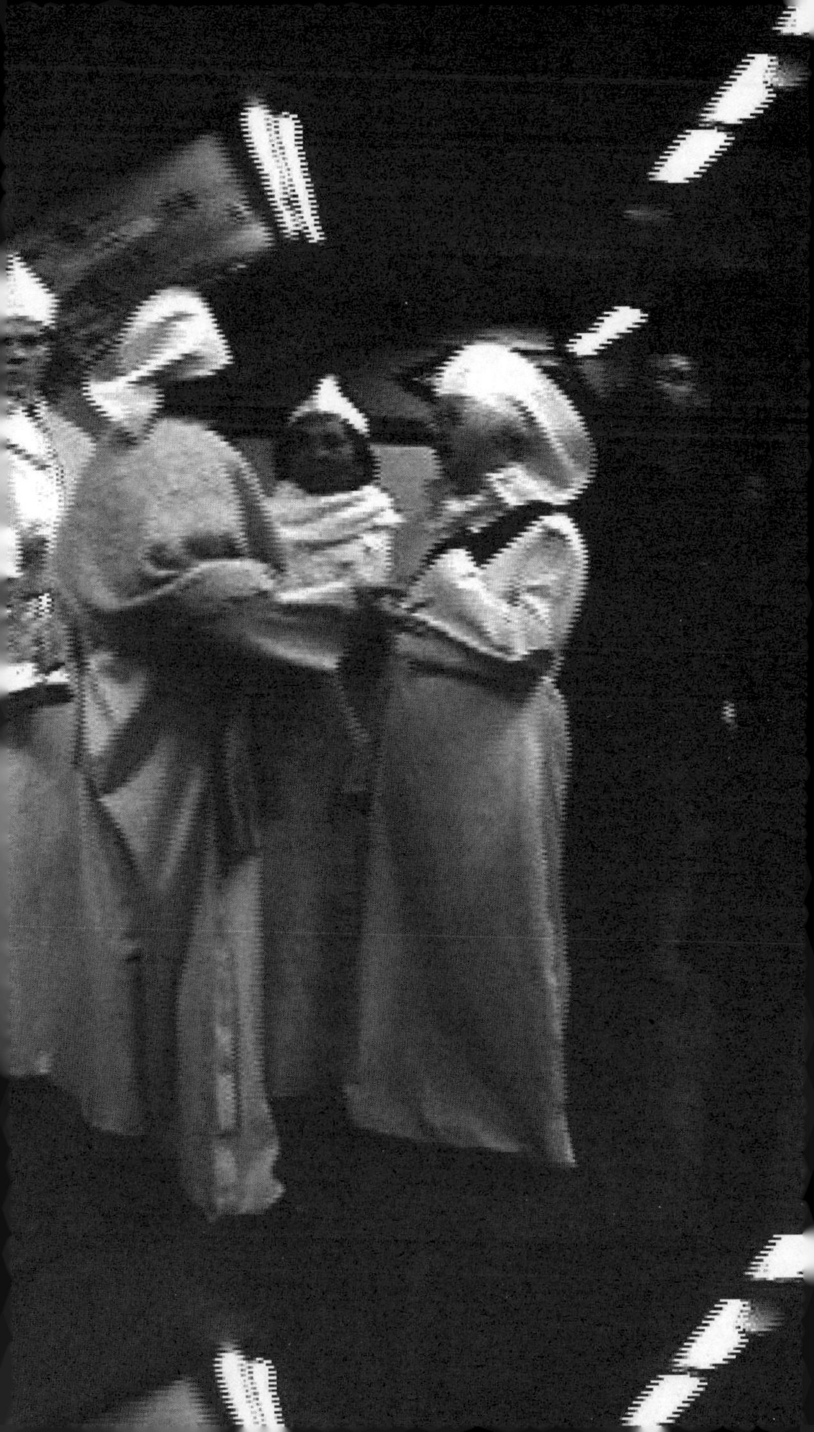

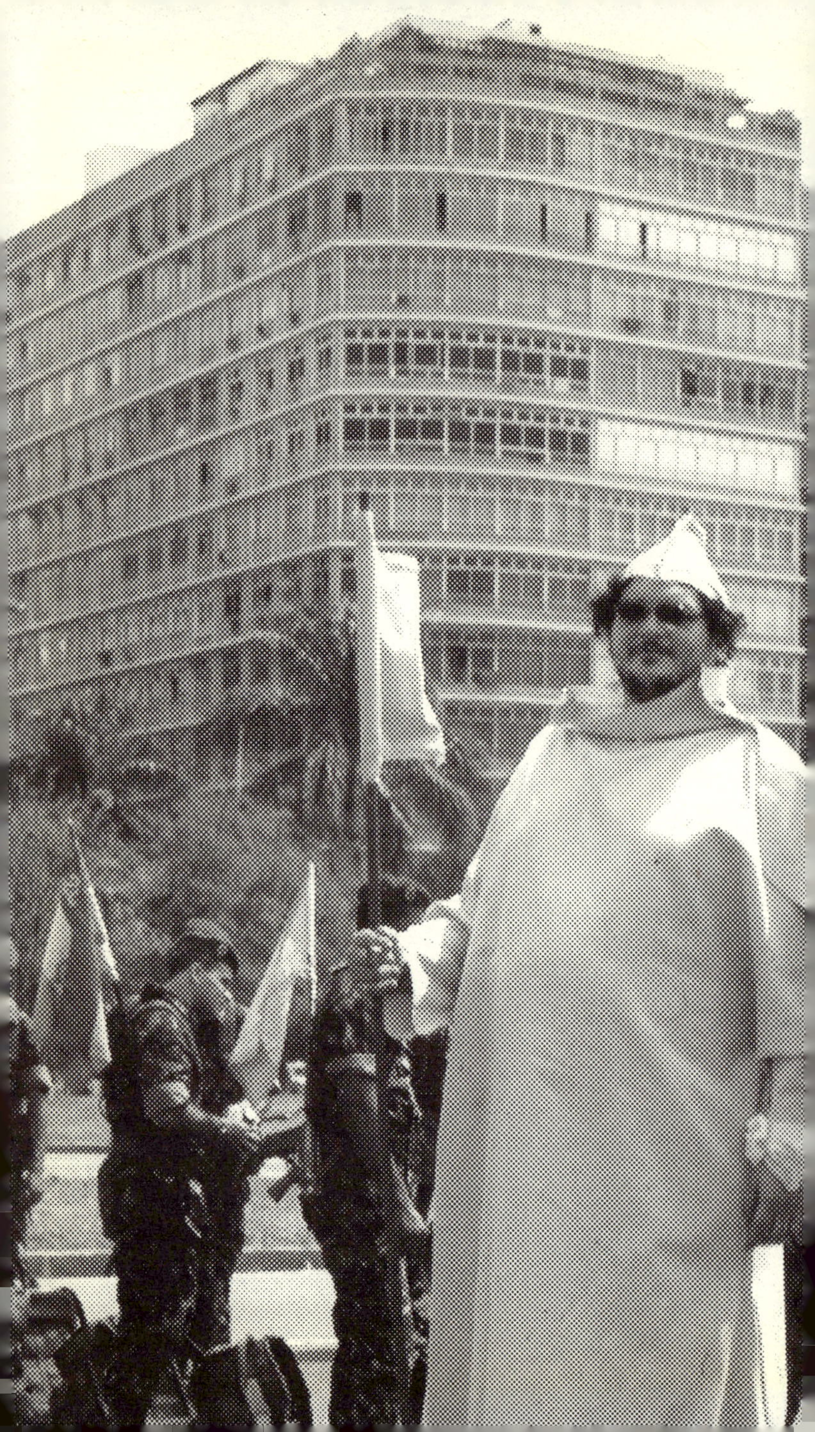

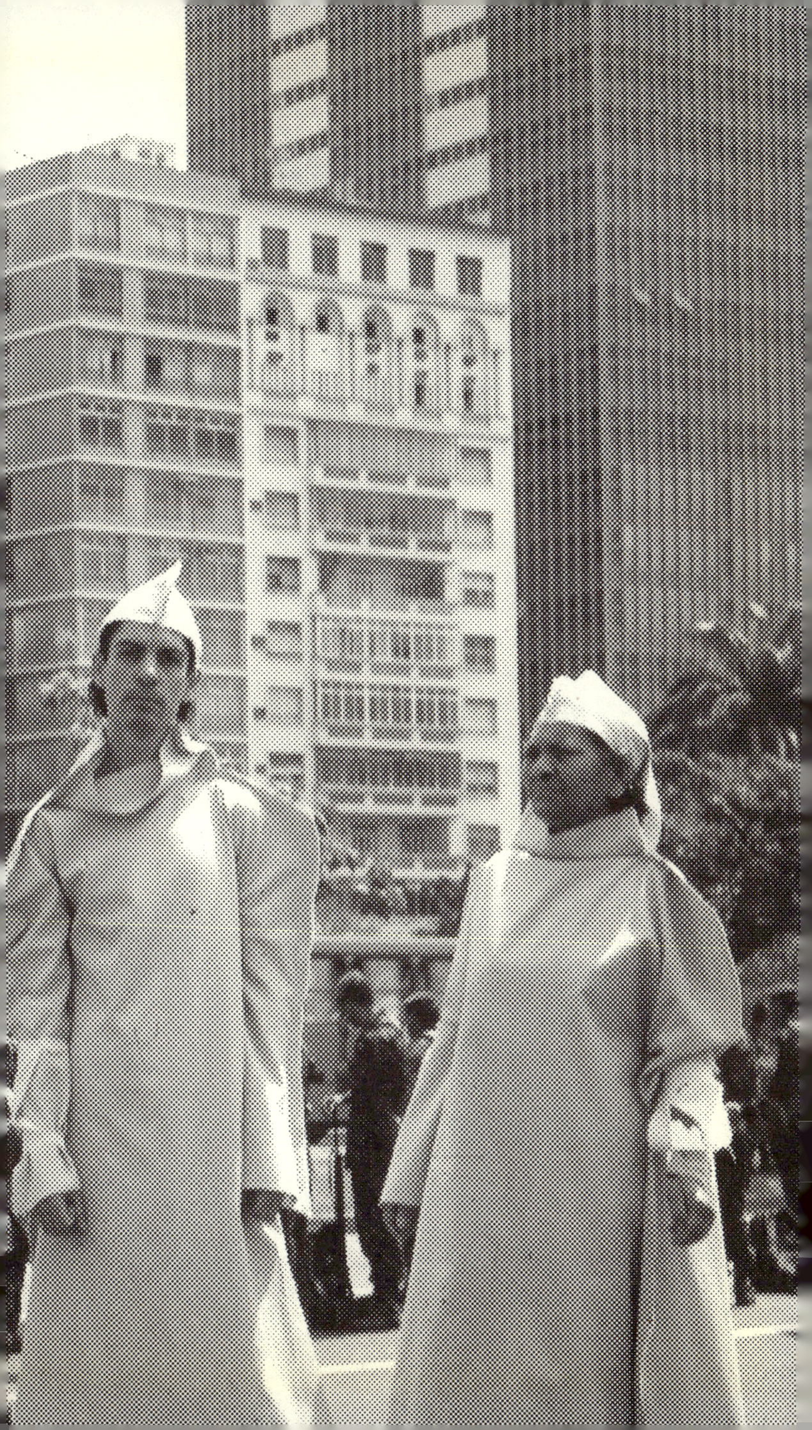

de Carvalho parece, também, estar criando tentativa de inclusão de um discurso de outra ordem na produção cultural no Brasil. Contudo, é bom sublinhar, se fez necessário a elaboração de táticas de inclusão para que o seu trabalho fosse traduzível para o campo da reflexão crítica oficial.

O que há de mais significativo nesta digressão diz respeito à potência afirmativa da ação de Flávio de Carvalho. Muito mais do que o desejo de reconhecimento e seriedade, o trabalho de Flávio aponta para um sentido de rompimento com essas estruturas conservadoras e sinaliza para práticas que se radicalizam na contemporaneidade. O trabalho de Flávio não está restrito a uma discussão do que foi e de quais foram os legados do modernismo brasileiro para a multiplicidade da presente configuração cultural. Sua reflexão irrompe em meio a um quadro sociocultural pouco disponível para a invenção. O perigo de uma desqualificação de seus trabalhos em nome de sua postura pessoal, de seus escândalos ou de seus extravagantes projetos é uma maneira de minimizar o impacto deste criador que emerge em plena contemporaneidade no meio de um tempo moderno. A relação corpo/movimento é transformada em elemento menor diante da análise protofreudiana do acontecimento. Por exemplo, os vestígios da ação do corpo em pânico:

> Era a imagem do terror; contemplei-me demoradamente, meditei, a minha pessoa crítica ainda não se opunha à visão, escrutava e gozava o espetáculo e creio que inconscientemente desejava prolongá-la. [...] O meu corpo não tremia; estava mais do lado imóvel; creio que sentia uma parte deslizar lentamente sobre a outra. Estava em pleno estado de pânico, tinha a impressão de que ia me desmanchar, que desintegrava-me, as postas de carne em movimento moroso se separavam em todas as direções, a gravidade não parecia influir, com o mesmo desembaraço mexiam para cima e para os lados, impotente, preso por uma angústia profunda assistia a meu corpo desmanchar. Não sentia frio nem calor, parecia não ter temperatura; os ossos sem dúvida estavam ausentes pois não me era possível acreditar que tinha ossos mas contudo não tombava; o roçar de minha pele era que nem pano;

corpo: DELÍRIO-AÇÃO

> não sentia o contato dos meus dedos na boca, me imaginava sem pulso e sem sangue e as partes em movimentos se pareciam com pepinos em conserva. Coisa curiosa, no entanto, eu não conseguia acabar-me, apesar do desmanchar, estava sempre inteiro, o meu cérebro não tinha nenhum controle sobre as coisas, era espectador passivo; as em movimento pensavam por si. (Carvalho, 2001, p. 43)

A *Experiência*, muito mais do que um estudo dos estados psíquicos de determinado coletivo de homens, aponta no sentido de uma transformação do estatuto da ação artística. O corpo é e será o espaço constituinte do trabalho. O espaço público será o *lócus* da ação. Estes serão os suportes da contemporaneidade. Muitas das pretensões que estarão presentes no neoconcretismo carioca – entre as quais a relação entre o trabalho de arte e a sociedade, para citar apenas um exemplo – já se encontram presentes nesta ação.

Flávio de Carvalho deve ser pensado como esse imenso traidor do pensamento estatizante brasileiro. Ele será aquele que vai romper com qualquer possibilidade de uma localidade exclusivista, tão presente nas pretensões modernistas. Talvez por isso ele seja tão pouco estudado, ou tão pouco pensado como uma das grandes contribuições do período modernista brasileiro. Talvez por isso seus trabalhos e suas ações tenham sido tão desqualificadas e tratadas como meros eventos de um histriônico e exótico futurista perdido nos trópicos. Talvez todas essas coisas façam sentido, todas essas coisas irão compor os trabalhos deste potente produtor de arte. Talvez. Mas se faz necessário pensar que a singularidade delirante do trajeto deste produtor de arte o coloca num lugar de extrema significação para se pensar a contemporaneidade, suas forças e seus fluxos. E nesse sentido é mister se repensar o local que o trajeto-obra deste incansável produtor desenvolveu, e qual é o local que está produção habita ou habitou nos discursos oficiais, oficiosos e periféricos.

A centralidade que o figurativismo primitivo de Portinari ou Di Cavalcanti recebeu no cenário cultural brasileiro ao longo de todos esses anos deve ser questionada e reavaliada. A associação imediata que muitas práticas artísticas terão com os discursos fundacionais oficiais vai delimitar o campo da experimentação estética. O caráter inventivo, investigativo, experimental de certas obras serão desqualificadas. O conservadorismo endêmico presente nestas práticas de estado serão formadoras de sensibilidade e determinaram o que pode ou não ser arte, o que pode ou não ter o estatuto de artístico. As obras produzidas a partir destes pontos de inflexão serão, na maioria dos casos, tratadas como suporte de uma lógica estatal, relegando a experimentação ao segundo plano. A imagem oficial vai encontrar nestes trabalhos de arte uma representação útil e dócil. A figuração das mazelas, um realismo descritivo, ou a explicitação da pobreza, enquanto alegoria do nacional, são parte de programas específicos. Se até certo ponto pode-se falar em um regime de denúncias de certas condições de exploração, de certos estamentos sociais, por um outro lado, a presença quase *naif* destas formas ganha contornos heróicos e distancia – numa espécie de purgação – os elementos que são alvo da própria denúncia. Certas noções presentes nestes trabalhos irão reforçar o caráter autoritário do discurso estatal, em vez de questioná-los.

As linhas de força às quais eles estão associados vêm de encontro ao discurso hegemônico de Estado. Sendo seus trabalhos e trajetos – senão uma tradução literal deste tipo de inflexão, pelo menos, muitas vezes, tornam-se repetições dele. Toda esta política de cultura que foi elaborada a partir de noções de identidade demarcou crivos estéticos muito precisos. A textualidade que se encontra presente no figurativismo primitivo desses dois pintores determinou certas noções de belo, bom e justo, em meio aos discursos de formação da identidade nacional. A delimitação de experiências da ordem da invenção, deram contornos bastante conservadores às praticas de arte no Brasil. A conformação discursiva caminha com uma limitação à invenção. A elaboração dos teores nacionalistas do modernismo brasileiro delimitou, como campo secundário, a invenção de experiências que produzissem processos de singularização. O caráter autoritário presente nestas práticas artísticas paraoficiais desenvolveu uma sensibilidade estética determinada pela necessidade de afirmação de formas reativas em meio ao caldo cultural brasileiro. Os discursos oficiais e fundacionais transformaram uma tendência autoritária em prática corrente. Se em termos sociais, o modelo de coação e controle foi constituído como textualidade oficial do Estado, a configuração da imagem construída de Brasil não poderia escapar desta apropriação.

Compreender como pintores como Di Cavalcanti e Portinari se tornaram referências catalisadoras na construção desta imagem oficial é fundamental para se entender certas limitações às forças da experimentação no quadro da arte brasileira. Não se pode negar que existe um nível diferencial onde os trabalhos destes dois artistas se encontram capturados por essas forças conservadoras e que eles às vezes as reproduzem. Não é possível reduzir os trabalhos de ambos a essas práticas de repetição. Contudo, também é bom afirmar que, talvez, este nó só irá ser desatado bem mais tarde, a partir das experiências do neoconcretismo na década de 60. Enquanto o conservadorismo estético avançava para a centralidade dos projetos oficiais de nação e identidade nacional, a experimentação foi tratada como algo exótico que deveria ter seus discursos veiculados nas páginas policiais. A imagem que o trabalho de arte destes dois ícones do modernismo nos legaram devem ser questionadas e reavaliadas. É preciso pensar uma série de outros Brasis para além deste *Brasil* determinado por estes aparatos de produção de controle. É preciso pensar esses Brasis que deliram, que se fazem delirar, que se fizeram no delírio.

Contudo, se deve levar em consideração que o projeto ou o programa destes artistas inicialmente não se encontravam totalmente submetidos a esses aparatos de controle. Muitas vezes buscavam até questioná-los. Isso não alivia o fato de suas produções, na maioria do tempo, estarem ligadas à produção de discursos de Estado. A contradição que se delineia aqui não é passível de ser solucionada a partir de consenso algum. Ela pertence, de maneira geral, às complexidades imanentes das composições de forças presentes no caldo cultural brasileiro.

O trabalho de Flávio de Carvalho deve ser pensado como um fator de singularização em meio a possíveis pré-definições do contexto cultural brasileiro, como um elemento constituinte da rede que chamamos de tradição delirante. Flávio é um inventor da contemporaneidade no caso brasileiro. Como tal, deve ser repensado para além dos processos de homogeneização e dos discursos estatizantes e de controle. Deve ser pensado como um agente afirmativo de outros, um criador de multiplicidades singularizantes, um produtor de diferenças. Pensar o trabalho de Flávio de Carvalho é compreender a necessidade de afirmação de outras miradas sobre as forças constituintes do pensamento cultural brasileiro. Pensar Flávio de Carvalho é entender que sua obra é de extrema contundência para as questões colocadas pela contemporaneidade e suas múltiplas ações e problematizações. Pensar Flávio de Carvalho é estar imerso nas linhas de forças, na composição, na invenção da tradição delirante e toda sua potencialidade de criação.

POTÊNCIA E PODER:
PARA ALÉM DE ANTAGONISMOS DIALÉTICOS

Não há *fora* na sociedade de controle, não há *fora* no regime imperial. A realidade está sobre um caráter permanente de ocupação; ocupação essa que se refere à produção de produção de controle. Essa produção de produção se dá sobre/no/pelo corpo. É isso que é chamado de *biopoder*: a produção de produção de sentido de controle pelo/no/sobre o corpo. Acontece que, ao mesmo tempo em que se reproduz controle, pode produzir potência de resistência, já que o corpo, enquanto instância de domínio, também segue produzindo e afirmando a dominação de uma produção de sentido que rompe com a escala exclusivamente reprodutiva, e contamina os elementos de controle com sua potência de transformação e criação. É no âmbito do contágio que vai ser percebida uma primeira escala de produção de resistência. Se toda a extensão está sob ocupação, cabe aos corpos insistirem na realização da resistência. Essa é a força afirmativa do contágio.

A resistência pode ser pensada como a dobra da potência do existir, ou seja, enquanto intensidade da insistência na vida. O embate com a sociedade de controle se da enquanto inserção da intensidade, a produção de um *ruído* na modulação da extensão do controle. A afirmação de movimentos de intensidade pode romper, desatar, abrir brechas nos vetores de controle sobre as subjetividades e seus corpos. Há nesse contexto uma descrição prática de um antagonismo insolúvel. As dinâmicas da contemporaneidade imprimem movimentações que estão para além de uma simplicidade dialética. O corpo e sua subjetividade são os campos de luta, são os espaços onde se dão os embates entre os modos de ocupação e resistência. Se estivermos todos globalizados, a potência da resistência se dá também numa extensão muito maior do que em outros momentos anteriores, ao mesmo tempo em que a intensidade do controle consegue galgar pontos nevrálgicos dos corpos e de suas subjetividades.

A horizontalidade dos atuais modos de resistência pode romper com a centralização e a hierarquia presentes enquanto modos de operação do controle e de suas produções. A produção de produção de controle é um instrumento de centralização nas redes de biopoder por toda extensão do Império. A centralização não impõe a idéia de um núcleo unitário, gerenciador dos mecanismos de controle, muito pelo contrário, ela é um elemento de linguagem do controle: é pela sua capacidade de centralização que o controle permanece em muitos lugares e em nenhum especificamente, é por essa articulação que as modulações se propagam pelos corpos. O poder do controle reside em estar centralizado sem nunca se limitar a um único centro, e ao mesmo tempo, impingir às subjetividades e aos corpos uma produção constante de centralização como elemento endêmico da reprodução de vida sob controle. A naturalização da necessidade de centralização é um perigo, uma arma de intensidade presente no regime de ocupação nos corpos resistentes. Os corpos resistentes devem apostar na horizontalidade, na descentralização, nos vetores de espaçamento e desconstrução dos valores hierárquicos, para produzirem potência de vida para além do poder do controle mesmo que o controle esteja por toda parte. Os corpos resistentes têm a potência de produção de desconstrução dos sentidos de acumulação. Os corpos resistentes agem na horizontalidade constituinte da desobediência, atacando e sabotando os extratos de acumulação.

Estando sobre uma situação de permanente ocupação, a resistência é um direito constituinte, potência de invenção e atualização de um outro real. Construção de processos de singularização em meio a um território ocupado que se pretende homogêneo e unívoco. Ao romper com a lógica de acumulação, centralização e hierarquia, a resistência articula a sabotagem contra os esquemas de corrupção administrados pelos regimes de ocupação. A corrupção é um instrumento institucional do sistema de controle do Império. É pela corrupção que se irão administrar as redes centralizadoras espalhadas pela extensão global do Império. Ela é também um instrumento de linguagem dos modos de pensar e agir no/pelo Império.

Como elemento de resistência constituinte que se configura na elaboração do enfrentamento elaborado pelos resistentes, temos a sabotagem, o saque: ações diretas de *contrapoder*. Essa sabotagem ou saque se dá inserida no contexto de ocupação, e produz alguns curtos-circuitos nos modos de operação do poder. Sem a premissa básica de que *estamos todos dentro*, as ações de saque e sabotagem perdem seu sentido. O ruído é um desses elementos que irão atacar as noções de modulação do regime de controle. O ruído interfere na pretensa homogeneidade presente à variação de modulação. A modulação é realizada pelo controle como blocos de freqüência unitária, enquanto o ruído trabalha com/como acaso, irrompendo em meio a pretensa estabilidade prevista pela modulação. É claro que aqui temos algumas variantes possíveis: a repetição unívoca e reincidente de um ruído também pode ser transformada em regime de estratificação e controle dos corpos, e por outra via, na mesma medida, as modulações podem produzir geografias, cartografias de resistência intensiva em meio à extensão do campo do controle. Cabe ao corpo-resistência produzir ruídos afirmativos e desobedientes, ao mesmo tempo em que inocular modulações alegres através dos regimes de controle em suas extensões.

A desobediência é uma luta corporal, é a afirmação de uma política da invenção diante das centralizações modulares das corporações transnacionais. Criar os próprios *logos* é produzir a necessidade de subjetividades que escapam aos fluxos de modulação. A atitude de produzir os próprios *logos*, diante de um mundo marcado, é também a força de se fazer dobrar a marca diante de si mesma, de se estranhar a marca como única linguagem possível. Em pleno mar de produção de mesmos se faz necessário a produção de produção de outros. A linguagem é o campo do comum. É na linguagem que se cria a comunidade, o comunitário, o comunal. A desobediência é um instrumento real e constituinte de real. A desobediência é um lance preciso no tabuleiro do Império. É através dela que podemos configurar linguagens outras, criadoras de comuns que produzam diferenças, que vão romper com o desejo unilateral de acumulação e desigualdade. Apostar na desobediência como ruído é afirmar a vida diante da morte enquanto proposta de captura instituída pelas modulações de controle.

TUNGA I: SEMEANDO IMERSÕES
(encontrando Barrio)

Estamos diante do mar. Não. Estamos num jardim. Estamos num destes jardins tropicais, exuberantes, excessivos, dispendiosos.

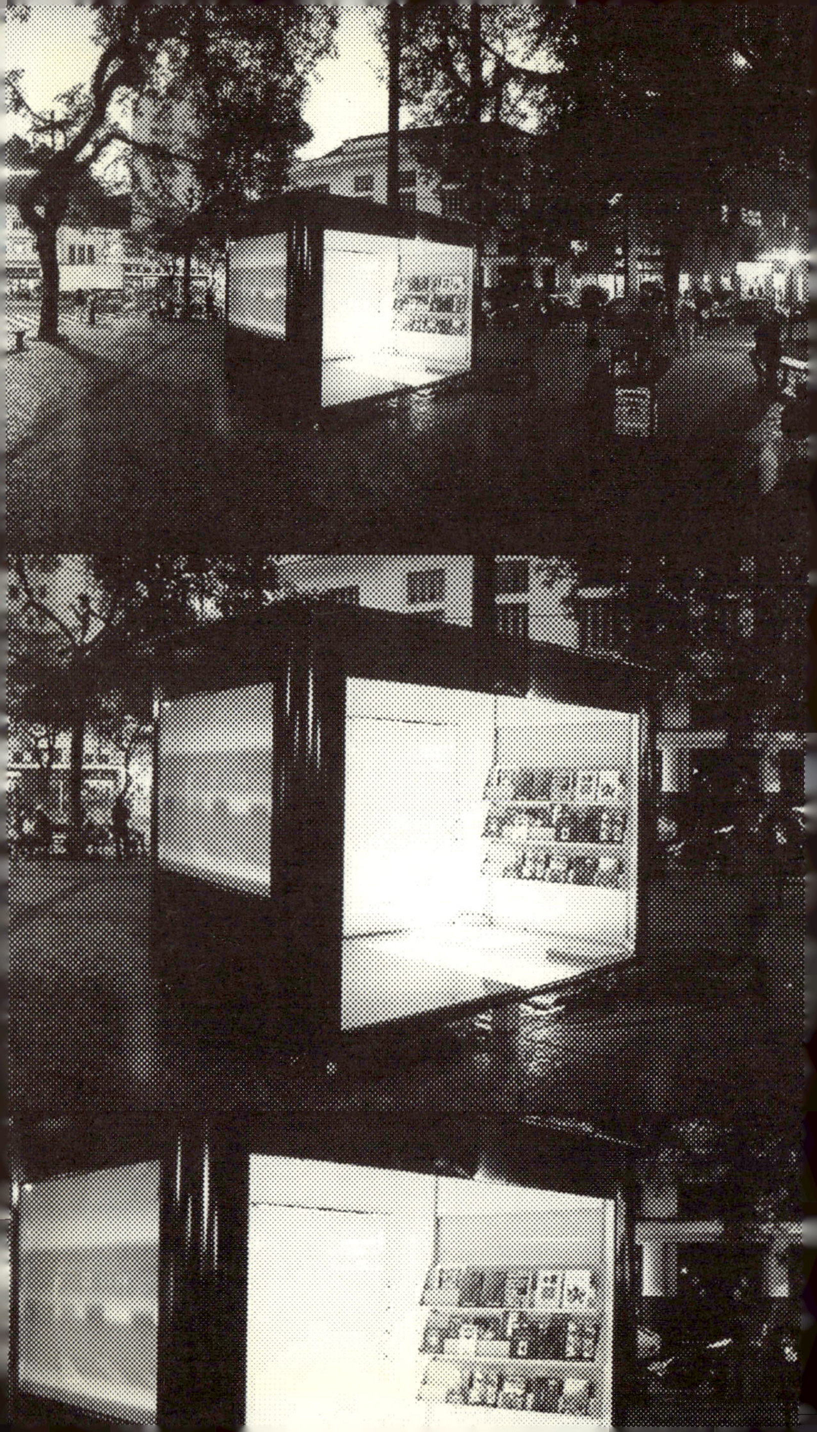

Da deambulação ou a capacidade de caminhar
corpo: DELÍRIO-AÇÃO

Estamos num jardim que não termina. Olhamos para ele. Olhamos para a sua voluptuosa capacidade de tornar tudo frondoso. Olhamos para a maneira como ele ocupa o tempo. Olhamos para maneira como ele ocupa o espaço, como ele se espacializa no tempo, se espacializa perdendo de vista o tempo que se quer contado. Enxergamos algo. Enxergamos uma protuberância, um tubérculo, um pedaço da capacidade de ser frondoso. Largado, esquecido, brotado da terra, da terra úmida – umedecida pelas secreções da própria terra, umedecida por nossas secreções lançadas na terra. Enxergamos nossa própria cabeça. Vamos para o mar. Agora, estamos novamente diante do mar. O mar tateia as pedras. Mar permanece. O mar está imerso nele mesmo. Nos ligamos ao mar. Eu e Eu nos lançamos no mar. Lançamos minha cabeça no mar. Nos envolvemos nas tranças do mar. Os s entrelançados em nós e no mar. No mar brota uma flor. Uma flor em um jardim de mar. Um corpo que não é meu. Um corpo fêmea transborda do mar, escapa do mar. Um corpo fêmea que retorna do mar, que se encontra no mar com minha cabeça. Um corpo mar fêmea. Um corpo que deve ser plantado. Um corpo que deve ser semeado. Um corpo que volta semeado aos jardins, que volta semeando florestas, que volta semeando séries, que volta semeando torres, que volta semeando sereias...

Em 1987, na 19ª Bienal de São Paulo, Tunga vai dar início a um processo que seguirá até o início da década de 90 – ou quiçá, até os dias de hoje. Trata-se do trabalho intitulado *Semeando Sereias*, realizado enquanto processo ao longo destes anos e sendo apresentado em três situações específicas: a já citada Bienal de São Paulo, em 1987; a experiência ambiental no ano seguinte, realizada na praia da Joatinga, na Barra da Tijuca; e a instauração realizada no *Second Tyne International Exhibtion of Contemporany Art*, em Newcastle, nos EUA, em 1993.

Esse trabalho se encontra num local bastante específico dentro da trajetória-obra de Tunga. Para além das famosas instaurações realizadas por ele – a *Teresa* ou o *Assalto*, por exemplo –, *Semeando Sereias* é um trabalho onde vai aparecer um Tunga intimamente ligado ao seu processo de criação, discutindo suas possibilidades e limites, e ainda, experimentando uma radical experiência poética de imersão num universo trágico e solitário no qual se transformou o processo dos produtores de arte na contemporaneidade. De maneira mais ampla, a escolha por este trabalho é também a escolha de um momento que – segundo a leitura que está sendo desenvolvida aqui – vai balizar, através do campo da *tradição delirante*, toda uma série de situações distintas nas práticas que acompanham as formulações e táticas da contemporaneidade. De uma maneira mais específica, este processo vai explicitar uma condição que os produtores de arte que se encontram ligados a movimentos de invenção irão se conectar, se constituindo como um *link* entre forças potentes na deambulação desenvolvida por este trabalho. Este trabalho tem a singularidade de explicitar um jogo de relações de forças que vai compor o campo de ação de produções que se encontram lançadas nos limites dos processos de imersão da invenção e da criação como ato de insistência e de resistência pela/na vida.

Tunga utiliza a idéia de instauração para designar o transcurso dos acontecimentos e das trajetórias de seus trabalhos. A atividade da obra é a capacidade de instauração de experiências que ela pode prover. Cada obra atualiza um mundo real, estabelece um mundo real. Cada real é instaurado a partir da obra – seja do objeto, do dejeto, seja do registro, ou do resíduo – em movimento. A noção de movimento aqui é um ponto significante: é ele que estabelecerá o estatuto corporal do acontecimento. A imersão é o existir enquanto corpo na instauração. O corpo é o local da experiência da imersão. Estar imerso é vivificar a potência afirmativa do corpo enquanto mundo. Cada mundo é um conjunto de corpos que se encontram imersos. A imersão define o meio em ação, o entorno em movimento; ela define a criação de campos de intensidades que se deslocam a todo o momento.

Da deambulação ou a capacidade de caminhar
corpo: DELÍRIO-AÇÃO

A imersão é o meio transformado em ato, ato de vontade, ato de afirmação de crivos e vetores criativos, ato de invenção de mundos. Os mundos se configuram em suas densidades. A imersão é o elemento capacitador das densidades. A imersão não está dentro, somente dentro. A imersão é fazer dentro no meio, é fazer meio como fora do dentro, é fazer-se como meio que se expande na intensidade do dentro. A imersão é a instauração de mil meios dentro. Não há fora na imersão, só há dentro. O corpo é imerso: isso quer dizer, ele perpetra a ação de atualização de reais. O corpo está imerso: isso quer dizer, ele age multiplicando as potências de instauração de diferenças. O corpo muda o meio e é mudado pelo meio. A imersão do corpo ataca a pretensa e aparente estabilidade das coisas pré-dispostas. Não há *a priori* possível diante de um corpo, só há ato: o ato de estar imerso no meio, instaurado e instaurando diferenças, multiplicando potências de significação, ampliando e tensionando os estratos rígidos. A imersão é uma necessidade do corpo, é uma necessidade do ato de criação.

Imersão. O ato de estar imerso. Não submergir, nem emergir, mas estar imerso, ser imerso. Simultaneamente, mergulhado e içado. Mão dupla de sentidos e desejos. Gesto de cumplicidade com a densidade. Encontro do corpo com outras densidades, outras texturas. A maior densidade da natureza: o mar. O encontro do corpo com o mar. Este é o primeiro ponto de aproximação de Barrio e Tunga: a constatação da densidade infinita do mar. O mar como extensão do instante. Paralisado ou em movimento, o mar como constatação da eternidade. Eternidade diferenciada, pois ele nunca é o mesmo, mesmo quando parece se repetir, ele se desloca e produz outro. De uma certa maneira, não existe fora nem dentro do mar. Ele é um limite múltiplo que aponta no sentido da distensão dos limites. Ele é a fronteira das densidades, o espaço produtor de outros, a experiência do múltiplo multiplicador. O mar é também o *lócus* dos caminhos da individuação. Diante da sua extensão interminável, constata-se um paradoxo de nuances trágicas: não poder ser experimentado como um

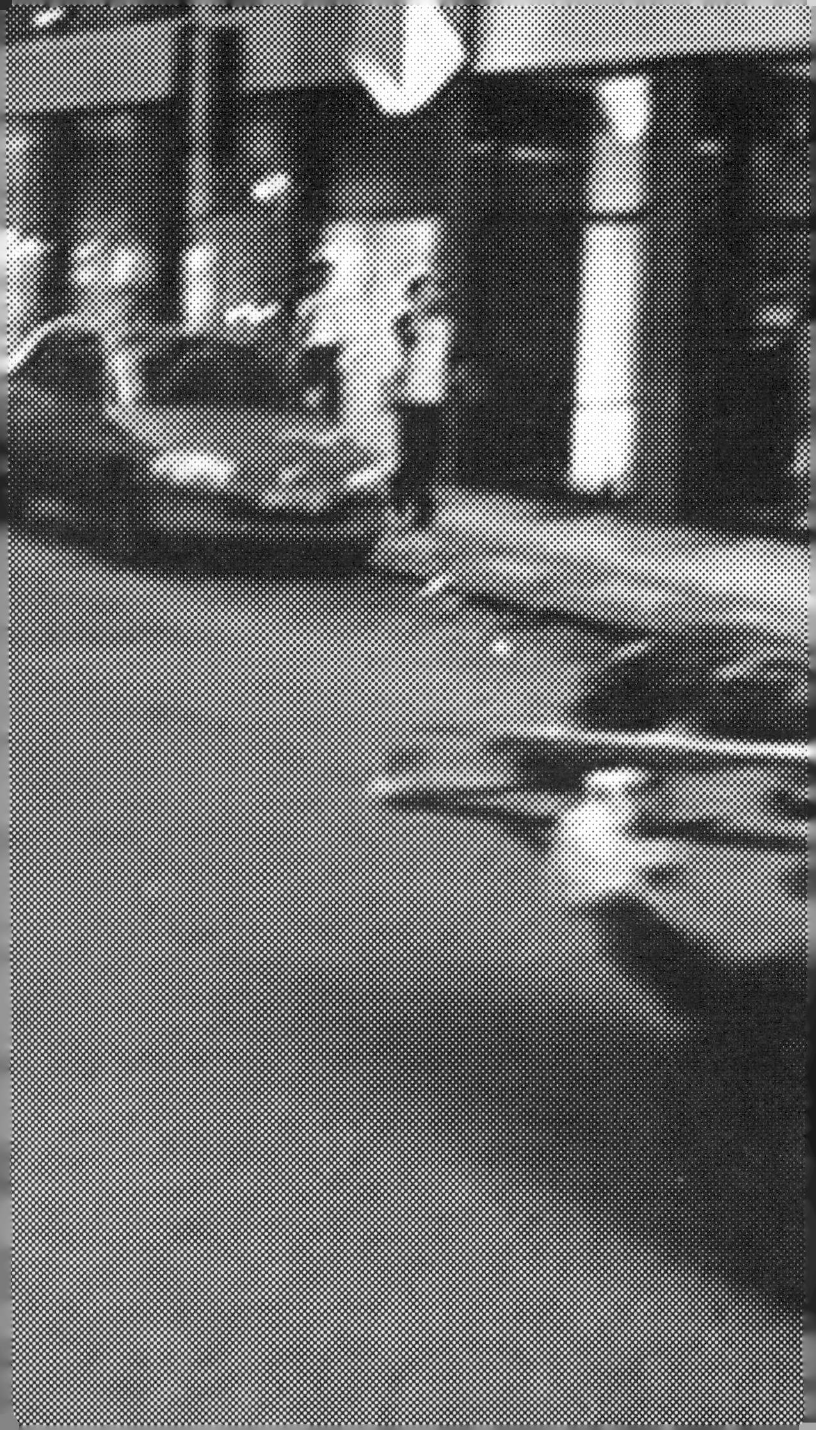

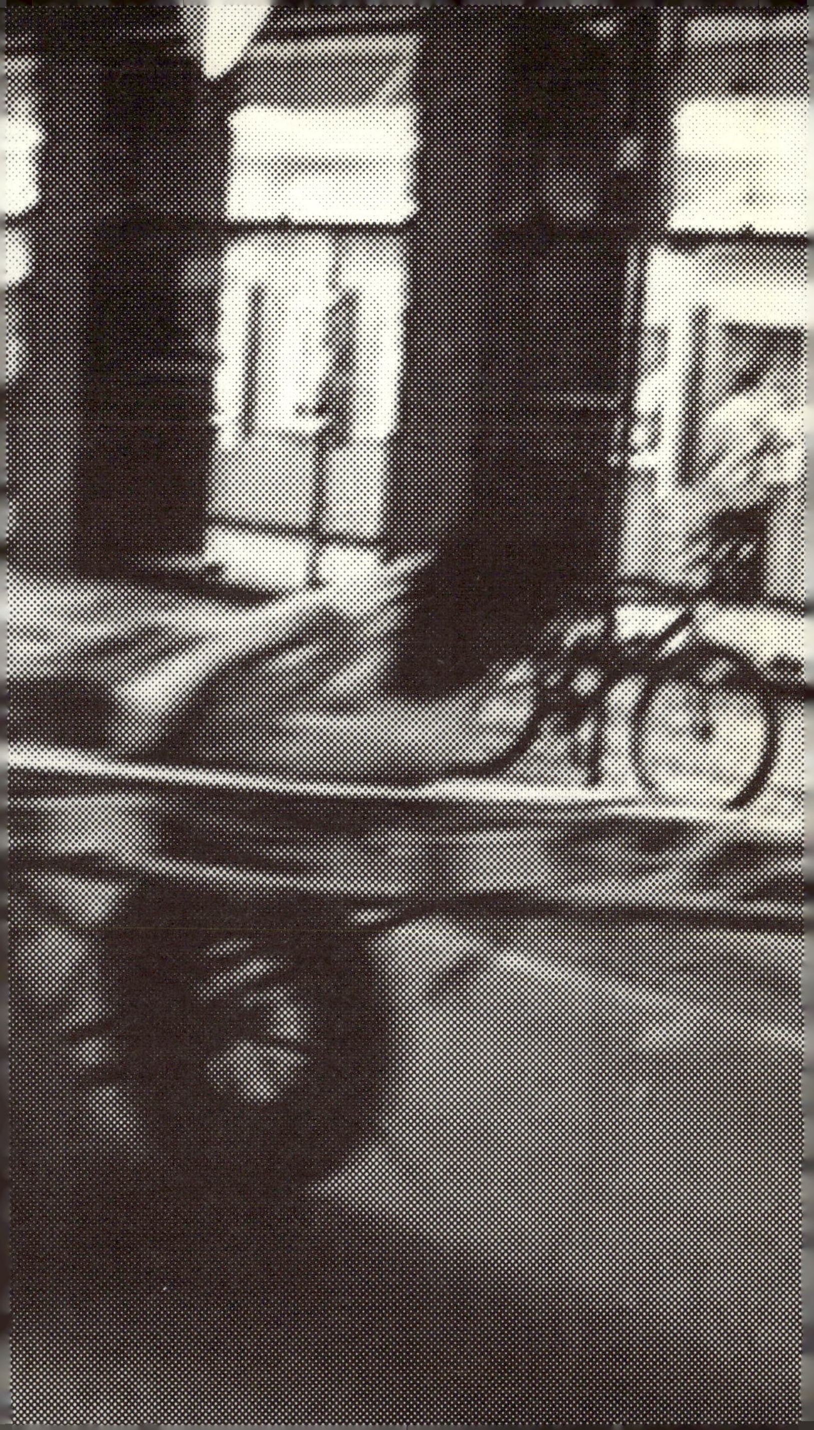

todo, ao mesmo tempo em que, qualquer parte dele parece ter a capacidade de ser o todo experimentado agora.

Para Barrio e Tunga, o mar é a experiência do limite de si, a indiscutível conformação dos contornos do corpo, os desejos do corpo ser multiplicado e transformado em meio, em densidade, desejo do corpo de ser muitos, muitas texturas, desejo de corpo sem limites. Barrio instaura essa percepção do processo de individuação do artista diante do próprio gesto de criar, a partir de desenhos efêmeros sobre/no mar. O *gestus*[1] de um corpo potente diante de sua impotência. A intensidade da diluição do papel higiênico que se modifica – não é mais papel é outra coisa: é forma que perde contorno, é encontro de matérias que se permeiam –, que se transforma em *gestus* afirmativo da vida, afirmativo do prazer provocado pelo ato de estar vivo, pelo ato de estar sentindo seus limites, pelo desejo de rompê-los, pela realização do rompimento. Barrio dança solar nas pedras da praia do Flamengo. Ele se deixa perceber a vida sendo produzida pelo seu entorno. Ele dança e gesticula libertando e libertado do peso das funções primárias – papel higiênico, corpo humano. Ele se transforma em portador de limites em diluição. Ele experimenta a imersão como realidade constituinte de um real instaurado a partir do *gestus* de criação. Ele encontra no mar o meio, no meio ele e nele o mar, o papel, o corpo, o outro o meio que não cessa de avançar em todos os sentidos de criação de sentidos.

Tunga enfrenta outra coisa. O processo de individuação parece não ter volta. Tunga acha sua própria cabeça em meio aos jardins. Planta que se bifurca, mandrágora que anuncia o momento seguinte: um objeto é achado, ele acha sua própria cabeça. Começa um caminho. Nessa deambulação solitária, nos convívios com a proliferação perpetrada pelos encontros do seu corpo, dos dejetos de seu corpo lançados pela exuberante mul-

---

[1] Utilizo aqui, o conceito de Bertold Brecht – *gestus* – para tentar ampliar as potências de ação do gesto – exclusivamente corporal – com seu meio – seja ele social, natural, cultural etc.

tiplicação da mata, que ele teve que achar sua cabeça e levá-la ao mar. A operação solitária e matinal tem que ser realizada: lançar a cabeça no mar. O caminho o transforma em um mítico e insistente Sísifo que não teme seu destino: o encontro com o limite, o rompimento do limite, o retorno do limite. Os cabelos crescem e envolvem a mata no jogo. O peso da própria cabeça é o peso do próprio limite. A necessidade da imersão total, o desejo de perder-se dos limites é sublimado por uma função pesada, que deve ser realizada sem hesitação: sacrifício e obtenção da dádiva. Mais do que lançar a cabeça no mar é o experimentar-se lançando, é sonhar-se tornado mar. É o refluxo do encontro com o meio, a solidão do amanhecer no limite, o sacrifício necessário a sobrevivência do próprio limite, a impossibilidade de rompimento explicitada pela radicalidade da imersão. O *gestus* de Tunga também é libertador, mas tem peso. Tem um peso de quem atravessou um imenso caminho de impossibilidades, tem um peso que é da ordem das densidades de tempo, de história, de criação. Essas densidades explicitam os limites impostos por conjunturas que não foram e não são favoráveis ao *gestus*. Mas Tunga insiste. Ele é insistente, e nesse sentido, resiste. Resiste e propõe resistência, apesar do peso trágico de sua própria cabeça envolta em seus próprios longos e molhados cabelos. A imersão de Tunga é de uma ordem distinta da de Barrio. A Tunga resta uma solidão consciente, uma postura compenetrada, um rigor implacável diante da presença do limite que deve ser enfrentado – mesmo já se sabendo derrotado *a priori*. Há uma celebração silenciosa da vastidão dos limites do corpo. O *gestus* de Tunga explicita a única possibilidade de existência da criação: o limite. Apostar no limite é afirmar a criação como ato de resistência. Quando sua cabeça se encontra flutuando e presa pelos cabelos nas pedras e no mar, a única saída é se lançar no mar. Ali outro achado o surpreende: um corpo feminino sem cabeça. A experiência da imersão também não pode ser totalizada. A imersão sempre será parcial, e daí a luta trágica e patética daquele que cria: em meio ao mar ressaqueado, os limites ainda se impõem.

As densidades perpetuam a impossibilidade da fusão, mantêm
– mesmo que forma parcial – o caráter individual dos corpos.
Achar aquele corpo feminino próximo a sua cabeça só ressalta
a necessidade de seguir sua insistência na criação. E a criação
se configura a partir do gesto final desse ato-fábula: a proliferação do gesto de plantar, a propagação da floresta, o semear de
sereias. Para Tunga a aposta na criação é a insistência no desejo
de romper os limites e a constatação dura e real de negociar as
limitações em busca da liberdade de criar.

Tunga encontra Barrio de maneira diversa. Os dois buscam a
imersão, os dois a realizam. Os dois explicitam a necessidade
de se seguir criando. Os dois sentem as limitações do ato. Os
dois seguem. Barrio permanece sorrindo, anterior a toda a
radicalização de conjuntura pela qual vai atravessar. Tunga se
encontra compenetrado, consciente de toda a sua limitação
e desejoso de rompê-la sabendo ser impossível. Barrio lírico,
Tunga trágico. Ambos se engendram e se reengendram em meio
aos meios que se proliferam pelos limites do corpo e da vida.
Ambos potencializam e afirmam a criação como ato de imersão radical na experiênciação do ato de criar. Ambos resistem e
insistem na vida.

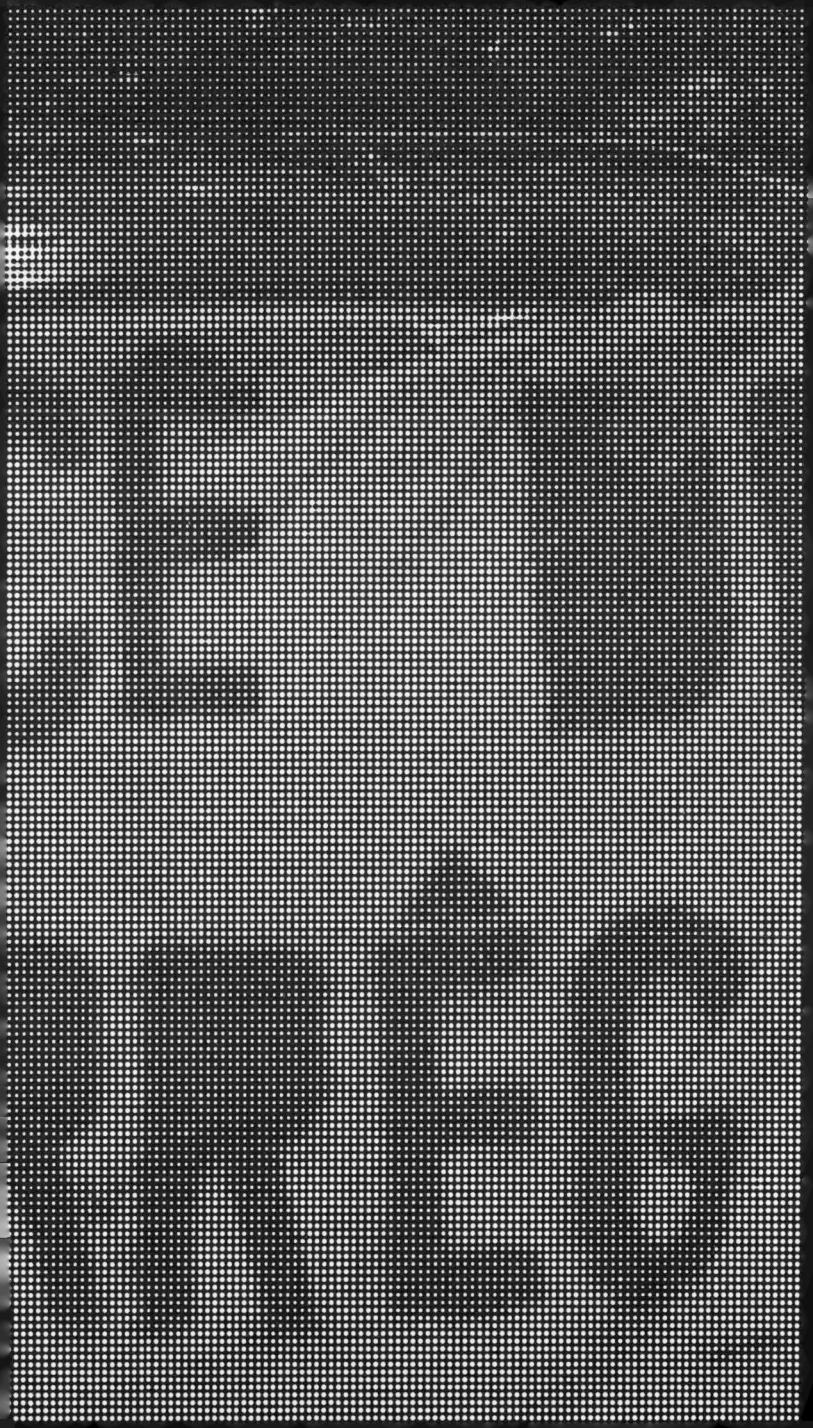

CAPÍTULO 07
CONTEMPORÂNEO E CONTEMPORANEIDADE:

cursos de
arte
Brasil

O primeiro ponto que deve ser abordado diz respeito justamente a esse estatuto elaborado a partir dos últimos quarenta e tantos anos de percurso da chamada arte contemporânea no Brasil. Se pensarmos nas experiências dos concretistas de São Paulo, podemos pensar, rapidamente, que o evento é o nascimento de um ponto de vista contemporâneo na história da arte brasileira. Mas observando com mais cuidado, o que vai saltar aos olhos é que todo projeto nacional-desenvolvimentista executado a partir do governo de Jucelino Kubitschek – o famoso dito *cinqüenta anos em cinco*, jargão do idealizador de Brasília – é, de alguma maneira, o ápice do projeto moderno de sociedade, economia, política e arte. No próprio momento em que se viam as principais glórias e desejos de modernização do país serem erguidas, construídas e eleitas, paradoxalmente, se percebem os limites do projeto, incluindo, a crise e a crítica endêmica presente no modelo. O que interessa aqui não é descrever a óbvia relação entre o projeto nacional-desenvolvimentista e arte concreta, ou então a influência do construtivismo na arte brasileira dos anos 50 e 60, entre outras possíveis elaborações e contribuições colocadas por críticos ao longo desses anos. O que interessa aqui é tentar definir os limites da idéia de contemporâneo na arte, é propor uma leitura que escape à captura real e aparente que aconteceu sobre esta idéia e/ou forma de leitura do evento artístico no Brasil.

A diferença complementar que existe entre o projeto concreto dos paulistas e o projeto neoconcreto dos cariocas pode ser um belo ponto de partida para essa discussão. Dos estudos realizados sobre o neoconcretismo – e conseqüentemente também sobre o concretismo – o mais significativo foi, sem dúvida, o realizado por Ronaldo Brito. A importante idéia que perpassa seu esforço teórico, no sentido de prover uma leitura possível do evento artístico-histórico, o transforma em referência obrigatória em qualquer análise desta produção de arte. A própria idéia de complementaridade existente nos dois movimentos é uma percepção bastante significativa. Vejamos, em suas próprias palavras, o que pode ser considerado uma espécie de conclusão de seu *clássico* estudo sobre o movimento neoconcreto do Rio de Janeiro.[1]

> A questão daqui para frente é saber se se pode atribuir a esses adjetivos um valor substancial, ou apenas circunstancial. Isto é: se o estudo do neoconcretismo representa um dado importante para o esclarecimento do projeto construtivo brasileiro enquanto proposta autônoma e alternativa, ou se não é senão um apêndice ou os momentos confusos de sua dissolução.
>
> É claro que, numa certa medida, o neoconcretismo deve ser sempre estudado como par do concretismo na ação das ideologias construtivas no Brasil. Mas é preciso não esquecê-lo como ponto de rompimento dessas ideologias, nem reduzi-lo a seu aspecto de continuidade, recalcando o que talvez seja o seu principal interesse: ser uma produção da crise do projeto construtivo, um pensamento da crise, da impossibilidade do ambiente cultural brasileiro seguir o sonho construtivo, a utopia reformista, a "estetização" do meio industrial contemporâneo. O neoconcretismo estava inicialmente preso a esse esquema, fora de dúvida. Mas, objetivamente, pôs em ação e manipulou elementos que extravasavam a denunciavam suas limitações, seu formalismo e seu esteticismo. Mais do que os postulados da estética construtiva, o neoconcretismo rompeu o próprio estatuto que essa concepção reservava ao trabalho de arte e à sua inscrição social. Implicitamente, ao superar os limites do projeto construtivo, ele permitiu a inserção da arte no campo ideológico, no campo da discussão da cultura como produção social. (Brito, 1999, p. 94-95)

A complementação dos dois movimentos aponta um sentido que revela algo a mais sobre esta produção. O interesse de Ronaldo Brito é claro quando explicita seu desejo de entender os limites do projeto construtivista no Brasil. No entanto, o que chama mais atenção, o que vale a pena tentar entender – para além do que ocorre, ou que ocorreu com o projeto construtivista brasileiro –,

---

[1] Brito, R. *Neoconcretismo;* vértice e ruptura do projeto construtivo brasileiro. São Paulo: Cosac & Naify, 1999.

é estar atento para o que esta leitura – o próprio desejo de compreensão desse desenvolvimento histórico – pode conotar.

Inicialmente é de bom tom localizar a produção do texto de Ronaldo Brito: ele está inscrito num momento específico da produção crítica brasileira, em que ocorre uma certa carência de reflexão sobre o período. Nesse sentido, esse texto é um desbravador do campo, de certa maneira, é a primeira reflexão de peso sobre o tema. Porém, um possível equívoco de leitura acontece justamente neste ponto: a particularidade da experiência neoconcreta e de suas derivações não deve ser pensada, quase que exclusivamente, através do pano de fundo do projeto construtivista brasileiro. Aqui reside uma distinção que é responsável pela constituição do estatuto discursivo do campo da arte contemporânea brasileira.

O que Ronaldo Brito vai apontar como *crise* – crise do modelo, crise crítica da impossibilidade ou da falência do projeto – é o que vai ser o acontecimento mais perene do período, é o que vai produzir o ruído mais potente no quadro histórico de produção de arte no Brasil. Essa crise é também a crise de um modelo de leitura. O evento radical da implosão da possibilidade de sustentação de um projeto de arte, de leitura, de experiência de sociedade, que essa crise provoca, aponta para um sentido muito mais complexo e sutil do que uma contraposição de pontos de vista artísticos. A emergência desta crise é a constatação de uma cisão inegociável no seio de uma produção de sentido, seja no campo da arte, seja no campo da sociedade.

O que veio a se constituir como visão de Estado, engenhoso aparelho de reprodução de textualidades institucionais, prática de política de poder e de produção de sentido cultural, se encontra aqui nesta cisão. Se fôssemos continuar a pensar através do esquema de relação entre projeto de visão de estado, projeto de construção de identidade nacional, e produção de discursos e produtos de arte, seria perceptível como a contraposição que emerge nesta crise é um corte sem precedentes. As atividades concretas e os primeiros momentos do neoconcretismo são dois momentos similares e complementares de produção de um discurso nacional enquanto prática de controle e projeto de Estado. Ambos ainda se encontram ligados aos ideais modernos de institucionalização de discursos de construção de nação. Geralmente esses discursos incorrem no problema – problema esse que é do âmbito do modo de ação do moderno – da institucionalização de práticas totalizantes e totalizadas de modos de vida social, cultural, econômica, política etc. O rompimento com este modelo, com esta prática, só vai se realizar com a radicalização exercida por alguns artistas presentes no primeiro momento neoconcreto. O neoconcretismo, mais do que explicitar a falência de certas práticas, detona um processo de possibilidade de releitura da relação dos projetos nacionais institucionais com as forças constituintes do fazer artístico e do social. Ele vai engendrar elementos delirantes ao longo de percursos históricos na arte brasileira.

O que se está tentando fazer aqui não é uma contraposição dialética entre artistas de estado e produtores de arte *marginais*. São facilmente perceptíveis os momentos reativos e ativos que emergem em meio aos dois campos. Por exemplo, uma obviedade: a maneira pela qual parte do trabalho de Hélio Oiticica acabou clicherizado – tornando-se retrato de uma certa brasilidade oficial – através de seus *parangolés*, é uma prova cabal das linhas de força reativas presentes em sua trajetória; outro exemplo possível é pensar a significativa contribuição para a crise do figurativo descritivo que até então – na verdade, até hoje – compunha a noção de belas artes, incluído a idéia do artista e do trabalho de arte enquanto efeito de sujeito transcendental.

O concretismo tem sua parcela significativa de ação na construção de uma possibilidade de arte que esteja para além dos convencionalismos das belas artes, para além dos projetos estritamente nacionalistas. As relações de discursos que se podem estabelecer entre as pretensões concretas e as práticas neoconcretas são da ordem de projetos que se colocam – e que se assumem enquanto tal – no hemisfério das interlocuções das práticas sociais – cada qual em sua intenção e intensidade – e no campo dos realizadores de idéias constitutivas de nação – cada um articulando sua leitura possível de Brasil. Os limites e potências destes discursos vão esbarrar na maneira como os poderes estarão estabelecidos e como se realizará o embate e/ou complementação dos mesmos. A formação de grupos de poder faz parte dos processos de construção de práticas de políticas de cultura. Não se pode ser ingênuo e descartar as elaborações de regimes de forças que irão estar compondo, a todo o momento, operações de significação no campo cultural e, nesse sentido, estarão contribuindo para a consolidação de determinadas práticas institucionalizantes de controle.

O embate se configura justamente nesse ponto: sair de uma lógica binária causal e buscar estabelecer possibilidades de leitura em que as linhas de força de cada projeto sejam nitidamente explicitadas. As forças reativas e ativas estão a todo o momento criando e viabilizando processos constitutivos de significação. Escapar e perceber as linhas de força reativas e afirmar as linhas de força ativas é um primeiro salto no sentido de escapar de uma análise dialética comum. Este jogo de forças realiza, para aquele que se debruça nesse movimento, a capacidade de ser afetado e de afetar os projetos e suas leituras. Essa capacidade é a potência de sobrevivência de alguém que se considera um profissional na prática da crítica. E será essa capacidade que irá compor a dimensão potente de uma *ética amorosa*, engendrada por aqueles que se dispõem a trair como criar e a criar enquanto traição. Aquele que realiza a leitura também é lido por aquilo que ele lê. Esse processo é a transformação do texto em experiência e da experiência em texto. A *ética amorosa* do leitor permeia e se realiza em estatuto corporal, e deve ser pensada enquanto tal. Mas, retomando a questão das forças que compõe as cartografias de desejo das obras e de seus criadores, é necessário pensar quando essas linhas de forças vão dobrar em sentidos de potência ou de poder, e como elas vão desenvolver suas trajetórias, com suas descontinuidades, acidentes, continuidades e estagnações.

A crise, apontada por Ronaldo Brito, descreve a emergência de trajetórias de linhas nômades de traidores, no seio de uma territorialidade que se pretendia estabelecida e estabilizada. O ponto que chama atenção nesta passagem é a idéia de mudança de um estatuto de qualificação do tempo, em meio a esses processos de criação. Esta crise vai explicitar uma diferença de temporalidade: o estabelecimento de uma diferença entre o que é *contemporâneo* e o que age na *contemporaneidade*, em outras palavras, o estudo dos modos de se pensar o que pode ser caracterizado como *contemporâneo*, ou quem ou o que está imerso numa *contemporaneidade*.

A distinção entre contemporâneo e contemporaneidade irá esbarrar na discussão de movimento ou mobilidade nos regimes de qualificação cronológicos. O tempo estático descrito e configurado como a idéia de contemporâneo – em toda sua força reativa de jargão – encontra na crise apontada por Ronaldo Brito o ponto em que se vai buscar uma outra inflexão. A idéia de contemporaneidade é uma dobra na língua do contemporâneo. Aquilo que se pretende solucionado historicamente, fixado enquanto parâmetro cronológico delimitado, vai ocupar toda uma área de poder, determinando as relações entre o discurso de arte e a instituição estatal. A relação entre a elaboração desses discursos e a constituição de grupos, estratos e nichos de poder vão se encaminhar para práticas de políticas de cultura. Como diria Foucault, todo discurso é poder, e é nesse sentido que a formação desses discursos é também a formação das práticas identitárias oficiais. À medida que esses grupos de produtores de arte vão se articular em torno de algum programa, já se está sendo formatado o grupo e as diretrizes políticas, que estarão presentes em suas trajetórias e obras. O que aconteceu no caso do conceito de contemporâneo foi a colonização de uma idéia de tempo, uma categorização de

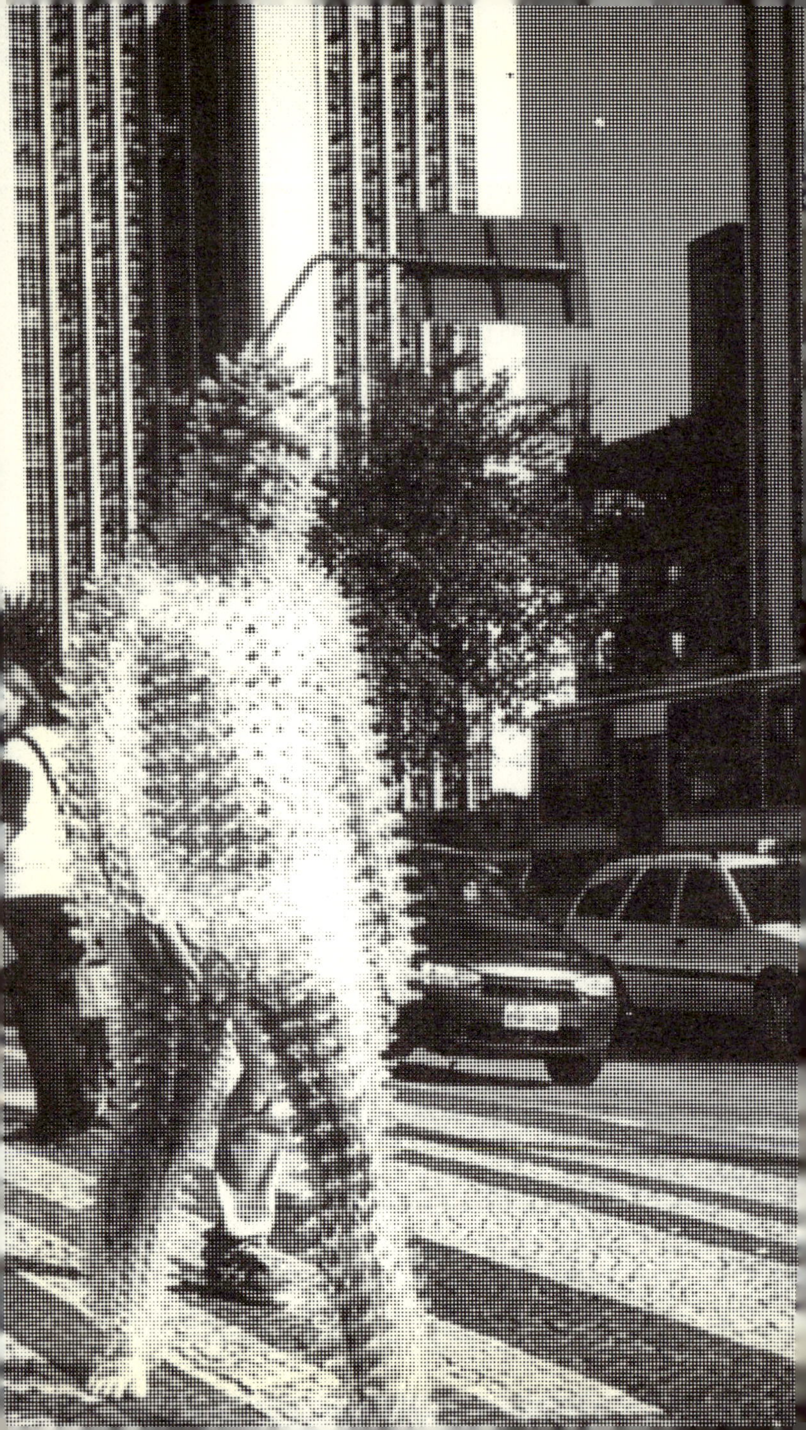

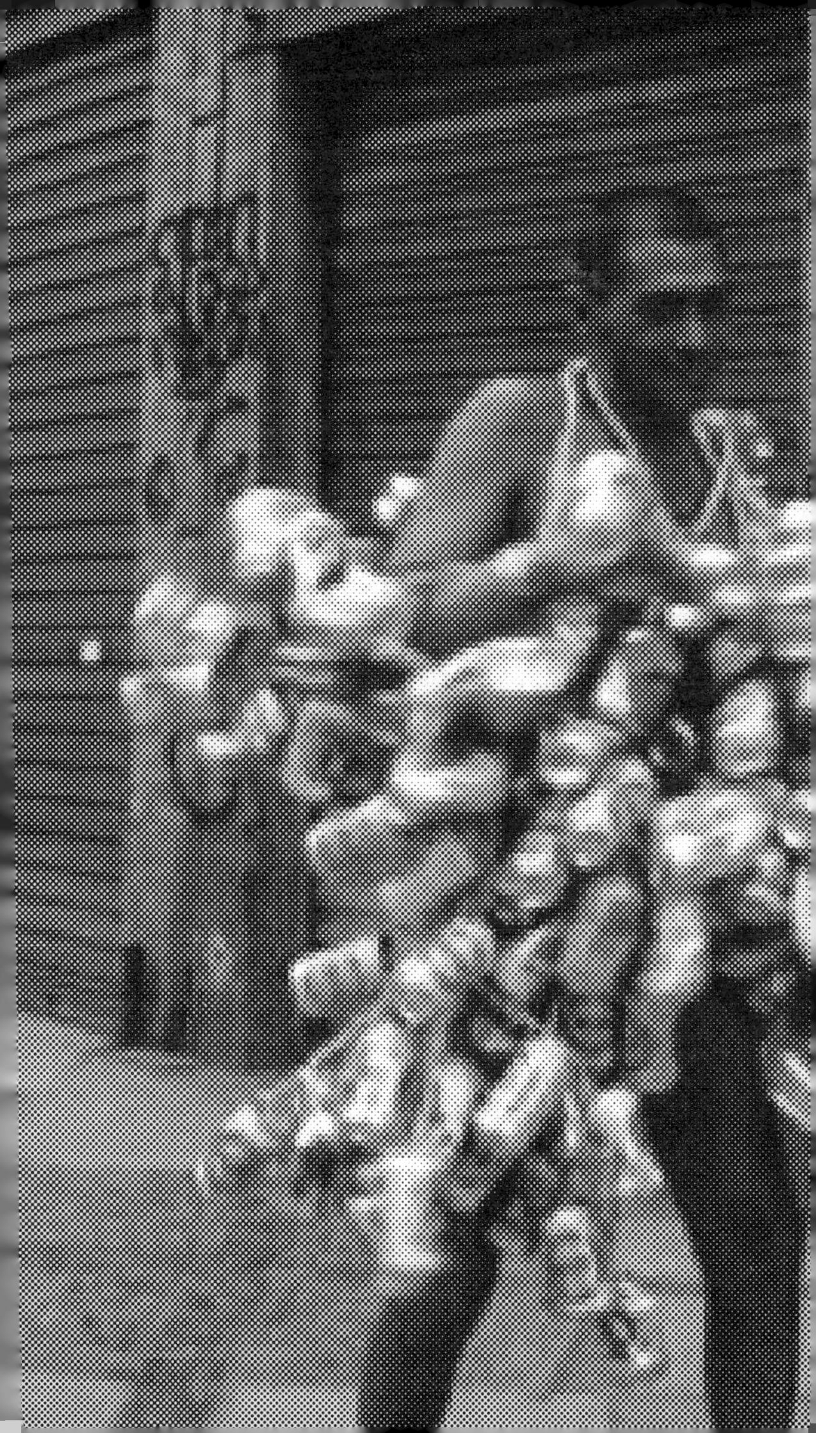

temporalidades e uma classificação de princípios que irão agir sobre determinadas produções. O crivo temporal estigmatizou – ainda a partir de pontos de vista modernos – uma série de práticas artísticas que não podem e não devem ser pensadas, exclusivamente, a partir de miradas cronológicas.

O contemporâneo é, mais uma vez, a reedição de paradigmas modernos e a tentativa de dar conta de uma leitura de mundo ordenada e determinada, historicizando produções e estratificando produtores. As práticas e as produções artísticas – exceto em alguns momentos – nunca fizeram parte do pensamento histórico e necessariamente não foram produzidas por determinação suprema do tempo em que existiram. Muitas delas seguiram seus projetos, seus programas e muitas vezes esses programas e projetos refletiam e dialogavam com determinada realidade a que essas produções estavam conectadas. Os mais diversos estilos e paradigmas artísticos se encontravam articulados com discursos de cultura e suas práticas se davam no campo da produção de significação de cultura.

Romper com a linearidade e com a supremacia historicista das temporalidades da produção de arte é conseguir ler, para além de posições de poder, a efetividade das práticas de arte e de suas experiências. Existe uma necessidade real de elaboração de instrumentos teóricos atuais que dêem conta, ou pelo menos tangenciem outros espaços não determinados previamente, de toda uma produção de sentido que não se resume ao estabelecimento de cronologias sincrônicas ou estratos de tempo pré-ordenados. Para Deleuze e Guattari, a filosofia, o pensamento é uma área de produção tão criativa como qualquer outra e, nesse sentido, sua tarefa principal consiste em criar conceitos, em inventar conceitos, que só existem ou só serão configurados por necessidade. Há uma necessidade atual de revermos nossos instrumentais de pensamento e percebermos que certos recortes anteriores não dão mais conta da leitura dos fluxos e de suas práticas como se realizam na atualidade.

Voltemos às discussões referentes a idéia de contemporâneo e aos movimentos da contemporaneidade. Um bom exemplo neste sentido é a exposição que foi intitulada *Caminhos do Contemporâneo*, realizada entre agosto e outubro do ano de 2002, no Paço Imperial, no Rio de Janeiro. Não por acaso, o realizador do evento foi o Banco Nacional de Desenvolvimento Social, o BNDES, que estava completando 50 anos. A forma como a exposição foi curada e como foi disposta ao longo dos salões do espaço, explicitava o desejo de fazer uma leitura do que foi tornado um projeto de nação construído através destes últimos 50 anos de arte. O que poderia de alguma maneira escapar as qualificações – o que para nós fosse inicialmente mais significativo –, girava em torno da espetacularização de projetos de arte que se colocavam no campo das discussões do contrapoder e ali estavam expostos como uma grande e linear narrativa predeterminada. Essa espetacularização criava a sensação de que todas as intensidades pairavam no mesmo campo de produção de sentido. Toda a produção foi homogeneizada dentro de recortes temporais e apresentadas dentro de um ponto de vista linear e causal. A diluição presente à tentativa de dar resposta à pergunta "No Brasil se faz arte contemporânea?" dava à exposição um caráter patético. A hierarquia imposta pelas obras mais *clássicas* – digamos assim – as separava da possibilidade de uma relação direta com a produção atual e criava a idéia de trabalhos estáticos num recorte temporal que os antecedia e os saturava. O peso do fator histórico dava aos trabalhos um sentido de algo isolado, paralisado, passado, e os impedia de serem vistos como experiências que estão para além dos discursos e projetos institucionais de nação.

A interligação direta e real de muitos trabalhos com os discursos fundacionais institucionais era facilmente constatada. Essa presença não se reduzia, obviamente, a certos modelos de artistas: numa certa medida, esses discursos perpassavam parte significativa dos trabalhos. Será a partir deste recorte que reside a diferença em quem está simplesmente ancorado no processo de reprodução da perspectiva moderna, e de quem está buscando de alguma maneira romper com esses paradigmas. Não significa que estejamos desqualificando, necessariamente, certos trabalhos em detrimento de outros, mas significa que o recorte temporal que é percebido no caso desta exposição e a maneira pela qual os certos artistas vão trabalhar suas inserções nos espaços e nos discursos vão produzir temporalidades distintas. Trata-se de perceber as limitações de projetos e programas que irão estabelecer critérios de valoração discutíveis. Não se pode negar a presença do desejo de nação em muitos trabalhos, contudo, quando isso se torna um projeto de acumulação e de diluição da possibilidade de diferenças, esse desejo se torna autoritário e produz inúmeros equívocos.

Cabe chamar atenção aqui para a forma como os trabalhos e os produtores de arte irão se inserir na discussão da temporalidade. A noção de contemporâneo não consegue mais dar conta da imensa produção de diferença que parece emergir em meio aos espaços públicos, corporais e institucionais atuais. O contemporâneo é uma maneira de domesticar e amainar a potência de produção de diferença. Além de ser um discurso bastante cômodo para grande parte de artistas que irão se encaixar nesta qualificação, a idéia de contemporâneo serve demasiadamente às lógicas operacionais do mercado de arte e a seus processos de valoração. O contemporâneo hoje, de alguma forma, substitui e recoloca a noção de belas artes. A presença de uma idéia de sublime, da busca genial do artista, da personificação e captura da experiência de arte exclusivamente pelos meios de comercialização, a elitização constante e a perpetuação de modelos de significação, estabelecem uma crise em meio a isso que se pretende chamar de contemporâneo. No entanto, alguns destes elementos descritos acima podem ser pensados como necessários para se pensar a produção de arte hoje. Exemplos como a necessidade da presença da força do artista, ou seja, a idéia de que a obra é também o próprio artista, e a seleção e a produção de outros modos de significação que escapem ao ordinário, são elementos, são forças realocadas por práticas que o contemporâneo imprimiu e segue imprimindo.

O que acontece é que a idéia de contemporâneo por si só não é suficiente para a leitura de muitas práticas que escapam hoje e escapavam antes da tentativa reducionista de projetos institucionais de arte e de suas variações. É sempre bom lembrar que a própria categoria de arte depende, desde seus primórdios, das relações estabelecidas como meios e formas de institucionalização, seja do estado, seja do mercado. Será necessário pensar de modo diferente, temporalidades que escapem a essas capturas. A idéia de contemporaneidade talvez sirva para compreender melhor o evento de linhas de forças ativas que escapam e escaparam a essas formas de controle institucionais. A contemporaneidade não se resume a um recorte cronológico. Ela é a emergência de um campo de forças que escapa a linha temporal, ela se coloca no limite do instante, no momento em que as coisas são atualizadas. A contemporaneidade é movimento. Neste sentido, para além de uma construção nacional enquanto projeto local determinado, existem conexões entre produtores de arte que extrapolam suas cronologias e suas conjunturas. Estes serão os traidores, aqueles que irão inventar novas línguas, os que farão a língua vibrar numa outra freqüência. A freqüência destes criadores é da dimensão da intensidade, não da extensão. Sendo assim, a diferença entre a extensão constituída da história da arte e do Estado esbarra aqui na intensidade constituinte do acontecimento da criação, o contemporâneo estático deve ser pensado como contemporaneidade em movimento.

Mas não é só a relação de movimento que pode estabelecer distinção entre os dois. Existe uma diferença no sentido de se pensar a potência da obra: a contemporaneidade nos dá uma chave de leitura possível que escapa à categorização unilateral do trabalho de arte. A busca daqueles produtores de arte e de suas potências de criação e invenção nos levará àqueles que traíram suas perspectivas institucionais e se lançaram na aventura de falarem línguas menores. Será através desses produtores que o delírio se tornará vetor afirmativo na constituição da criação de nações, nações essas que são da ordem da criação e buscam escapar da captura dos aparelhos de Estado e de institucionalização, e, por um outro lado, são esses discursos delirantes que implodem e tornam insustentável o discurso oficial e oficioso de arte no Brasil. Em meio ao contemporâneo, cruzam-se linhas de força que escapam aos caminhos, aqui e ali, surgem os traidores da nação, os inventores de pequenas e potentes falas que fazem suas ações, saqueiam, sabotam, e buscam romper com o discurso homogêneo e hegemônico das práticas de controle. Em meio ao contemporâneo, estão colados os desafios de se manter nômade diante da perpétua sina das classificações, diante da reincidente força de captura e qualificação, diante da sempre clara motivação dos fundamentalismos de mercado, diante da implacável forma de produção de reprodução de discursos de controle. É necessário estar alerta.

A contemporaneidade não pode ser pensada sem suas interlocuções com aspectos locais. Ela não pode ser pensada de maneira estanque diante de potências históricas que também vão ajudar a composição de suas linhas de força afirmativa. Não se trata de pensar a contemporaneidade para fora da história, como algo isolado e auto-sustentável. Trata-se de pensá-la como campo de forças que rompe com a hegemonia categórica dos *a prioris* históricos e engendra diferença enquanto processo constituinte do real. A contemporaneidade faz vibrar os elementos históricos em suas linhas de produção de diferença, e nesse sentido, ela instaura o delírio como elemento e evento constituinte no seio dos discursos de poder. A contemporaneidade é o tempo dos traidores.

ARTE PÚBLICA//ESPAÇO PÚBLICO

(o construtivismo russo e as experiências anarco-construtivistas das décadas de 70/80 em São Paulo)

> *O que está dentro fica.*
> *O que está fora se expande...*
> **Grupo 3Nós3,** 1979.

A noção de espaço público é construída a partir da emergência de grandes contingentes demográficos nos cenários urbanos no fim do século XVIII e ao longo de todo o século XIX. Não que já não houvessem sido trabalhadas noções de um espaço comum em momentos muito anteriores a este, mas, sem dúvida, os parâmetros que são utilizados ainda hoje para qualificar e classificar os espaços públicos estão ligados ao fenômeno de entrada em cena das chamadas *massas* e ao desenvolvimento dos grandes centros urbanos. As noções de espaço estatal, espaço público e espaço privado devem ser distinguidas na busca de um processo de constituição do espaço da cidade. As grandes reformas pelas quais cidades como Paris e Lisboa, entre outras, vão passar ao longo da chamada Idade Moderna apontam a elaboração e o planejamento de projetos de disciplinarização do espaço comum em torno de um ideal de Estado. O espaço comum tornado espaço de controle e escoamento dos fluxos de produção, de restos, de lixo. Neste sentido é que as campanhas de higienização e de saúde são a consolidação de processos disciplinares do comum, como diria Foucault.[2]

O que nos interessa aqui é um fenômeno bastante preciso que vai nascer com os processos revolucionários na Rússia do final do XIX e no início do XX. A noção de público que estará presente nas primeiras discussões dos cubofuturistas e dos construtivistas russos.[3] Cito, por exemplo, os registros do que parece ser uma das

---

2 Foucault, M. O nascimento da medicina social e a política da saúde no século XVIII In: *Microfísica do poder*. Rio de Janeiro: Graal, 1979.
3 Ripellino, A.M. *Maikóvski e o teatro de vanguarda*. São Paulo: Perspectiva, 1986. Ver também Perloff M. *O momento futurista*. São Paulo: Edusp, 1992.

primeiras aparições do grupo de poetas cubofuturistas na primeira década do século XX, em pleno espaço público de Moscou. Vassíli Kamiênski assim recorda em suas memórias a primeira aparição em público dos cubofuturistas fantasiados:

> Burliuk tinha uma sobrecasaca com listas de várias cores e um colete amarelo com botões prata, além da cartola. O meu terno parisiense, cor de cacau, era guarnecido com brocados de ouro. Também levava uma cartola na cabeça. Com lápis de sobrancelha Maiakóvski desenhou na minha testa um aeroplano e sobre uma das faces de Burliuk um cachorrinho com a cauda levantada. Tínhamos um aspecto de mascarada, extraordinariamente pitorescos... Às doze em ponto, cada um de nós com uma colher de pedreiro presa na botoeira, apresentamo-nos na ponte *Kuzniétzki*. Entrando lentamente, com absoluta seriedade, começamos logo a recitar, um de cada vez, os nossos versos. Rígidos, austeros. Sem sorrisos. Muitos tomam-nos por artistas do picadeiro, campeões de luta franceses ou até por índios da América. Ataviados desta maneira, reaparecíamos todos os dias na *Tvierskaia* ou no *Kuzniétzki*, nos cabarés e nos teatros, provocando estupor, hilariedade, tumulto. (Ripellino, 1986, p. 20-21)

O gosto por trajes extravagantes e o desejo de chocar não são elementos singulares dos cubofuturistas russos. A maioria dos grupos de vanguarda da alta modernidade lança mão destes recursos para marcar suas singularidades diante do crescente processo de massificação que vem sendo construído ao longo dos séculos XVIII, XIX e início do XX. Esta tática é uma forma constituinte de escapar aos mecanismos de homogeneização presentes nos discursos de disciplinarização do espaço público. A transformação do espaço da cidade em espaço de ordenação, em local onde deve existir uma ordem predeterminada, gerenciada pela administração do Estado, estabelece a necessidade de elaboração de projetos que rompam com sentido hegemônico das formas de controle. Neste sentido, o processo revolucionário de outubro, inicialmente, virá de encontro a essas necessidades. Neste primeiro momento, a lógica do comum, do comunitário é posta a prova diante da centralização dos grupos políticos e de seus embates. Os espaços são ocupados seja pela guerra civil, seja pelas rápidas transformações pela quais estão passando todos os antigos meios de produção do sentido social. Romper com os velhos sistemas de significação da arte é também romper com as práticas acachapantes do modo de viver tachado como burguês emergente. A título de exemplo, pode-se destacar a relação que as representações populares – as *instzenirόvki* – desenvolveram nestes primeiros momentos da revolução, seus desejos e forças de ação no espaço público. Vejamos, por exemplo, a influência do trabalho de Maiakóvski sobre estas representações:

Mistéria-Buf influenciou as representações populares ('*instzenirόvki*') que se desenvolveram na Rússia entre 1919 e 1921. A este propósito convém recordar que Maiakóvski empenhou-se em vão para que sua comédia fosse levada ao ar livre, a 1º de maio de 1919, na praça *Lubiánskaia* de Moscou. E mais tarde, em 1924, o diretor georgiano Kote Mardjanichvíli (Mardjanov) cogitou encená-la como ação de massa na montanha de David que domina Tblíssi.

> Nos dias da revolução a embriaguez da luta despertou no povo russo uma irrefreável avidez por espetáculos. Os lutos, o tifo, a destruição, não apagaram a ânsia de representar, de organizar paradas e cerimônias. A Rússia devastada e esfomeada fervilhava de teatros experimentais, de estúdios e laboratórios cênicos, de escolas, seções e subseções dramáticas. Em cada cidade, em cada repartição militar nasciam e sumiam com rapidez de girândola grupos e círculos teatrais [...] Comícios, desfiles, assembléias, manobras, tudo virava espetáculo [...] Enquanto o país era transtornado pela guerra civil, milhares de pessoas, tomadas por uma espécie de teatromania, participavam de espetáculos monumentais, que se ligavam às procissões e aos "pageants" da Idade Média, às cerimônias da Revolução Francesa. Dos limites do edifício teatral a ficção dramática transferiu-se às ruas, animando cortejos, mascaradas, mistérios. (Ripellino, 1986, p. 88-89)

O furor de teatralidade pelo qual estava passando estes tecidos sociais russos no período inicial da revolução remete ao desejo de romper com a maneira como o espaço público estava configurado. Ao desolador período de guerras e fome sucede o momento de opressão e segmentação das cidades burguesas pré-revolucionárias. Em meio à divisão e estratificação do corpo social, irrompe a experiência radical do desejo de criação constituinte do comum. O comum – sendo ele terrível ou afirmativo – sobrepuja as linhas duras do controle estatal. Todos nós sabemos que a este momento constituinte no processo revolucionário soviético se segue e se impõe o máximo em termos de controle de estado. As potências do processo revolucionário são capturadas e transformadas em estofo para a criação da máquina estatal burocrática do partido único. Neste sentido, o fato destas apresentações populares acontecerem em meio aos conturbados primeiros momentos da revolução sublinha o desejo de produção de um significado potente de criação do comum. Os eventos teatrais de grandes coletivos sociais impunham ao público a afirmação do comum, fazendo retornar ao espaço público a sua vocação pública e comum. Estes acontecimentos afirmam a atualização constituinte pela qual passam os processos de realização do comum. O comunal, o comunitário é da ordem da invenção e é elaborado a partir de movimentos de criação. O público é uma afirmação da realização do comum enquanto acontecimento real. O espaço público é o local onde se dá a invenção deste real constituinte.

A emergência de novos atores no cenário social, o avanço de grandes contingentes humanos e o inchaço das cidades, como o espaço dessa nova constituição do real, ampliam a necessidade de criação de experiências de transformação dos espaços públicos em toda sua extensão. De uma certa maneira, é esse próprio novo contexto que viabiliza e inflama a necessidade do espaço público como *lócus* existencial desses novos agentes. Alguns grupos artísticos perceberam essas novas mudanças, mas nenhum, talvez, tenha ido tão longe como os construtivistas russos. Para eles, à questão dos grandes contingentes populacionais e de suas relações com o espaço, se encontra aliado ao imperativo reincidente das mobilizações ideológicas e à constante elaboração de políticas revolucionárias. E a busca da mobilização constante dessas camadas sociais urbanas e rurais parte do objetivo que muitos deles pretendiam alcançar enquanto participantes e realizadores do processo revolucionário. Os construtivistas elaboraram formas de associação e ação e as unem a necessidade de mobilização constante. O processo revolucionário soviético enfrenta, durante seus primeiros anos, a permanente necessidade de mobilização. A esse fato, os construtivistas associam suas investigações estéticas singulares. Sejam através dos quiosques – onde se faziam debates, se distribuíam materiais de propaganda política, se realizavam recitais, se discutiam problemas e questões da guerra civil, se realizavam performances etc. –, seja pelos objetos de designer utilitário – como cadeiras e bancos dobráveis, monumentos e prédios etc. –, a questão que permeava as discussões desses produtores de arte provinha de dois focos: a mobilização política e a emergência de novos contingentes populacionais, ambos sendo elementos constituintes do espaço público.

Em 24 de novembro de 1922 os membros do chamado *INCHUK*, o Instituto de Cultura Artística, associaram a esses dois pontos iniciais à idéia fundacional do programa construtivista: estava declarada que qualquer arte que não estivesse de alguma maneira articulada aos parâmetros da produção industrial, qualquer arte que não tivesse um fim produtivo era dispensável e menor. Vejamos a citação que poderá esclarecer mais a ação dos programas construtivistas:

> A arte tornou-se construção de objetos, elaboração técnica de materiais, aproximando-se às formas do artesanato, à experiência operária. Após as imagens absolutas do suprematismo, os cubofuturistas propunham-se, portanto, à criação de um novo universo de peças essenciais e precisas, contrapondo uma parcimoniosa compacidade de formas, quase um purismo ascético, à prolixidade redundante da época burguesa.

> A idéia de uma arte industrial ("proizvódstvienoie iskustvo") era revolucionária demais para um país retrógrado como a Rússia. Mas os "produtivistas" ("proizvódstvieniki") ultrapassam a superficial negação dos valores do passado. A sua guerra à metafísica em nome de esquemas racionais obrigou-os muitas vezes a assumir uma atitude de niilismo estéril.
>
> Por outro lado o industrialismo que defendiam não pôde dar resultados notáveis, não só por causa da crise econômica que se seguiu às lutas civis e dos gostos antiquados dos dirigentes e burocratas (que preferiam à todas as construções o busto em gesso de Marx barbudo), mas também devido ao caráter abstrato e ilusório de muitos de seus própositos. [...]
>
> Os projetos de círculos, quiosques, monumentos, edifícios, estações de rádio, preparados pelos construtivistas, foram freqüentemente utopias extravagantes, comparáveis às de Khliébnikov. (Ripellino, 1986, p. 116-167)

A monumentalidade não deve ser um traço a ser julgado como empecilho para as pretensões construtivistas. Talvez a questão de falta de infra-estrutura, grave crise econômica e uma guerra civil que ainda iria se arrastar durante um bom tempo, sejam motivos mais significativos para os planos – e delírios – do projeto construtivista não conseguirem ter tido êxito suficiente. Mesmo assim, deve-se destacar que, de uma certa maneira, muitas das prerrogativas construtivistas foram realizadas, no nível de projeto ou como proposição de ação e intervenção públicas. O espaço público como espaço de construção de subjetividades singularizantes tem seus primeiros passos realizados aqui. Se as motivações eram a mobilização e a articulação dos processos artísticos à vida comunitária – através de uma *utilidade* que o fazer artístico deveria ter e de sua relação e aproximação com o fazer cotidiano –, a própria realização do real comunitário e cotidiano acaba por ser contaminada por esse processo de singularização e criação. Os projetos mais delirantes não contribuíam, em primeira mão, para uma homogeneização dos contingentes populacionais. É claro que num segundo momento, toda esta monumentalidade acaba por ser capturada pela lógica do Estado e é esvaziada do sentido comunitário anterior, retirando seu caráter de invenção de subjetividades autônomas. O discurso de Estado se sobrepõe à construção da realidade como evento constituinte, e o espaço público é transformado em uma continuidade dos aparatos de disciplinarização do comum, rompendo com a possibilidade da invenção como linha de força na cartografia dos desejos que configurariam os novos espaços da cidade.

Talvez, dos projetos mais significativos, ligados a esta monumentalidade desejante dos construtivistas, esteja o de Vladímir Tátlin, *O Monumento à Terceira Internacional*. Vejamos a descrição do projeto:

> O monumento consistia em três grandes corpos de vidro, sobrepostos e fechados no invólucro de uma espiral de ferro: corpos geométricos que deviam rodar sobre o próprio eixo com velocidades diversas. A parte inferior (um cubo), destinada a congressos, conferências, assembléias legislativas, completaria uma volta por ano. A do centro (uma pirâmide), sede do comitê executivo e da secretaria da Internacional, uma volta por mês. A parte superior (um cilindro), reservada para a imprensa, a redação de um cotidiano e uma editora de manifestos, opúsculos e proclamações, uma volta por dia. No alto de tudo elevar-se-ia uma enorme antena radiotelegráfica. (Ripellino, 1986, p. 118)

Uma maquete gigantesca deste monumento foi construída e exposta ao longo da passagem de manifestações públicas e desfiles militares. Apesar de nunca ter sido realizado, o monumento é uma demonstração significativa das pretensões do projeto construtivista e Tátlin segue sendo uma referência do pensamento elaborado na direção de uma arte que visava o encontro e a construção de novas possibilidades de real sobre o/no espaço público.

Nós não podemos deixar de pensar sobre as realizações da arquitetura modernista brasileira e o discurso concretista paulista. Para além destes já citados ecos do construtivismo, caberia discutir aqui – cronologicamente – a relação com grupos posteriores que irão elaborar uma necessidade de interferência na produção de sentido do espaço público.

A título de exemplo, poderiam ser ressaltadas as experiências desenvolvidas por alguns grupos paulistas em meados da década de 80 que utilizavam o espaço público como circuito de interferência e de arte. Podem ser citados, por exemplo: o Manga Rosa, o *3Nós3* e o *Viajou sem Passaporte*. Esses grupos utilizavam espaços inusitados e pouco convencionais para suas ações – praças, *outdoors*, monumentos públicos etc. A questão que esses grupos colocavam, de maneira geral, era a problematização radical dos circuitos de arte e de seus limites seletivos, a ausência da experiência do olhar do público, dos limites do que é o publico e do que pode ser dito ou nomeado como público. Segundo Taísa Helena P. Palhares,[4] os pontos de articulação que aproximavam os grupos eram:

> Apesar das diferenças entre eles, unia-os a visão de que o importante era recuperar a qualidade subversiva do gesto artístico, capaz de instaurar uma crise no estado de normalidade vigente mediante a introdução de elementos estranhos em situações cotidianas. As pessoas viam-se confrontadas de repente (e o caráter surpresa aqui é decisivo) com fatos insólitos que as obrigavam a abandonar o estado de inconsciência e desatenção diante dessas situações. Muitas vezes, não apenas indivíduos, mas toda uma classe de profissionais era provocada a reagir. Por exemplo, o grupo Viajou sem Passaporte, além das intervenções realizadas em linhas de ônibus e ruas – como Trajetória de um Curativo, Trajetória da Árvore e Trajetória de um Paletó –, efetuou ações em peças teatrais que visavam desestruturar a relação pré-estabelecida entre público e atores, ocasionando a ira de algumas companhias teatrais. (Palhares, 2003, p. 15)

Esses grupos, em sua maioria, agiam anonimamente, não assinavam o trabalho de maneira individual e trabalhavam enquanto coletivos. A tentativa de romper com as maneiras de captura

---

4 Palhares, T.H.P. *Anarquismo construtivo (?!)*. Jornal Número, n. 1, maio/jun. 2003, USP, São Paulo.

através das quais o circuito do mercado de arte estabeleceu como parâmetros de valoração e juízos impeliu-os à radicalização de um processo que pode ser lido como um evento de resistência e de produção de diferença diante da lógica de conformação e controle dos aparatos de discurso do par estado/mercado. O caráter *subversivo* dos trabalhos aponta no sentido de uma necessidade de se construir rachaduras, fendas, frestas em meio a um espaço que, aparentemente, se tornou mero propagador e repetidor de práticas de controle. Tornar o espaço público novamente público é salientar o real como uma construção que não cessa de refazer. A tática de uma apropriação deste *público* – completamente esquecido pelos produtores de arte – revela um ato de potência em relação aos meios discursivos de controle, fazendo vibrar linhas de força em objetos e espaços que não se encontravam em condição de emitir significados para além dos pré-determinados pela prática estatal. Vejamos o exemplo desta ação:

> A primeira "interversão" urbana de 3Nós3 – grupo formado por Hudilson Jr., Mário Ramiro e Rafael França – chamou-se *Ensacamento*. Na noite de 27 de abril de 1979, o grupo cobriu com sacos de lixo a cabeça de 69 esculturas e monumentos públicos, entre eles o *Monumento às Bandeiras,* de Brecheret, e a estátua de Marechal Deodoro, na praça de mesmo nome. No dia seguinte, anonimamente, ligaram para os principais jornais avisando sobre a ação. A partir de então, o *3Nós3* passaria a utilizar a imprensa como veículo de circulação de seus trabalhos [...] Naturalmente, ver essas esculturas ensacadas deve ter causado estranhamento nos transeuntes, que talvez nunca tivessem parado para observá-las antes disso. Um encarte com 15 fotos mais um impresso de notas de jornais foi editado pelo grupo como registro da intervenção em dezembro do mesmo ano, o que torna clara a intenção de abarcar o comportamento reativo das pessoas como parte constitutiva do trabalho. (Palhares, 2003. p. 15)

Pode-se perceber o parentesco dessas ações com o construtivismo russo do início do século por duas vias: a primeira é pela lógica do engajamento e mobilização e a segunda é a potencia-

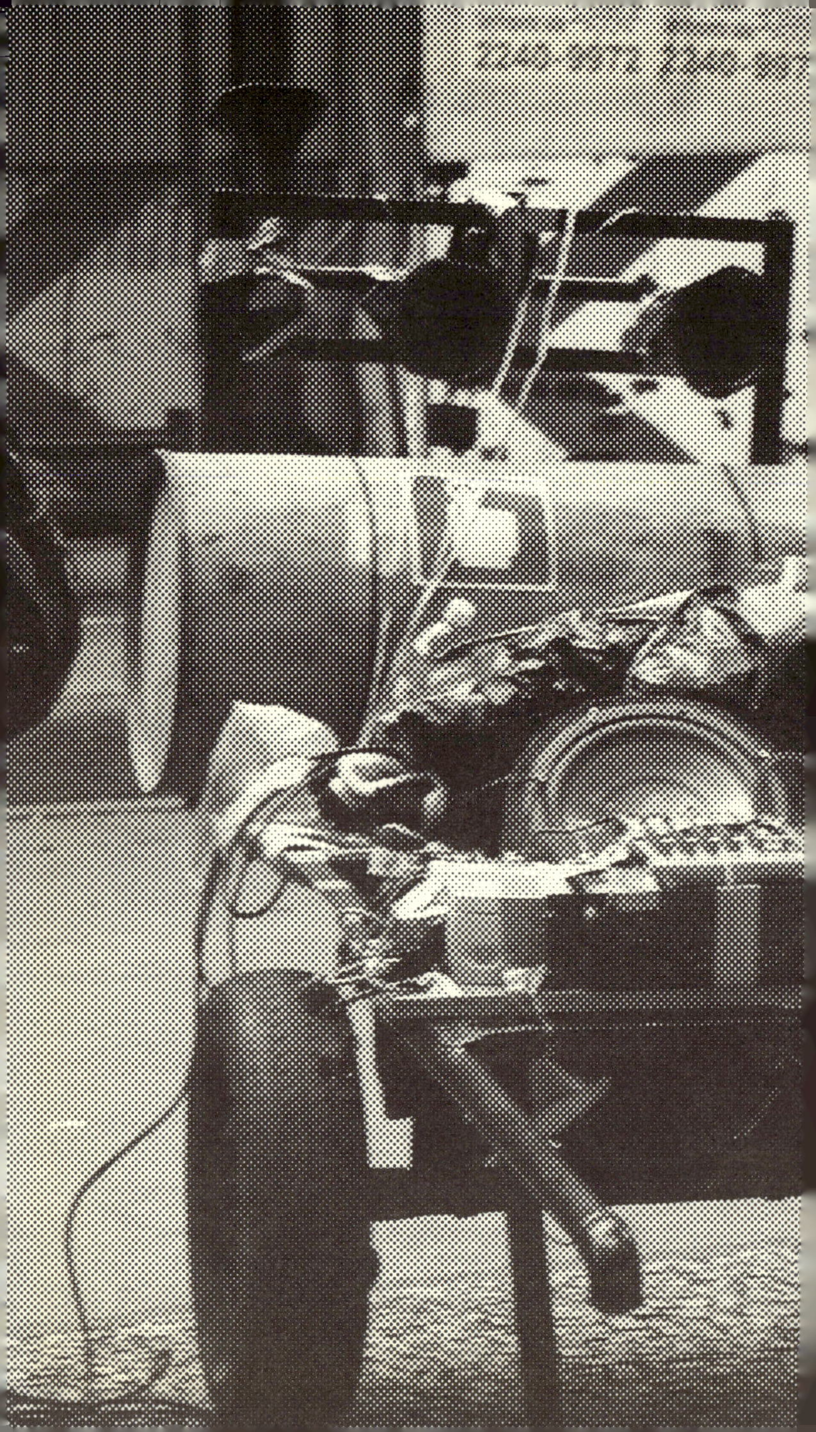

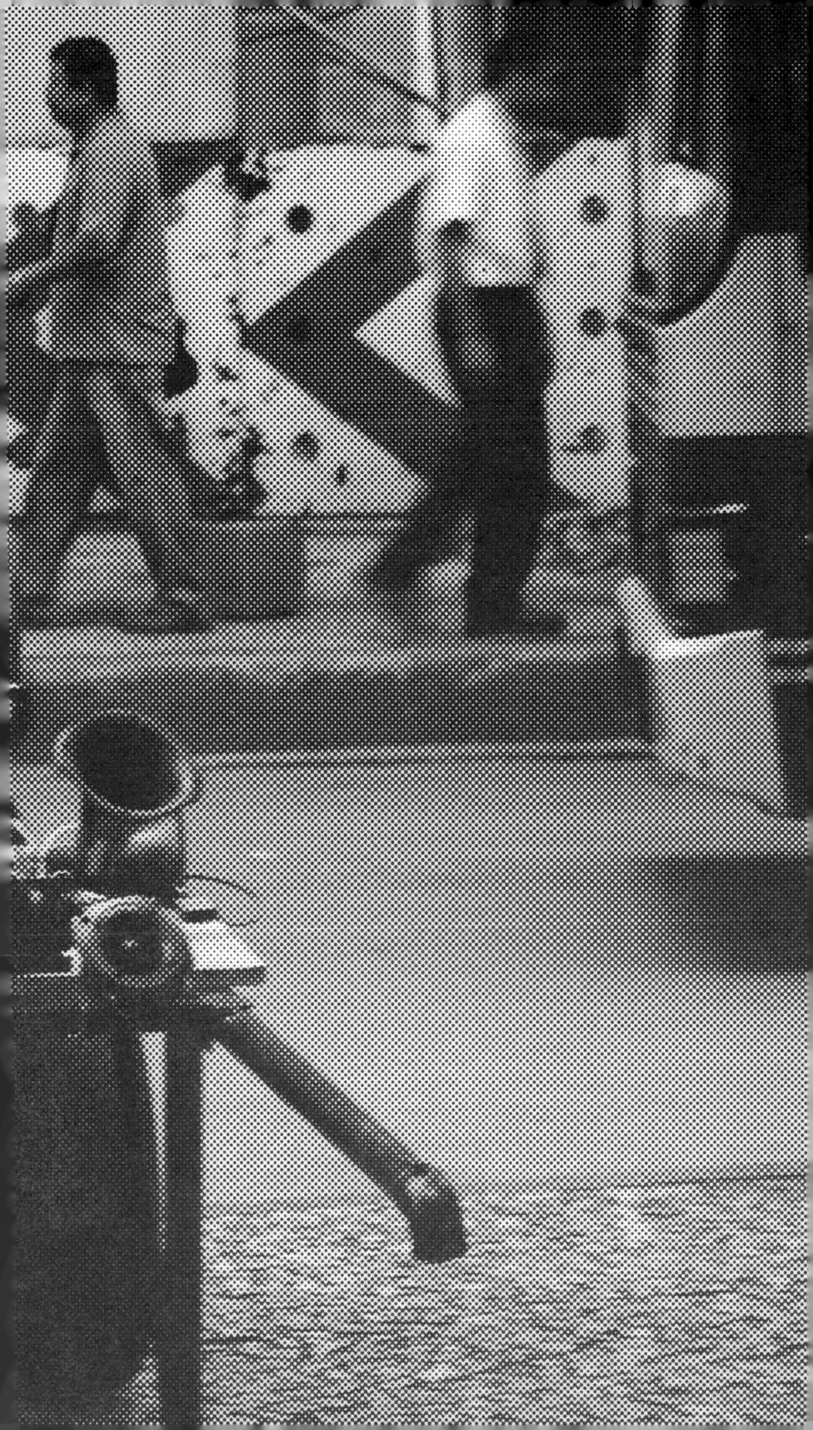

lização do espaço público como espaço de criação e invenção. O que a autora vai chamar de *recuperação da atividade subversiva do gesto artístico* se encontra no mesmo campo das ações construtivistas. Eles se permitiram abrir mão de um projeto metafísico de arte em prol de uma lógica utilitária e prática e de sua aplicabilidade na área social. De alguma maneira, essas intervenções chamavam para a necessidade de se romper com os elos elitistas que se formaram no chamado mercado de arte ao longo dos anos 70/80 no Brasil e no mundo. Esta *recuperação* é na verdade uma potencialização de atos de criação de diferença em meio a um lugar onde a reprodução dos modelos e a manutenção do *status de artista* vêm em primeira mão.

O segundo ponto a ser pensado a partir das utopias modernas: o desenvolvimento da sociedade industrial no sentido de diminuir a precariedade da vida do homem comum. A cidade moderna atolou em meio as suas pretensões. Os construtivistas russos sofrem, neste sentido, do mesmo *mal* dos futuristas italianos: a idéia de que uma solução final estaria sendo realizada pelas evoluções industriais. Vale a pena citar aqui uma breve passagem do estudo de André Gorz,[5] sobre as transformações do trabalho ao longo do dois últimos séculos:

> A crise é importante, mas não se trata, de fato, de uma crise econômica e de sociedade. É a utopia que nutre as sociedades industrias, há dois séculos que se desfaz. [...] a visão do futuro a partir da qual uma civilização pauta seus projetos, ancora seus fins ideais e suas esperanças. Quando uma utopia desmorona, é toda a circulação de valores que regulam a dinâmica social e o sentido de suas práticas que entra em crise. É esta crise que vivemos. Prometia-nos, a utopia industrialista, que o desenvolvimento de forças produtivas e a expansão da esfera econômica liberariam a humanidade da penúria, da injustiça e do mal-estar; que lhe dariam, com o poder soberano de dominar a natureza, o poder soberano de determinar a si mesma; que fariam do trabalho a atividade demiúrgica e ao mesmo tempo autopoiética, na qual

---

5 Gorz, A. *Metamorfoses do trabalho*: crítica da razão econômica. São Paulo: Annablume, 2003.

o aperfeiçoamento incomparavelmente singular de cada um seria reconhecido — direito e dever de todos a um só tempo — como parte da emancipação de todos. (Gorz, 2003, p. 20)

A maneira pela qual o espaço público foi tornado espaço de reprodução do estado nos remete a lógica industrial imposta sobre as subjetividades e corpos, em prol de um ideal de sociedade que dá claros sinais de falência e impossibilidade de resolução que seus próprios mecanismos impuseram sobre a constituição do real, na cidade, na sociedade e na cultura. A função autopoiética que irá reaparecer nas ações dos grupos de São Paulo, nos finais de 70, início de 80, será, talvez, um último e único elemento que se mantém diante do desfalecimento da ordem institucional de controle baseada no modo de operação industrial. A realidade, hoje, se depara com outros elementos constituintes e com outras formas e aparatos de controle — como já fora amplamente discutido —, que estabelecem outras forças em jogo no campo da produção de sentido e diferença no Império. Para tanto é necessário compreender o ponto em que Gorz vai terminar seu raciocínio:

> Da utopia, nada resta. Isto não quer dizer que tudo seja doravante vão e que só nos resta submeter-nos ao curso das coisas.
>
> Isto quer dizer que é preciso mudar de utopia; pois, enquanto formos prisioneiros daquela que se esvai, continuaremos incapazes de aquilatar o potencial de liberação que a transformação em curso contém e incapazes de ela imprimir um sentido apropriado. (Gorz, 2003, p.20)

Não devemos vilipendiar os utópicos construtivistas e seus desejos de construção de uma arte comum e criativa. O que é significativo são os ecos destas experiências poéticas que se propagam para além do esperado, e se transformam em instrumentos possíveis de ação diante das mudanças de sensibilidades e subjetividade pela qual a contemporaneidade se elabora. A experiência destes *anarco-construtivistas*[6] de São Paulo no

---

6 Como eles próprios se nomeavam, segundo o texto já citado de Taísa Helena P. Palhares.

início da década de 80 sinaliza para a possibilidade de uma invenção utópica para além da utopia industrialista. A crise pela qual se passa na atual contemporaneidade é da mesma freqüência da crise pela qual estes grupos estavam passando. Urge a necessidade de elaboração e realização de atos de resistência que venham a romper com a lógica unilateral da razão econômica. E esses atos se dão no sentido de reativar o espaço público como espaço de criação. Atuar no espaço público potencializando e produzindo as diferenças que afirmam a vida.

BARRIO II
(Deambulário)

Deambular. Partir. Andar. Deslocar. Sair. Deambular. Mover. Tocar. Cingir. Escapar. Deambulário: vocábulo escrito/inscrito no/pelo/seu/meu/nossos corpos. Deambulário só. Deambulário língua. Deambulário: teus/meus corpo escrito, descrito, reescrito, conscrito, redito, maldito, dito, dito, dito. Falando a fala do VIVO. Falando a fala olvidada do ESTOU VIVO. Falando: Extremo. Corpo extremo. Ponto extremo. Corpo onde é mais corpo. Corpo onde só pode ser corpo. Teus/meus corpo. Deambulário: intensidade da singularidade. Conjunto de visões, sons, impressões. Conjunto de resíduos, dejetos, trajetos. Não-registro. Não-repito. Não-objetivo. Só. Deambular. Andar sem. Andar sem nada. Andar sem nada ir. Andar sem nada ir nenhum. Andar sem nada ir nenhum poder. Andar potência. Andar potência de outros. Andar potência de outra cidade. Andar em muitas cidades. Mesmo sendo a mesma, sendo o mesmo outro, mesmo sendo a repetição, mesmo voltando: andar: limite. Andar muitas cidades. Andar outras cidades. Deambular. Esquecer que se é. Só ser. Só estar lançado na imensa intensidade do múltiplo. Esquecer o sentido, a direção. Se lançar no trajeto. Se lançar no corpo. Suprimir qualquer registro. Suprimir qualquer narrativa. Só estar na EXPERIÊNCIA. Ser EXPERIÊNCIA. Imersão. Imersão singularizante. Potência do é-corpo. Dispensar todos os suportes. A cidade: um suporte. Dispensar a cidade. Só andar. Deslocar-se. Andar corpo. Ser corpo em movimento. Ser movimento. O que pode um corpo? Andar, deslocar-se, singularizar os espaços, perder os espaços, experienciar a experiência dos espaços. Limite: tempo. Corpo lançado no tempo. Instante. Instantaneidade. Intensidade do instante. A cada instante quantificar os instantes. Única cronologia possível: intensidade experienciada ou limite do limite. Corpo. Supressão completa. Imersão total. Traição. Só trajeto. Só corpo só. Produção de subjetividade singular. Singularização do tempo, da intensidade, da agoridade. Resistir corpo. Insistir experiência. Deambular. Deambulário: imersão na invenção de uma língua outra, inventário de possibilidades impossíveis, experimentação da necessidade da experiência. Delírio deambulatório: invenção de línguas outras. Delirar. Andar. Corpo singular movimento. Movimento do/no movimento. Movimento como ação. Ação na/da ação: corpo. Teus/Meus corpo. Escrever-se/Inscrever-se. Andar. Deambular. Deambulário.

4 dias. 4noites.

1970, maio ou junho. Um corpo sai de seu quarto. Depois de alguns dias fumando a lendária manga rosa,[7] um corpo sai. Vai deambular. Desloca-se de seu quarto no antigo Solar da Fossa, caminha. Deixa para trás a inércia, se põe em movimento. Não se trata de um movimento qualquer. Trata-se de buscar uma experiência radical. Trata-se de tentar alcançar o que poderia ser tratado como um trabalho de arte sem precedentes. Alcançar a radicalidade máxima a partir da experiência. Deambulário. Um corpo lançado no trajeto. Um trajeto qualquer. Trata-se da experienciação do movimento, do corpo em movimento, do corpo vivo. Mas trata-se, prioritariamente, de um acontecimento da ordem do subjetivo. A produção de uma subjetividade completamente singular. A criação de uma língua própria: deambulário. O corpo transformado em uma língua própria, realizando uma fala única.

---

7   Certo tipo de maconha, de alta qualidade, muito utilizada na época.

Fazer do corpo uma inscrição. Uma inscrição baseada na instantaneidade, na sua capacidade de experienciar cada intensidade do instante, cada instante como se fosse um último e único ponto sem retorno, sem volta. Caminhar. Deambular durante quatro dias e quatro noites. Sem nenhum *a priori* específico, sem nenhum trajeto específico, sem nenhum retorno possível. Experimentar o limite. Quatro dias e quatro noites porque não era possível mais, porque era o limite, era a extensão máxima da intensidade suportável pelo corpo, a afirmação do corpo em toda sua intensidade. O corpo é o caminho.

Artur Barrio tinha como principal pretensão realizar uma experiência absolutamente radical. Fazer algo distinto de todas suas experiências anteriores. Desejava romper com a dependência do registro, realizar uma imersão completa na experiência. Sem nenhum tipo de mediação, sem nenhum tipo de suporte ou aparato. Só o seu corpo e a radicalidade expressa do real. Buscava fazer algo que o singularizasse – daí um dos motivos que irão dar um caráter marcadamente subjetivo à experiência. O rompimento deveria ser geral e total em relação a qualquer outra expectativa que não fosse a intensidade da experiência per si. Barrio tinha consciência – pelo menos num certo nível – do perigo que estava correndo. Os limites estavam sendo testados. Mas, para ele, o mais significativo não era o teste ou a avaliação dos limites, mas, sim, a experienciação radical da experiência. Não se tratava de um laboratório existencial, algo da ordem do teatral, onde os gestos seguem a algum tipo de encenação prévia, algum tipo de desenho anteriormente definido. Trata-se de uma imersão radical no real, real esse produzido por uma potência afirmativa do real, ou seja, na experienciação da experiência no/pelo/através do corpo. O corpo será a medida – do limite e da intensidade – onde a experiência irá se tornar real. É no corpo que o real se torna prática do real, realidade. O corpo é tornado então, campo do acontecimento. E o acontecimento é a radical experienciação da experiência de estar vivo.

Para a crítica e historiadora de arte Cecília Cotrim, a idéia de experiência presente na poética de Barrio se aproxima do pensamento estético dos românticos alemães do início do XIX:

> Em certas manifestações estéticas contemporâneas há ênfase no fluxo entre arte e vida, aspecto que levaria imediatamente à noção de experiência que surge no romantismo alemão, em torno da pintura de paisagem de Carus e Caspar David Friederich: do relato da deambulação de Artur Barrio pelas ruas do Rio de Janeiro, em 1970, ao relato de viagem de Carl Gustav Carus e Caspar David Friederich à Ilha de Rugen, 1819. "O meu trabalho foi uma maceração, foi longo. Uma maceração do tempo, da percepção, da subjetividade", diz Barrio. (Cotrim, 2003, p. 53-54)

O que Cecília aponta aqui é uma questão que ganha às vezes um caráter de tabu na história da arte institucional: a relação entre arte e vida é um legado setorizado dos anos 60/70 e não é encontrado em nenhum dos outros momentos históricos da arte. É claro que, a tentativa de esquadrinhar cronologicamente esses acontecimentos, conota uma desqualificação dessa relação tão significativa para os atos de criação dos produtores de arte. No entanto, o que pode ser pensado aqui, é que a noção de experiência assinalada pelos pintores Caspar David Friederich e Carl Gustav Carus é de ordem semelhante, mas não é a mesma presente nos trabalhos de Barrio. A realização dos fluxos poéticos presentes em ambos chega a níveis de intensidade próximos, mas o trabalho de Barrio será bastante singular na maneira de tratar os mesmos aspectos.

Para Barrio, a imersão coloca um nível de qualificação do experienciado que torna impossível qualquer possibilidade de um distanciamento idealista, que busca sentir as impressões do evento da natureza. Não existe espaço para nenhum tipo de sublime kantiano no trabalho de Barrio. A aventura de Barrio é uma aventura comum. O gesto de Barrio é uma imersão no real enquanto realização patética do real. Barrio se aproxima muito mais aos degredados e marinheiros dos primeiros momentos do processo colonizador europeu no século XVI: trata-se de trabalho. É uma experiência mundana, uma luta banal pela vivificação do vivo, um encontro com o outro, o outro que se repete mas não é o mesmo, o outro-intenso do comum. Não existe um espaço para um olhar de autor, o ponto de vista do artista, o toque do gênio sensível sobre o sublime ou uma experiência enquanto fruto de um gênio sensível diante do impacto do sublime experimentado. Não é uma experiência da natureza ou do natural, através de uma vivificação de suas emanações e sensações. Não é um sentimento transcrito para nenhum tipo de narração ou descrição. É uma imersão. Uma imersão do que há de mais comum: a experiência radical de vivificação da vida. A potência real de se estar vivo.

A experiência – a vida-na-terra [*Erdlebenerlebnis*], nos termos da pintura de paisagem romântica – é quase diametralmente o oposto do que se pode pensar em relação ao acontecimento que Barrio deseja assinalar. A materialidade da experiência de Barrio nos remete ao corpo em toda sua potência de singularização. O encontro realizado entre o corpo e o trajeto é da ordem do constituinte, do porvir. Não há uma finalidade transcendental possível. Há um relação direta com o fim comum que se realiza no espaço/tempo do trajeto/intensidade do acontecimento. A terra, o encontro do corpo com o trajeto, é transfigurada pelo movimento da experiência. A terra não é um suporte, ela é um ato, um meio em movimento constante, que se configura no corpo-trajeto. A única inscrição possível reside no encontro. A inscrição é o resíduo do trajeto, é o trajeto do trajeto no corpo. O corpo no/como meio traduzido/traído pelos resíduos de trajetos intensos. Barrio tem em seu corpo o devir-terra a partir de seus deslocamentos. A deambulação é uma maneira de desautomatizar o caminhar – a exemplo dos surrealistas com sua escrita automática. Deambular significar então, ser lançado de encontro ao acontecimento, consumar o corpo como trajeto e o trajeto como corpo, escapar ao significado unitário, unilateral, e experienciar experiências reais. O que se está chamando aqui de real, não condiz com a discussão levantada por Lacan via

Foster.[8] O real aqui é pensado como potência delirante, capacidade afetiva dos corpos e encontro de multiplicidades singulares. O real como um acontecimento constituído pelos movimentos. Não se trata de revelar uma experiência real do real. Trata-se de realizar o real enquanto atualização de cada ato, de cada instante, de cada intensidade. Barrio tenta descrever esse processo em entrevista realizada em 2001:[9]

> **Cecília** – E cada segmento levava a outro?
>
> **Barrio** – Era uma etapa, exatamente.
>
> **Cecília** – Quando você chegava ali, a associação...
>
> **Barrio** – Era outro segmento do percurso. Então, eu penso que nesse tempo que eu fiquei incubado – fiquei queimando fumo durante três dias, o "manga rosa" – houve uma estruturação do caminho a seguir, no exterior.
>
> **Camillo** – E esse limite, entre seguir para um outro segmento e interromper, era constantemente presente para você? "Daqui eu tenho que ir para esse outro segmento ou vou em frente?"
>
> **Barrio** – Não. Era algo que terminava. Era algo como... bom, eu bebi um gole de café há pouco, agora vou dar outro gole. E assim vai... [...] Havia um desdobramento constante e contínuo. Não havia controle. (Barrio, 2001, p.83)

Cada gesto e cada ação – tal como tomar um gole de café – é lançado nesta intensidade palpável do real. O real é a repetição do comum, e, no caso desta experiência, é a repetição do comum enquanto processo de singularização. Singularizar é o ato atualizado no/pelo corpo. O corpo será então a instância comum do real, e o real, uma série de configurações múltiplas em processo de diferenciação. O que Barrio está nomeando como segmento,

---

8 Foster, H. *The Return of the Real*: the avant-guarde at the end of century. Londres: MIT Press, 1996.
9 Reis, P.; Basbaum R.; Resende; R. *Panorama de arte brasileira 2001*. São Paulo: MAM, 2001. Essa entrevista foi realizada por Cecília Cotrim, Luís Camillo Osório, Ricardo Basbaum. Ricardo Resende e Glória Ferreira.

é a intensidade de cada instante percorrido. O trajeto é transformado na constante e múltipla atualização destas intensidades. O segmento não é um fim. O segmento é a necessidade de seguir-se deslocando, de permanecer-se em movimento. Não existe uma causa, ou um regime de causalidade, há o jogo das intensidades singulares e sucessivas. Cada segmento leva a outro, mas está fora de qualquer possibilidade causal. Ele está em pleno movimento, em total deslocamento, então, quando se fixa, se fixa em um pequeno momento, para logo após se lançar novamente. É nesse momento onde se dá o breve encontro entre o corpo e o instante. E esse encontro é da ordem da intensidade, intensidade que se projeta em cada segmento, sem distinção. Assim, a noção de movimentos precedido de impulso causal, não é suficiente para ler a experiência da deambulação delirante de Barrio. A maneira pela qual ele vai estabelecer impulsos seqüências em seu trajeto, está ligado a um dispositivo subjetivo, que não se resume a determinar os fins ou finalidades do deslocamento, mas, sim, a criar um estofo poético, gerar uma potência experiencial intensiva, que irá lançá-lo na necessidade do deslocamento. Necessidade essa da ordem do peremptório, do constitutivo do real, da atualização da pulsão poética criativa. A experiência passa a ser então, um acontecimento elaborado na materialidade da necessidade do trabalho.

Essa materialidade aponta, paradoxalmente, no sentido da sensação de limite, na discussão sobre a extensão da experiência. Luís Camillo Osório coloca a questão da relação com o limite, limite do corpo, da morte, da vida através da exaustão física e psíquica pela qual passa Barrio em sua deambulacão. Vejamos como se desenvolve este debate:

> **Barrio** – [...] Não sei, foi um processo meio estranho. Agora, a pessoa que não se alimenta, quando faz jejum, começa a ter determinadas percepções. A pessoa que se desgasta fisicamente começa a ter certas percepções. A coisa não é só a droga, mas também esse processo de jejum, do não se alimentar, do cons-

tante esforço físico. Quando Camillo fala da morte como objetivo final, aparentemente...

Camillo – Não como objetivo, mas como possibilidade.

Barrio – Sim, como tudo, não é?

Camillo – Não, se você está num ateliê pintando, a morte não é uma questão. Mas se o cara está ali diante de uma procissão rebelada, ela é uma possibilidade. Se você está andando na rua quatro dias e quatro noites, sem alimentação, e num processo de convulsão interna muito forte...

Barrio – Sim, mas a procura, nesse processo, era chegar a algo que se abrisse para outra dimensão, em termos de arte. Então, havia o aspecto da vida.

Camillo – Claro, eu acho que o objetivo era a vida, mas você teve que passar por esse limite, até concreto, de certa maneira.

Barrio – Sim, daí a questão. Por quê, e por que dessa maneira? Há perguntas. Eu queria alcançar um certo nível de percepção, para transformá-lo em criação. Mas aí também seria desvendar todo um aspecto do mundo da arte. De onde vem a criação? A própria ciência jamais conseguiu desvendar isso. Mas há uma falha imensa, e, o que resultou desses *4 dias 4 noites*, finalmente, foi algo que, apesar de ter sido feito e realizado, não teve o resultado esperado. A coisa teve outros, sumos, fluidos, processos. (Barrio, 2001, p. 83-84)

O limite é o jogo entre a vida e a morte. O limite é a experiência. E essa experiência é o trajeto tênue entre vida e morte. Barrio vai afirmar o vivo, a vida, as linhas de força que estão presentes no que está vivo. É o trabalho vivo diante do trabalho morto. Ele opta por se lançar na intensidade do que está vivo. Não se trata de uma negação ou de uma negatividade da vida, e nem tão pouco uma apologia da mortificação. Por mais que alguns trabalhos de Barrio estejam completamente associados a níveis orgânicos de putrefação, ou dejetos e elementos oriundos deles, ou estando em processo de decomposição, a materialidade é seu meio poético de afirmação da vida, de explicitação – justamente por se tratar de dejetos, restos, falhas, riscos, rastros e traços de processos orgânicos – do que está vivo em toda sua carga e potência de vida. O dilaceramento presente nesses trabalhos expõe toda a materialidade pertencente a esses materiais. É ai que eles se tornam mais vivos do que nunca: as linhas de força são atualizadas em sua pulsão poética.

A deambulação imprime em seu percurso um senso do comum, e o comum, aqui, é a vida. De certa maneira, Barrio explicita em sua experiência a necessidade de afirmar a vida em detrimento de um *simples viver*: A ressignificação criada pelos trajetos, expõe a potência de cada gesto, as forças criativas presentes em cada momento, em cada ação. O comum é distinto da simplificação ou da banalidade da repetição do mesmo – Barrio torna-se multidão, em detrimento de seus devires reativos de massa. Esse é um ponto significativo de atualização de um sentido poético/político do trabalho de Barrio. De certa maneira, quando Barrio se lança nessa experiência, ele está explicitando – mesmo de maneira indireta – as ameaças de controle, constrangimento e conformação, das subjetividades contemporâneas. Existe um enfrentamento com as forças colonizadoras do biopoder. Trata-se de apostar na biopotência, na capacidade constituinte de potências corporais que possam criar *outras* subjetividades, processos de singularização subjetivas que expressem a diferença como elemento comum. É a luta de uma multidão, e Barrio é uma multidão. Não se trata de algo reativo, algo que se encontra ligado a um projeto político particular. Barrio não exercia nenhuma pretensão exclusivamente política – no sentido fechado de um programa – quando se lança na realização de seus trabalhos. Ele age por necessidade. E essa necessidade é a manifestação do desejo do outro, da afirmação da vida, da quebra de regimes de controle, e da ordem da invenção de uma *outra* subjetividade realizável. É a necessidade de resistir, de insistir em uma outra dobra, em outros devires, em suma, na realização da potência afirmativa e constituinte da vida. E é isso que o coloca fora do tempo cronológico, e o lança na espiral da contemporaneidade. A materialidade corporal é exposta como elemento afirmativo: viver é tornar-se experiência, é experimentar os limites de construção de realidades, é jogar-se no vórtice do gesto. Criar a situação de experiência, é experimentar a radicalidade de estar vivo.

A deambulação é uma dança sobre os limites. Ela estabelece vetores duplos de significação. Por um lado, o trabalho de redução ao comum, ao corpo – em toda sua capacidade de singularização –, e por outro, a extensão da cartografia de intensidade presente no trajeto pela cidade. Barrio vai trabalhar a simultaneidade dessas intenções. Quando Luís Camillo Osório propõe uma aproximação com a *Experiência N. 2*, de Flávio de Carvalho, Barrio faz questão de distinguir os objetivos presentes em ambas as experiências. Vejamos como se dá o debate:

> **Camillo** – Barrio sabe o que esse trabalho me lembra? A *Experiência N. 2*, do Flávio de Carvalho.
>
> **Barrio** – É, mas lá é objetivo, porque ele parte frontalmente contra algo, real. Não parte contra a própria subjetividade. A subjetividade dele existe em função da objetividade que está presente. [...]
>
> **Camillo** – Mas o que me faz lembrar a *Experiência N. 2* é o seguinte: o Flávio de Carvalho está andando num ônibus, vê uma passeata, uma procissão, salta, pega um chapéu verde, veste esse chapéu e entra no comício. E a sensação que se tem, ao se ler a narração do episódio, é de que, a cada minuto, ele ia reagindo, em função do que estava acontecendo.
>
> **Barrio** – E que ele tinha provocado.
>
> **Camillo** – E o limite é a morte dele. E o que me interessa, e que é, de certa maneira, próximo ao seu trabalho, é que o limite não é a arte, mas a vida. Ele não faz nenhuma referência à discussão da arte.
>
> **Barrio** – Mas aí é que me pergunto: primeiro, esse ato é reativo. Ele provoca e tem uma reação imediata que não sabe qual é, mas que, mais ou menos, entenderia de onde viria; eu não. O *4 dias 4 noites* não tem isso, essa reação. Não se dá a partir de uma inteligência reativa. É extremamente solitário. A única reação que poderia

> haver em relação aos meus atos seria do meu próprio corpo, que é desgastado. Agora, o artista que rompe com certas barreiras condicionadas ao meio, ao contexto da época – e o Flávio corre esse risco também – é passível de sofrer uma série de coisas. Com um Gauguin ou, enfim, aqui no Brasil, um Hélio Oiticica. (Barrio, 2001, p. 82)

As duas primeiras distinções são do campo da relação objetividade/subjetividade e da consciência do ato de arte. Barrio destaca a relação objetiva que a proposta de Flávio assume. A contraposição e o desafio frontal da experiência de Flávio reforçariam o caráter *reativo* do trabalho, tornando-o objetivo. Reativo aqui subentende-se como a frontalidade objetiva presente no sentido do trabalho – ele tem como *leitmotiv*, a reação à uma situação dada: a procissão. Para Barrio, a objetividade é o oposto ao que ele pretendia com o seu trabalho. A noção de subjetividade, no sentido de uma ausência prévia de objetivo e de frontalidade, são elementos de distinção entre as duas ações. Outro ponto é a da consciência do ato artístico. Barrio tinha como impulso poético uma postura de busca de uma experiência artística totalmente singular, enquanto a discussão de Flávio primava pela discussão dos limites do sentimento religioso coletivo. Apesar de Barrio estar totalmente consciente de seu ato, existe um desgaste proposto pelo acaso e pela crueza da ação do tempo que o coloca refém do acontecimento, no mesmo sentido que o ocorre com Flávio. Ambos alcançam, indiferente de seus pressupostos anteriores, o encontro com a impossibilidade de quantificar e qualificar qualquer causalidade possível. A exposição e a disposição corporal de ambas as experiências, constituem um jogo de limites – como colocava Luís Camillo Osório – e de potências. Os limites dizem respeito à ação do tempo no corpo, do acontecimento no corpo, a experiência da superficialidade estóica experimentada pelo/no/sobre o corpo. As potências são relativas ao corpo em movimento, aos trajetos inscritos na ação do corpo, memória atualizada como vida vivida ou *vivível*. Ambos – limites e potência – são para os dois trabalhos características afirmativas da vida em movimento, ou do movimento da vida em plena ação constituinte de singularidades. Para além de qualquer projeto, pressuposto ou programa, o que ocorre é um encontro de duas experiências entremeadas por sentidos afirmativos de vida, em toda sua materialidade corporal, seus movimentos, seus tempos e suas forças. Sigamos um pouco mais com a discussão:

> **Barrio** – Para mim esse gesto estava ligado à arte. Claro que estava também ligado ao processo de vida, tudo isso é muito mesclado... Agora, o meu trabalho foi uma maceração, foi longo. Uma maceração do tempo, da percepção, da subjetividade... algo incompreensível. Visto de fora, era simplesmente uma pessoa comum andando pela rua. No tempo, a coisa foi sofrendo algum desgaste. Já o Flávio fez algo bem impactante. [...] E, no caso do Flávio de Carvalho, ele entra num processo em que se situa também como transeunte. Eu acho um pouco cristão: ao mesmo tempo em que ataco, eu posso receber uma reação contrária. Ele está ali provocando, mas também exposto, e isso é de muita coragem, acho eu.
>
> **Camillo** – No caso dele, como você falou, há algo de religioso de martirização, que é dele mesmo e da situação que ele estava querendo provocar, revelar, que é nossa religiosidade coletiva. [...] Mas, enfim, o fato dele entrar num ônibus e ter essa percepção, isso coloca para ele um objetivo. No seu caso, você, ao sair de casa...
>
> **Barrio** – Não, Não é "ao sair". Na época, eu morava no Solar da Fossa, onde hoje é o Rio Sul. E fiquei vários dias ali, pensando de que maneira eu... então houve um dado momento, que foi o início desse processo, digamos assim... Bem cedo, de manhã, eu saí, caminhei, fui até a orla da Lagoa Rodrigo de Freitas, fiz um percurso sem objetivo, mas interiormente havia um objetivo, isso que é estranho. Havia um comportamento de seguir vários segmentos pontuais. (Barrio, 2001, p. 83)

A relação com o meio espacial – a cidade – explode a possibilidade de um sentido linear. A lógica do contágio se impõe como jogo do acaso presente aos encontros. O espaço da cidade é o espaço do acaso, do jogo. Por mais que os caminhos sejam, a todo momento, reificados, realocados como espaços já conhecidos, a arte de deambular é a disponibilidade para o jogo do acaso. O deambular – andar sem destino prévio, transitar sem ponto de chegada ou partida – não deseja a construção de narrativas determinadas, ou pré-determinadas. O acaso é um elemento constituinte da deambulação. A cidade, em ambos trabalhos, deve ser pensada como suporte para a experiência.

Se a narrativa de Flávio é sublinhada pela necessidade de dar conta de um diálogo filosófico e psicanalítico com Freud, Barrio irá se lançar na impossibilidade do discurso linear, no fragmento e na descontinuidade. Ambos estão jogando com o acaso, ambos estão lançando seus corpos na experiência, ambos são transformados em acontecimento pela experiência que transcorrem. Flávio em sua tentativa de construção narrativa, quase *científica*, explicita a potência do acontecimento em sua ação corporal. A narrativa de Flávio age no *gap* entre a experiência propriamente dita, e o projeto ou a proposta inicial. É nesse espaço, nesse *entre,* que ela se torna mais significativa. Sem dúvida, a narrativa ganha um caráter de resíduo. Contudo, ela deve ser pensada para além dos limites de sua pretensão inicial, mas sim, como um signo do/em deslocamento, deslocando-se em meio a estrutura da experiência.

No caso de Barrio, o *caderno-livro* – realizado em 1978, quase dez após a experiência de deambulação – foi uma pretensão inicial que perdeu importância no momento seguinte. Ele ficou em branco.[10] Na verdade, eles – os *cadernos-livros* – ainda funcionam dentro da clave de registros e estão repletos de tentativas descritivas do processo experimentado. Barrio, os vê ainda como registros do qual ele tenta se livrar:

> Eu, pouco a pouco, fui me desfazendo dos suportes, restaram só os cadernos-livros. Nesse processo do *4 dias 4 noites*, houve a consciência de um rompimento com essa tradição que fazia parte

---

10 Como ele pontua no início da entrevista citada anteriormente (ver nota 9).

> de mim, da minha cultura, do meu nascer, da minha relação com o mundo. Havia a consciência dessa ruptura, e a ruptura com a tradição é que cria a grande angústia. Justamente aí eu deixava um terreno sólido, o suporte, pelo aspecto da aventura ou do nomadismo. Então, há essa ruptura. Evidentemente, tudo isso acarreta um esgarçamento, um choque muito violento. (Barrio, 2001, p. 88)

Todo produto de arte é fruto de uma ação de trabalho. A maneira pela qual o produtor de arte vai singularizar determinado objeto ao longo de seu processo de criação é o que vai dar um estatuto de arte ao seu produto. A utilidade, no caso da experiência de arte, é o próprio ato de se experimentar a experiência de singularização do objeto de arte. O problema é que, na contemporaneidade, estas antigas fronteiras de sustentação do objeto de arte como produto *per si*, não são mais viáveis. O objeto de arte não consolida nenhum interesse fundamental em si mesmo. Ele é, de alguma maneira, signo de um *trabalho morto*.[11] São os processos, ou as deflagrações, como propõe Barrio,[12] que são potências para os processos na contemporaneidade. A partir daí surge a noção de dejeto, ou seja, o objeto que perde sua objetividade em prol do movimento da ação de arte. Os *cadernos-livros* de Barrio são um bom exemplo para se pensar essas atuais singularizações. O deslocamento de foco, se dá pelos processos que não podem mais ser reduzidos a pequenas objetivações de um processo que não se consumiu. Barrio vai afirmar em seu caderno-livro de 1978 – relativo ao *4 dias 4 noites* – o caráter singular do trabalho sobre/no/pelo corpo:

> Para finalizar direi algo referente ao corpo no referente à realidade latino-americana e especificamente a brasileira: o confronto do corpo, do fazer, é obviamente uma característica do terceiro mundo por justamente sermos economicamente subdesenvolvidos e justamente por isso mesmo o corpo está muito mais presente em qualquer tipo de ação do que em qualquer país superindustriali-

---

11 Para o conceito de Trabalho Morto ver Negri, A. *Kairós, alma Vênus, multitudo*. Rio de Janeiro: DP&A, 2003.
12 Ver nota 9.

zado conseqüentemente superorganizado, senão vejamos: numa obra, ao mesmo tempo que são utilizados os últimos tipos de máquinas, coabita ao lado dessa perfeição tecnológica o trabalho braçal nos seus aspectos mais primários, é incrível que o estágio primário do trabalho ou seja carregar com as próprias mãos enormes calhaus (como na idade da pedra) coabita/ e simultaneamente (sic) com as mais avançadas máquinas de nossa época. No plano artístico podemos ver que Flávio de Carvalho nos idos 50 já tinha uma atitude no sentido do corpo, ou seja a consciência do corpo e aí vemos que o processo brasileiro nada tem haver com a *body art* (arte do corpo) [...] portanto não vejo a *body art* como celebração do corpo mas justamente a negação total do próprio, uma regressão; é a negação da vida........a criança se autodilacera para que seus pais aflitos a confortem em seus braços....................

UFFFFAAAAAAAAAAA........................ No Brasil o corpo ainda sua.

Barrio, agosto de 1978. (Barrio, 1978/2002, p.157-158)

Para além dos presentes ecos dos discursos de época – a noção de trabalho fordista, o subdesenvolvimento, a presença de uma brasilidade tomada através da falta, do primitivo, entre outros elementos – o texto-delírio-narrativo de Barrio explicita o caráter do trabalho como elo constituinte da ação, e demonstra a implacabilidade do corpo na experiência. A referência a Flávio de Carvalho acentua o desejo de pensar as particularidades no tratamento do corpo no caldo cultural brasileiro. Contudo, o texto ganha maior força no momento em que a afirmação do corpo escapa a territorializações e aponta no sentido da afirmação da vida. Barrio parece ser um leitor de primeira mão dos fenômenos de controle que o corpo atual está inserido. Contra o lugar do biopoder, Barrio segue afirmando a potência constituinte do corpo, as forças de afirmação da vida no/pelo corpo, a necessidade de uma luta corporal pelo corpo.

As táticas de resistência desenvolvidas pelos produtores de arte na contemporaneidade apontam no sentido de desqualificar a pretensão à unidade centralizadora e objetiva do objeto de arte, para apontar no sentido do deslocamento delirante dos dejetos de arte. O que acontece hoje, em termos de processos de criação, está intimamente ligado a elaborações de subjetividades criativas que afirmem a vida vivida e *vivível*, em primeiro plano, daí a constante repetição de processos de diferenciação nos corpos atuantes. Muitos dos produtores de arte na contemporaneidade traíram o desejo pela busca do ser enquanto tal. Esse ato de traição vem imbuído de um sentido de vida produtor de potências de singularização. Afirmar a vida em sua corporeidade é afirmar o real como produtor/produção de diferença. Barrio é um traidor da unidade por necessidade. Seus trajetos são potências afirmativas da vida que emanam processos de singularização por todo caldo cultural brasileiro. É impossível pensar a contemporaneidade sem a imersão criativa do universo poético de Barrio.

4 dias 4 noites é uma linha de força potente que irá – de maneira direta ou indireta – realizar-se como vetor constituinte, nas mais variadas ações dos grupos, coletivos e produtores de arte atuais na contemporaneidade. Barrio é criador de outras línguas: o deambulário da multidão. Ele fala a língua que é corpo. Trai a língua, trai o corpo, afirmando um outro corpo, uma outra língua. Ele realiza um real onde só existia uma pequena sombra de vida. Ele imerge por que é necessário. Ele rompe e atua por que é necessário. Ele resiste, insiste, cria e afirma a vida por que é necessário. Realiza em sua luta corporal, solitária, justa, *menor*, a capacidade de criação de uma outra subjetividade, uma subjetividade diversa, diferencial, que escape às modulações dos controles contemporâneos e de suas instituições de reprodução. Seu trabalho resiste e insiste na/pela/como vida.

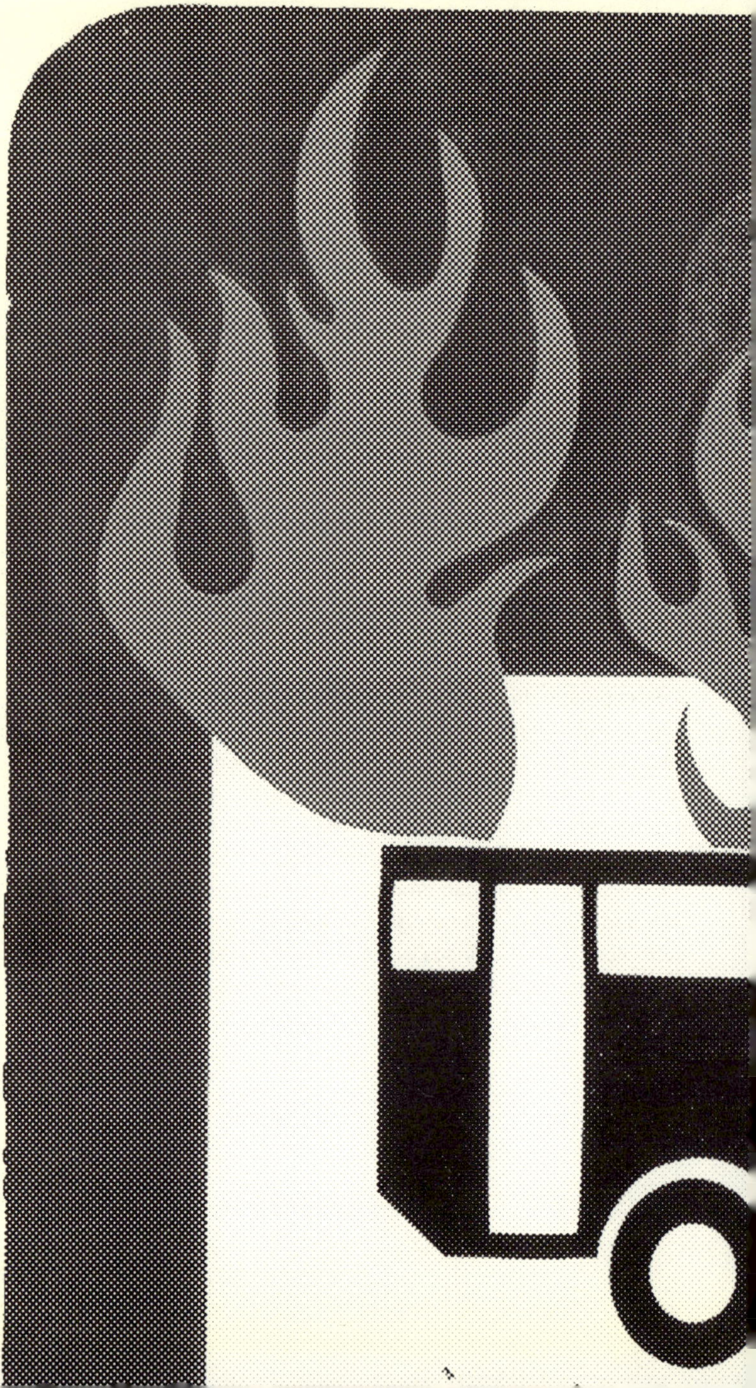

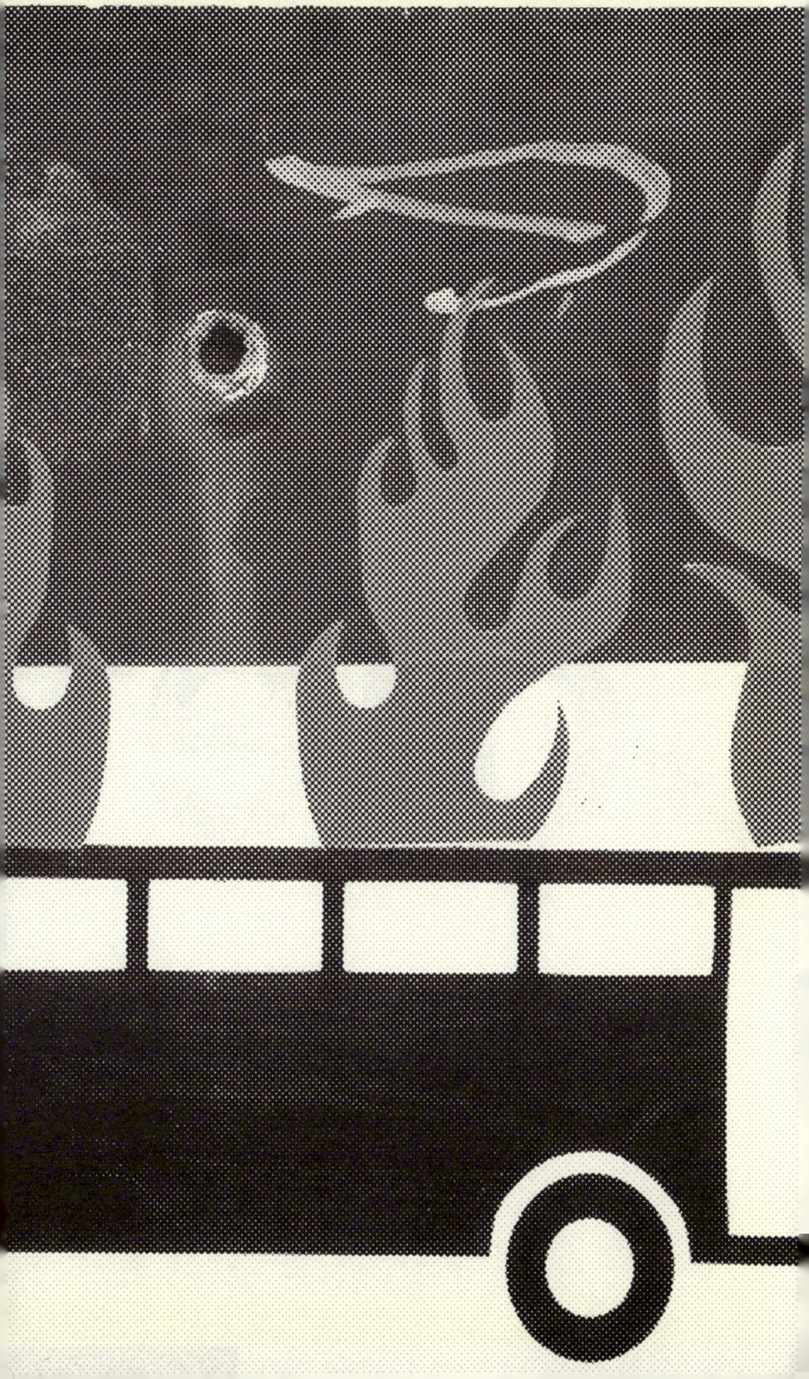

270

CAP.08
COLETIVOS:
~~INSTITUCIONAIS~~

CAP.08
~~COLETIVOS:~~
INSTITUCIONAIS

CAP.08
~~COLETIVOS:~~
INSTITUCIONAIS

Institucionais

CAP.08
COLETIVOS:
~~INSTITUCIONAIS~~

CAP.08

Segundo as palavras do próprio Alexandre Vogler,[1] eles não pensavam – e não desejavam, de maneira direta – a entrada em nenhum circuito de arte institucional, quando organizaram as ocupações propostas no *Atrocidades Maravilhosas*. Muitos deles não imaginavam qualquer possibilidade de diálogo ou relação com circuitos de galerias, museus ou mostras que tivessem algum tipo de importância para o institucional circuito de arte. A grande expectativa deles girava em torno da recepção de mídia e público da cidade. Para eles, o trabalho se realizaria no impacto sobre a mídia não-especializada, sendo transformado em um evento *sui generis* em meio à paisagem urbana, criando ruído e estranhamento. Mas o que aconteceu, na realidade, foi uma pequena repercussão nesses meios. E de maneira surpreendente, o circuito de arte institucional recebeu bem a iniciativa. O primeiro sinal concreto foi o convite para a participação do Panorama de Arte Brasileira de 2001, organizado pelo MAM de São Paulo. Deve-se levar em conta que esse Panorama tem características bastante singulares. A primeira delas é uma curadoria coletiva, que conseguiu não estar unicamente ligada ao eixo Rio-São Paulo, e ter em seu perfil a prioridade de produ-

---

1 Essa e algumas outras informações foram obtidas através de entrevistas, diálogos e discussões com os produtores de arte citados. O autor participou, com seu trabalho coletivo *Hapax*, das três edições do Panorama – São Paulo, Rio de Janeiro e Salvador – como parte integrante das proposições do agenciamento *Atrocidades Maravilhosas*.

tores de arte. A curadoria não era basicamente composta por críticos ou pessoas exclusivamente associadas a interesses do mercado de arte. Os três curadores – Ricardo Basbaum, Paulo Reis e Ricardo Resende – priorizaram em suas escolhas grupos, coletivos ou produtores de arte que tivessem trabalhos ligados a ações de rua, a intervenções em espaço público, ou que simplesmente tangenciassem diálogos com o público, enquanto participador da ação de arte. Claro que havia produções mais ligadas ao mercado e/ou artistas já estabelecidos, mas o que soa mais interessante é o risco assumido pela linha curatorial: os limites entre o desejo de objetividade de olhares intimamente associados à lógica da causalidade final das formas entra em choque com a efemeridade das ações e o deslizamento produzido por elas em relação aos campos e áreas de produção de sentido de arte. O perigo de um desejo de recepção direcionado e pré-estabelecido perde sua função. Alguns críticos mais conservadores atacaram com suas resenhas a iniciativa. Essa questão não merece aqui mais do que uma linha. O ponto interessante é ver a forma pela qual iniciativas tão tencionadas em suas relações com o campo institucional conseguiram manter coerência e potência suficientes para constituírem suas ações. O Panorama de 2001 alcançou – sem dúvida – o mérito de ter sido realizado para além das dicotomias e tensões presentes em sua produção. As palavras de Basbaum podem ser esclarecedoras do sentido para o qual aponta este antagonismo:

> Talvez um primeiro balanço que se possa fazer da presença de diversas estratégias coordenadas por artistas no atual momento da arte brasileira [...] deva passar pela percepção de que está em curso um outro arranjo poético da cultura – um período de invenção de estruturas de pertencimento e narrativas legitimadoras: há um desejo de escrever (ou reescrever) inscrições, deslocar certos acomodamentos para um arranjo mais dinâmico e produtivo, movimentar e reinventar mecanismos e circulações. Quando o poético se aproxima deste modo do jogo institucional (do qual não deveria realmente se afastar), forçando sua presença junto às demandas mais formais e pesadas da economia, burocracia e hierarquia polí-

tica e social, é sintoma e sinal de que alguma agudeza de preparação e delicadeza de pensamento estão sendo reivindicados como ferramentas necessárias – menos idealizadas e mais próximas das lutas do dia-a-dia. Não é por acaso que manobras antagônicas, de grande porte – sempre sob a aura de alguma grandiosidade desmesurada ou truculência na condução do processo –, estão em curso no presente momento enquanto estratégias ligadas à construção de uma possível realidade da arte brasileira para exportação: tal antagonismo entre "presença insinuante do poético" *versus* "grandiosidade brutalista do jogo econômico-institucional" somente confirma a importância do sintoma e aponta como o primeiro termo da dicotomia se faz significativo e decisivo no quadro da atualidade. (Basbaum, 2001, p. 39)

A dicotomia apresentada por Basbaum é muito esclarecedora.[2] Essas produções extrapolam a relação reativa presente em suas próprias posições e ultrapassam os limites impostos pela lógica institucional. O rearranjo que Basbaum pretende afirmar é muito mais da ordem da produção de atuais sentidos poéticos do que de uma predisposição dos níveis institucionais de circulação. Quando o *Atrocidades* entra neste circuito, ele acaba por explicitar mais o valor da ação – enquanto evento poético de afirmação de singularidades – do que o espaço institucional e seu caráter de legitimação e poder. Não se trata de pensar os dois campos como espaço antagônicos irreconciliáveis. Trata-se muito mais de perceber o riscos presentes no processo de contágio existentes entre as produções de arte e seus níveis de institucionalização. O que parece se caracterizar como elementos antagônicos, na realidade se desenha como campos de forças complementares que – dependendo das circunstâncias e/ou das conjunturas – se colocam em suas linhas de força ativas ou reativas em relação a uma ou a outra. Ambos os campos são

---

2 É interessante sublinhar que o Panorama de Arte Brasileira 2003/2004 teve uma curadoria inteiramente voltada para interesses de mercado e para os circuitos institucionais de arte, esquecendo toda a experiência realizada pela anterior, e recuando – em termos conceituais – aos fins dos anos 80, início dos anos 90, o que afirma o caráter paradoxal da presença destes projetos no circuito institucional de arte.

eixos e vetores de tensão. O campo institucional não consegue sobreviver diante de um esvaziamento poético de suas relações: estamos discutindo aqui, campos de produção de arte.[3] Neste sentido, fica claro que a produção da reprodução elaborada exclusivamente pelo campo do institucional não contém elementos suficientes de sustentação. É a partir de um capital cognitivo que se dá a apreensão do trabalho de arte pelos meios institucionais. Sem alguma experiência poética – de qualquer nível – o campo instituído da arte não consegue sobreviver sobre nenhuma hipótese.

As ações agenciadas pelo *Atrocidades* se deram nesta área de tensão, sem abrirem mão de seus conteúdos poéticos, alinhando-os por uma tática que primava pelo efêmero, impedindo qualquer possibilidade de objetivação que não fosse a ação criadora em sua potência constituinte. Algumas instaurações foram realizadas em espaço público em São Paulo – na Av. Paulista; em tapumes pela cidade; no próprio MAM; na Praça da República etc. – ocasionando uma impossibilidade de manutenção dos resíduos dessas trajetórias. A própria viagem – o trajeto Rio-São Paulo, realizado pela Via Dutra – tornou-se espaço e campo de atuação, instaurando um estado de ação permanente: o trajeto fora transformado em produto de ação de arte.

Façamos uma pausa aqui – em relação à discussão que se segue sobre *Atrocidades* – para pensarmos o caso de um produtor de arte que consegue estabelecer com seu trabalho um significativo desvio das relações institucionais, sem contudo romper com elas. Jarbas Lopes levou para o Panorama de Arte Brasileira um trabalho bastante significativo: *Deegraça*; consistindo de um labirinto de ráfia – material de faixas de avisos populares –, onde se criavam ambientes, cuja atividade do trabalho se dava na sua montagem – a ser realizada em qualquer lugar – e na ati-

---

[3] Neste mesmo catálogo existe um texto de Nicolau Sevcenko, onde o sugestivo título – *Quem faz arte é desobediente* – diz muito a respeito da relação singular que as produções de arte desenvolvem com o campo institucional.

vidade lúdica que seguia à montagem. Essa cabana de ação fora montada em diversas ocasiões, e era constituída por restos e/ou recortes de trechos de textos retirados de faixas de aviso já utilizadas. O deslocamento proposto por Jarbas não elimina a objetividade do objeto e da relação que com ele se estabelece, mas, contudo, não se limitava a uma simples caracterização objetiva causal: de fato, a ação se realiza na montagem e na festa que se segue, a montagem e a festa é que são as ações, o acontecimento do trabalho. Sem romper com a noção de autoria, Jarbas possibilita uma ação que se sustenta nela mesma, e ainda, há espaço para a objetividade de um resíduo que pode ser reatualizado a cada montagem, a cada festa. Jarbas realizou um trabalho para a Bienal do Mercosul[4] que consistia em levar três fuscas – de cores diferentes –, e à medida que o trajeto se desenvolvia, as peças dos carros eram trocadas, embaralhando as cores e as peças dos carros. Por mais que os carros – esculturas criadas e apropriadas pelo trajeto – fossem um resíduo do percurso, foi no percurso – que fora realizado com outros produtores de arte – que se deu a ação, ou em realidade, o trabalho. O trabalho é o trajeto, é o corpo em ação, é a realização de um real constituído pelas ações dos corpos. Então, Jarbas Lopes consegue manter um certo nível de objetividade sem, contudo, sucumbir à capacidade de captura presente no circuito e nas instituições de arte.

Laura Lima é também um outro bom exemplo desta relação. O trabalho que ela apresentou para o Panorama foi *Capuzes (homem=carne/mulher=carne)*. Trata-se de uma instauração constituída por dois homens nus, encapuzados e interligados pela cabeça, através de uma peça de tecido, um adereço de tecido, e um roteiro pré-elaborado para uma dança tensa e muda. Essa instauração atravessava os espaços dos museus sem nenhum tipo de relação direta com o público presente. Essa dança-enfrentamento se dava durante um tempo determinado, e só acontecia na abertura da exposição. Mais do que uma simples performance,

---

4 Realizado em outubro de 2003.

o trabalho sugere a implementação de um deslocamento poético que escorra ou que abra mão de qualquer relação estável com o espaço institucional de arte. O trajeto da instauração não colocava nenhuma forma discursiva direta, nem nenhum tipo de objetivação possível, a não ser o fato de que o próprio deslocar-se impunha no espaço uma deflagração da ação poética daqueles corpos em movimento. Em outra ação, Laura foi a um congresso de arte e política[5] vestida com um traje feito por ela – a qual definia como desenhos –, e simplesmente se deslocava pelo espaço, usava-os. Mais uma vez, a experiência era a ação da experiência em movimento, em ação. Este primado da ação pode ser pensado como uma tática comum a esses produtores de arte, que se encontram realizando ações nos limites dos modelos de institucionalização. Seus trabalhos são movidos pela necessidade de se afirmarem nesta área de litígio, em que o movimento e corpo são potências de afirmação de suas singularidades criativas em meio ao jogo de forças do controle e da reprodução.

Voltando ao *Atrocidades*, outra relação interessante que o agenciamento realizou com níveis institucionais marcantes foi o convite recebido para participação da já citada mostra de arte contemporânea, intitulada *Caminhos do Contemporâneo: 50 anos de arte contemporânea brasileira*.[6] O texto colocado na pequena banca com tv – acompanhada por uma série de material: vídeos de ações artísticas, de música, das mais variadas referências, jornais, fotos, revistas do movimento Zapatista etc. – era pontuado por uma pequena descrição dos caminhos do coletivo e de suas produções:

> *Atrocidades Maravilhosas* funciona com o objetivo de agregar artistas tendo em vista a produção coletiva e recíproca. Não se apresenta como grupo (com participantes determinados) – pelo contrário, seu caráter é aberto e não se configura por integrantes

---

5 Colóquio Internacional Resistências, Cine Odeon, Rio de Janeiro, novembro de 2002.
6 Ver página 235.

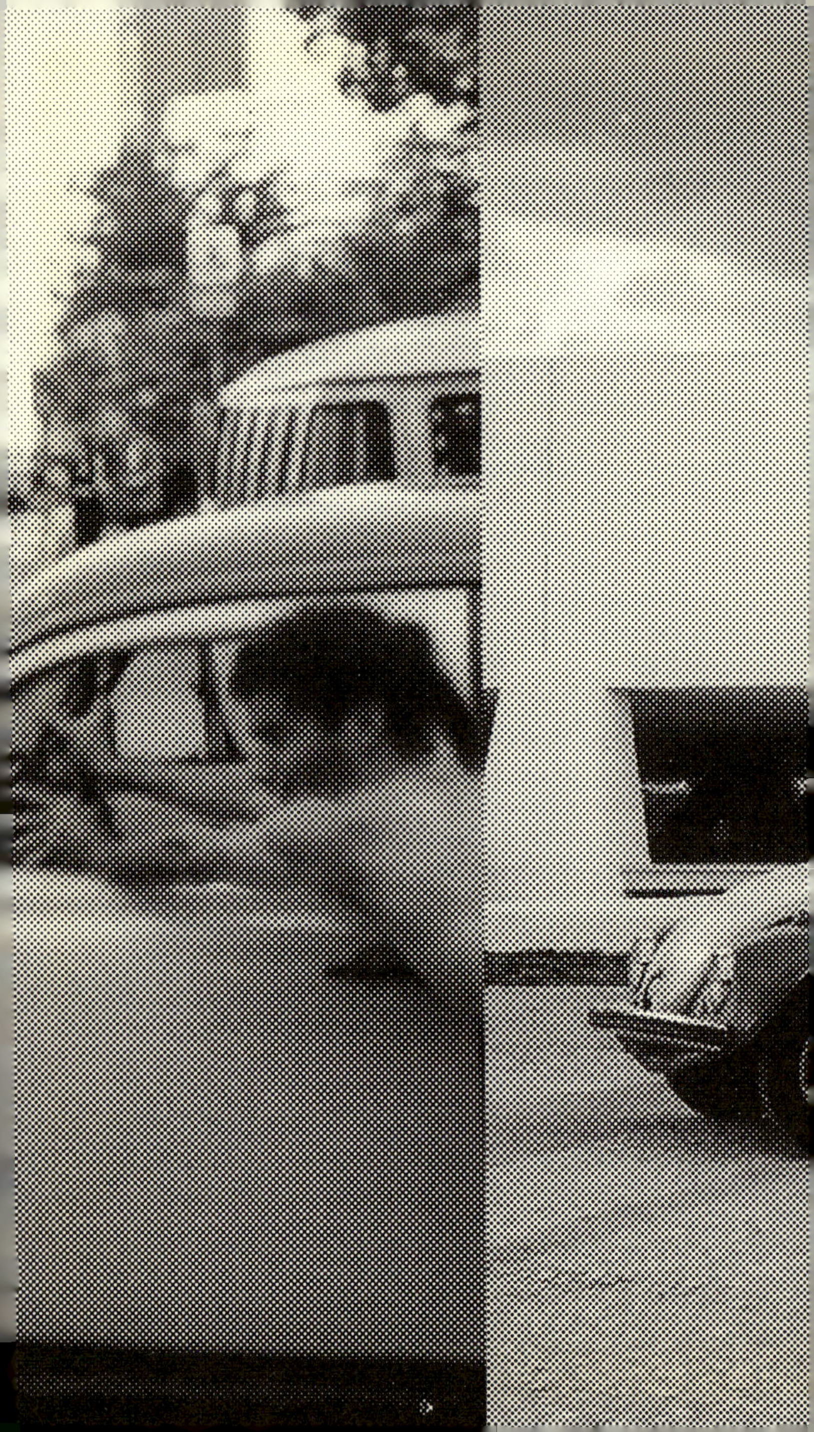

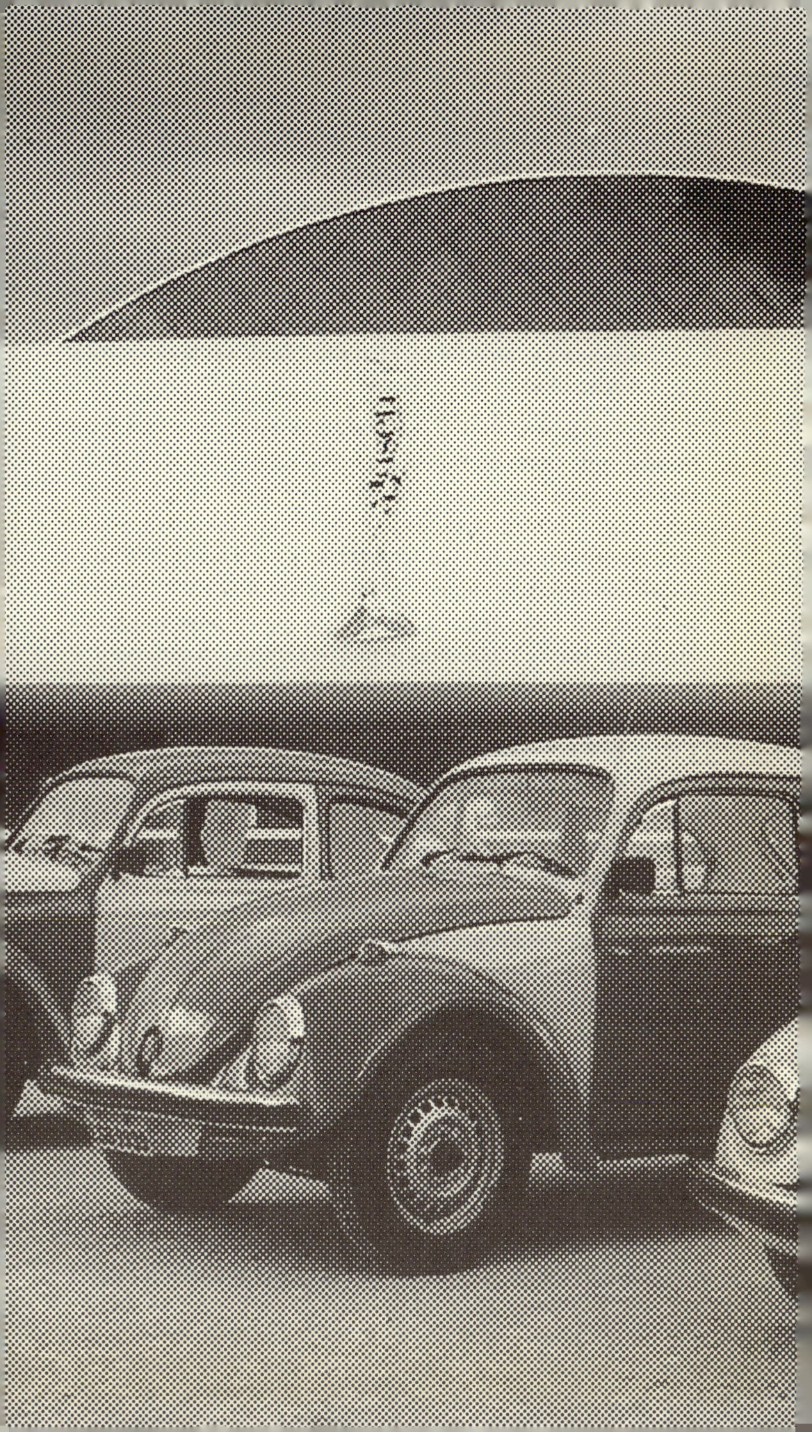

e sim por ações, agindo sempre num contexto público. [...] Recorria-se, com isso, a uma atitude política de se fazer arte independente das instituições, pensadas para questionar e alterar a paisagem urbana [...] no momento o *Atrocidade Maravilhosas* atua como co-patrocinador da mostra Caminhos do Contemporâneo juntamente com o BNDS, em exposição no Paço Imperial, subsidiando a exibição de seus trabalhos nesta instituição pública. (Vogler, 2002)

O tom irônico e sintético dos trabalhos que foram levados à mostra, e do texto de Vogler, explicitam a posição do coletivo diante de uma tentativa cronológica de classificação e qualificação do trabalho de arte. Mas o que chama a atenção é que, de uma maneira ou de outra, o *Atrocidades* estava ali: qualificado e encaixado temporalmente na produção dos 90/2000. Para quem pensava em não chegar a ter diálogo algum possível, forma alguma de fazer circular suas produções em meio a canais extremamente oficiais, a rapidez e a legitimidade institucional – e, também, de mídia – veio rapidamente. A questão que se levanta é da ordem colocada anteriormente por Basbaum: estariam as instituições necessitadas de um fluxo poético rejuvenescedor e, por sua vez, os produtores de arte desejariam estabelecer um diálogo, ou até um espaço de fala e de produção, em meio aos canais institucionais? Talvez as duas afirmações sejam corretas. Não se trata de trabalhar o antagonismo das duas, mas de demarcar as linhas de força de ambos os campos, que afirmam na possibilidade de resistência e as que estão intimamente ligadas às formas de controle. Neste jogo, ficam as últimas palavras do já citado texto de Basbaum:

> É sempre interessante quando se percebe a arte se aparelhar com um tecido poético-institucional que incorpora em sua prática dimensões não-discursivas de linguagem; tais situações não são freqüentes, de modo que, quando ocorrem, merecem atenção. (Basbaum, 2001, p. 40)

Para além das dicotomias e dos lances de legitimação e/ou marginalidade, o ponto potente desta discussão sublinha a singularidade da atual produção de arte que emerge na contemporaneidade. Sem dúvida, esse é um trabalho que ainda está por fazer-se, cabe a nós agir, seja produzindo pensamento, seja produzindo ações, para que o jogo siga sendo jogado.

TUNGA II
(ponto de virada)

Tunga é um importante elo para se pensar as atuais linhas de força que compõem o campo da contemporaneidade e suas implicações e desdobramentos internos. Ele vai alçar pontos que poucos produtores de arte no Brasil tiveram a possibilidade de chegar. Não se trata, exclusivamente, de uma carreira internacional bem sucedida, ou de uma produção sempre rigorosamente bem elaborada e realizada. Trata-se muito mais de uma capacidade de resistência conquistada através de uma série de táticas articuladas em torno de uma postura de singularização de sua trajetória artística e pessoal. Dois pontos são importantes de serem destacados em meio ao desenvolvimento de seu trabalho: a primeira é o inquestionável caráter afirmativo de seus trabalhos – afirmação essa que deriva diretamente do fato de suas produções estarem galgadas, basicamente, em uma peremptória necessidade de tomada de atitudes, seja enquanto ato corporal, seja como gesto de problematização dos limites do criativo, seja a partir de suas relações com os espaços institucionais, ou através de seus incentivos de novas produções/produtores no campo da contemporaneidade. A segunda coisa gira em torno de sua capacidade e desejo de desenvolver, partindo de uma característica dúbia de negociação e autonomia, o processo de relação com o chamado mercado de arte e seus circuitos. Esse processo de relação pode ser exemplificado numa rápida aproximação entre a postura que Tunga vai tomar e que Barrio não desejaria jamais endossar.

A tarefa hercúlea de Tunga é conseguir fazer passar através de suas produções, através de suas práticas, um elã componente,

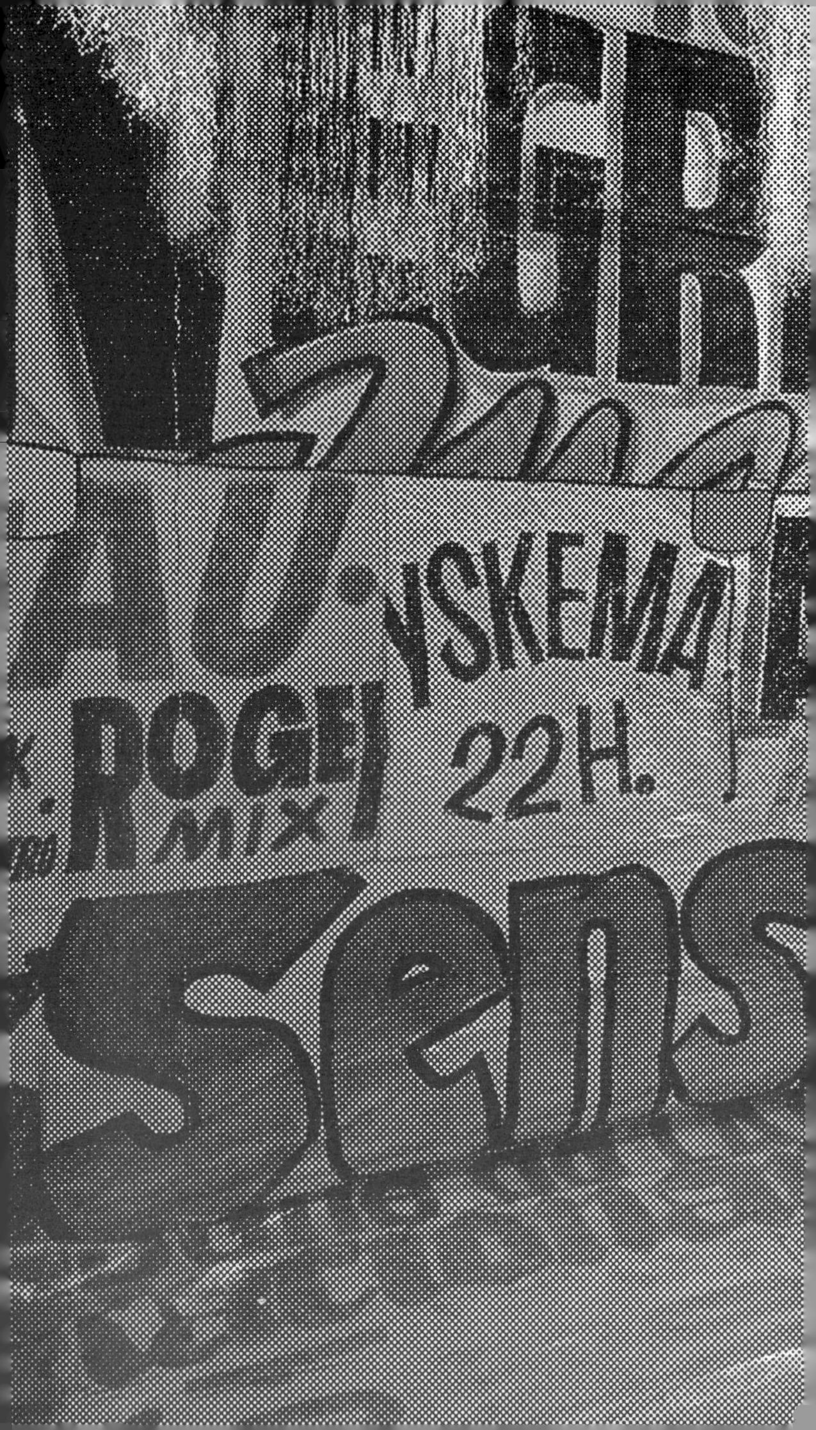
YSKEMA
22H.
MIX

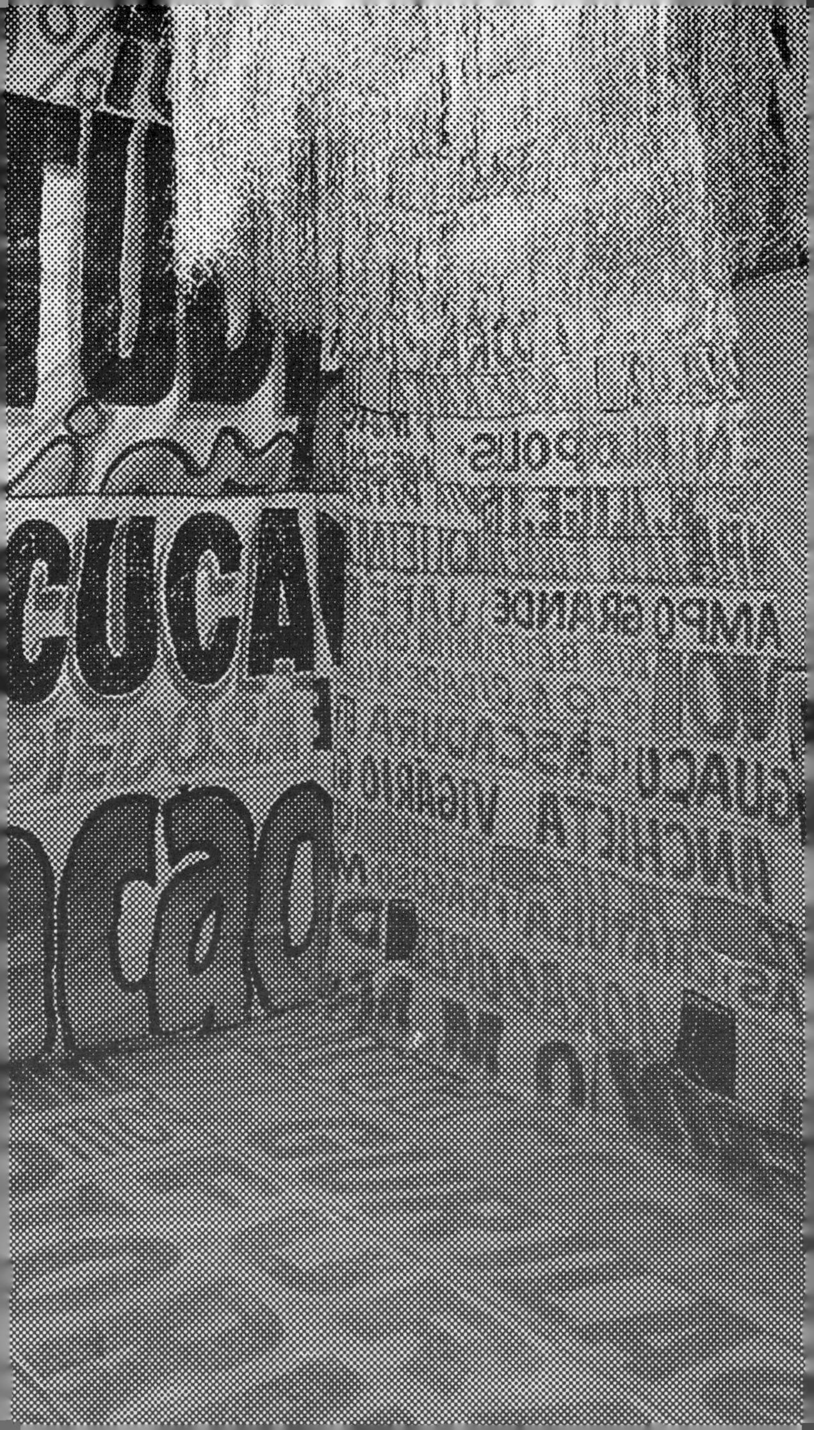

vibrátil, um devir afirmativo da diferença, uma linha de força que irá conectar a passagem de elementos significativos do processo de constituição do que veio a se consagrar – nos compêndios e seminários da crítica de arte, nas políticas de galeria e de mercado – como a chamada arte contemporânea brasileira.

O cenário onde Tunga vai se colocar é bem distinto dos momentos de emergência e radicalidade que configuraram a década 60 e os primeiros anos da década de 70. Barrio é uma figura, um ícone deste momento. O grande vórtice geracional que os anos 70 realizavam vai fazer da impossibilidade de negociação um *slogan* repetido incessantemente. O belicismo oriundo das vanguardas do alto modernismo ecoava nas falas e nos corpos na grande maioria da produção da época. A segmentação e a fragmentação dos discursos e práticas foi radicalizando o processo de isolamento e incomunicabilidade recorrente no período. A aparente sensação de derrota pintava os horizontes mais bem resolvidos com matizes crepusculares. Os 70 foram marcados por drásticas tomadas de decisão. O corpo foi o espaço possível de afirmação de desejos e de processos de ruptura. A insistência do corpo como arma, a instrumentalização de suas esferas de produção de sentido foram, em grande parte, trabalhadas na direção da impossibilidade de negociação e da radicalização do isolamento das potências dos grupos e estamentos constituintes no período. Se o processo de isolamento é parte de linhas de produção de controle, ou se este mesmo processo refletia a impossibilidade de se manter certos postulados, que não eram mais suficientes enquanto instrumentos discursivos, repetindo determinados momentos do alto modernismo – uma pretensão de unidade, um desejo macro de leitura de mundo, uma propensão a leituras totalizadoras da realidade, para citar alguns exemplos –, em realidade pouco importa, porque ambos se cruzam e se fixam como variantes de um mesmo tema reativo. O que é realmente significativo é que, de uma maneira ou de outra, o isolamento contribuiu para a constituição de uma prática discursiva que inviabilizava qualquer perspectiva de expansão dos processos de luta que se seguiam, seja ele por influência de uma força externa ou por alguma reação interna.

Sem dúvida, é sempre muito complicado querer dar conta do imenso complexo de significação constituinte que estava em andamento no período sem, de alguma maneira e em algum nível, cometer alguma falha de análise ou cair em algum tipo de generalização. Mas o que interessa à presente argumentação é a sensível coloração que a segunda metade dos anos 70 vai ganhar e de que maneira isso pode contribuir para a elaboração de um pensamento sobre a contemporaneidade – especificamente, em relação aos seus recortes brasileiros – e seus processos de criação.

Diante da impossibilidade de se romper com o isolacionismo – imposto ou produzido pelos meios de produção ou reprodução de controle –, se viabiliza a emergência de um cenário conservador na produção de arte no Brasil e no mundo. O refluxo que vai se colocar em meados da década de 80, a crítica severa que irá se estabelecer em relação às proposições das décadas anteriores, e, principalmente, a reação aos desejos de experimentação enquanto evento que mescla os campos sociais, culturais e artísticos é generalizado como discurso e prática hegemônica. Este processo acaba por definir uma série de relações com certas *leis* de mercado que poucos irão escapar, ou estarão interessados em escapar, como um *a priori* para a existência artística. Conota-se uma inversão de valores. A configuração deste campo de valoração pré-significante – o chamado mercado de arte – não é, sem dúvida, uma novidade que surge neste contexto. Mas o que é impressionante é o revisionismo totalizador pela qual irão passar as produções recentes das duas últimas décadas em prol de *leis* ou *tendências* de mercado, quase que exclusivamente em nome dessas tais tendências. O que se vê esboçado no retorno à pintura no início dos anos 80, para citar um exemplo, é uma possibilidade de maior inserção nos meios de legitimação do circuito de arte enquanto constituição de mercadorias negociáveis. A negação da radicalidade da experiência corporal e de seus dejetos propositores esbarra num processo de facilitação dos regimes de negócios presente nos meios de produção deste período. Os equívocos do período anterior – dentre os quais destacamos o isolacionismo sectário de muitas propostas – são inicialmente negados, para no momento seguinte serem transformados em base de atuação da produção que se segue. Em outras palavras, se, de um lado, a corporeidade das experiências é sistematicamente negada por ser algo da ordem do excesso, algo que não se contém em si mesmo, que transborda e suja os espaços com seus dejetos sem valor, do outro, utiliza a postura elitizante presente no aspecto isolacionista do período, para legitimar uma *natural* incomunicabilidade, um descaso em relação a fatias de público não-especialista, uma absoluta postura de desqualificação do pensamento e da ação sobre os meios produtores de cultura e seus sentidos e discursos políticos e sociais. Quando se joga fora o programa do partido – ato que há muito já havia sido realizado –, joga-se a possibilidade de qualquer reflexão sobre qualquer outro campo que não seja, basicamente, uma discussão de mercado, de maneiras de se viabilizar a entrada no mercado, de maneiras de se manter no mercado, de maneiras de se estabelecer como fonte e referência de mercado.

A questão do *programa,* tão cara às vanguardas do alto modernismo, é e sempre foi problemática. Quando os programas foram colocados como elementos pré-definidores de processos de criação, produziram complexos movimentos autoritários, estabelecendo com a produção de arte uma relação de mero coadjuvante menor em meio à luta política que se pretendia levar em frente sobre qualquer obstáculo. Os programas foram verdadeiras camisas-de-força para vários projetos artísticos. No entanto, é preciso salientar que mesmo neles ou através deles, muitas perspectivas de criação conseguiram estabelecer reais processos de construção de luta. O programa é um elemento ambíguo que mantém algumas potências e inviabiliza outras, indiferente de quais sejam seus *a prioris*, ele age de maneira perversa se for pensado como uma necessidade peremptória. Mas é preciso manter atenção à maneira pela qual o esvaziamento de programa pode implicar no já clássico joguete pós-moderno do *vale-tudo*. É claro que numa certa medida esse esgarçamento de fronteiras é altamente significativo. A questão que se esbarra aqui, é que esse *vale-tudo* funciona em meio a uma paisagem determinada quase que prioritariamente por leis e regras de mercado.

A supremacia desta ordem de mercado cria uma série de circunstâncias que serão drásticas para as produções que desejam problematizar esse fundamentalismo recorrente. Contudo, é precisamente aqui que o caso de Tunga ganha significado. Tunga não irá repetir as posturas com as quais ele conviveu, produziu e se associou durante a década de 70. Ele será crítico – a sua maneira – com todo este legado, indo buscar outras curvas de nível nesta topografia acidentada. Mas será também ele que irá afirmar um sentido de produção que escapa à mera reprodução dos quesitos de mercados e de outras variantes curatoriais. Daí sua singularidade. Muitos dos produtores de arte dos 70 se engajaram na nova e emergente lógica de produção. A questão é: de que maneira e qual o tipo de influência que suas produções irão sofrer com esta relação?

Tunga não irá se negar a negociar – ele é primordialmente um negociante. É essa capacidade de negociação – capacidade de trair a si mesmo como criação do outro – que será uma de suas potências, num contexto de elaboração de discursos no campo da produção de cultura e de arte no Brasil, que irá marcar o processo de trabalho de Tunga. É nessa dobra que seu trabalho se realiza como um *turning point* no cenário de produtores de arte no Brasil.

Não se trata aqui de tentar dar conta de construir uma análise estrutural de todo o montante da obra de Tunga ou de Barrio ou de qualquer um dos produtores de arte aqui estudados. Definitivamente, essa não é a pretensão do presente trabalho. Trata-se de pensar as singularidades que algumas linhas de força produzem no contexto de uma cartografia significante, a produção de discursos e práticas no campo da contemporaneidade e a potência constituinte de certos acontecimentos que se encontram imersos no que está colocado aqui, como elementos de composição desta rede de intensidades que está sendo chamada de tradição delirante.

Serão as capacidades de negociação, o desejo inquieto e insurreicional e a corporeidade necessária das experiências que Tunga irá trazer para a construção, para a elaboração de um lugar de onde vai elaborar sua fala, como elementos básicos e integrantes de sua *persona* artística. Neste sentido ele irá implementar uma lógica de correspondências, um *link,* uma série de vasos comunicantes, entre as experiências radicais ao final dos 60, início dos 70 e as possibilidades de negociação e viabilização dos projetos que se firmam ao longo dos anos 80. Tunga chega aos anos 90 como um dos poucos artistas brasileiros que tem tão grande prestígio em mostras internacionais, em galerias e museus, em circuitos privados de arte sem, contudo, perder sua contundência, seus monumentalismos pós-construtivistas, seu olhar para a produção recente e seu talento como articulador de produções e de produtores que potencializem as possibilidades reais de uma obra que seja um ato de afirmação de singularidades e uma produção de diferenças. Ainda hoje, com todo o caráter *establishment* que a trajetória de Tunga parece demonstrar, ele ainda é tratado como um problema, como um elemento extravagante e excessivo, um perturbador da ordem pré-definida do espaço arquitetônico da arte, alguém que desestabiliza as regras e desconstrói as tentativas de manutenção de uma *boa arte* de mercado.

Tunga é e sempre será um problema. E é esse seu caráter explosivo e afirmativo que o torna necessário para se pensar os trabalhos que explodem na atual contemporaneidade. Será ele que irá criar um fluxo de escoamento das produções que cruzam esses momentos distintos, e também será ele que irá ser, em certa medida, responsável pela mudança de paradigma que envolve as práticas exclusivamente comerciais de alguns produtores de arte da década de 80, ou mesmo de décadas anteriores, que esqueceram a possibilidade real de se produzir diferença em meio às leis de mercado de arte.

CAP.09
6 PONTOS SOBRE O AMOR E O CORPO

O que é um corpo? É um perfeito tropo do espírito. Toda a genuína comunicação é portanto figurada – e não são portanto as efusões amorosas genuínas comunicações?
Fragmentos, **Novalis**.

1 — Quando Sigmund Freud escreveu o notório ensaio intitulado *Massenpsychologie und Ich-Analise*, em 1921, muitas reflexões já haviam sido realizadas em torno do tema. O acontecimento da formação de grandes contingentes sociais, a transformação das cidades em principais centros sociais, a lógica econômica industrial, as guerras de Estado, entre outros fatores, colocaram no epicentro da Idade Moderna os problemas da chamada *massa*, *multidão* ou mesmo *povo*, em última instância.

O trabalho de Freud é significativo, inicialmente, por dois motivos: o primeiro reside em sua tentativa de desenvolver uma teoria do pensamento sobre a massa a partir da junção de seus aspectos psicológicos e culturais; e o segundo é o seu esforço em tentar dar conta de uma discussão há algum tempo já iniciada sobre o tema.

Logo no início do texto são pontuadas como problemas de tradução as possíveis relações que o título sugere. Se a tradução direta do termo francês *"foule"* – utilizado por Le Bon, talvez o primeiro a pensar, segundo Freud, de maneira mais incisiva e direta o problema dos grandes coletivos sociais – é multidão, o termo que é colocado como referência para homogeneizar o conceito por todo o trabalho é grupo, ou seja, o equivalente a palavra alemã *"Masse"*, que literalmente seria traduzida por massa. A opção por se trabalhar no texto o conceito de grupo, e optar por retirar diferenças internas entre as definições, explicita uma questão de significativa relevância. Dentro desta seleção pontua-se uma distinção que revela um necessário cuidado em se pensar as semelhanças gerais – e diferenças – entre multidão, massa e grupo. Dos três conceitos, o de grupo será o mais, digamos assim, *primitivo*. Será aquele que estará ligado ao que Freud vai tentar definir como os princípios das organizações sociais, os primeiros esboços, a forma atávica pela qual irão se definir os contornos dos grupos atuais. As particularidades do grupo já definem a forma pela qual Freud vai mergulhar na discussão. Em uma passagem, ele demonstra a diferença presente entre os conceitos de multidão e grupo, ao abordar a obra de McDougall, *The Mind Group*:

> No caso mais simples, diz ele, o "grupo" não possui organização alguma, ou uma que mal merece esse nome. Descreve um grupo dessa espécie como sendo uma "multidão". Admite, porém, que uma multidão de seres humanos dificilmente pode reunir-se sem possuir, pelo menos, os rudimentos de uma organização, e que, precisamente nesses grupos simples, certos fatos fundamentais da psicologia coletivas podem ser observados com facilidade (McDougall, 1920, p. 22). Antes que membros de uma multidão ocasional de pessoas possam constituir algo semelhante a um grupo no sentido psicológico, uma condição tem de ser satisfeita: esses indivíduos devem ter algo em comum uns com os outros, um interesse comum num objeto, uma inclinação emocional semelhante numa situação ou noutra e ("conseqüentemente", gostaria eu de interpolar) "certo grau de influência recíproca" (*ibid.*, 23). Quanto mais alto o grau dessa "homogeneidade mental", mais prontamente os indivíduos constituem um grupo psicológico e mais notáveis são as manifestações da mente grupal. (Freud, 1974, p. 109)

O desejo de *homogeneidade,* que o próprio Freud parece questionar, é um ponto de cisão que aponta no sentido da distinção grupo/multidão. A coesão organizacional de um grupo parte de princípios comuns que devem ser de alguma maneira divididos e compartilhados. A definição de grupo a partir de suas características psicológicas acontece através de certos elementos comuns que irão ser o liame de coesão e interação do mesmo. A multidão, nessa definição aqui utilizada, não é necessariamente um grupo psicológico que tem suas características previamente definidas por um coletivo de bens simbólicos e emocionais. Ela é uma manifestação, um evento que ganha forma através de um acontecimento.

Ambos – o grupo e a multidão – serão constituídos pela necessidade anterior de uma construção de um campo de elementos comuns. A diferença básica se encontra explicitada nos vetores que irão nortear a formação do grupo como algo sólido, sedentário, algo que funciona como um fundamento de determinada lógica de valoração; enquanto que a multidão, mesmo tendo a necessidade de elaborar sua coesão simbólica interna, raramente se vê completamente definida por esses elementos anteriores. A multidão é da ordem do acontecimento, enquanto o grupo é da ordem do fundamento. São dois vetores, o primeiro horizontal, socializante e anti-hierárquico, o segundo vertical, determinador, hierárquico e estabilizador. Os dois agem no sentido da construção do comum, se encontrando como forças constituintes da lógica de significação, agindo na produção de coletividades sociais.

A questão aqui é a forma como essa cartografia de desejos vai ser definida através do embate das forças em jogo. O primeiro fato que deve ser ressaltado é que o comum não é homogêneo. A constituição de um recorte comunal se dá muito mais pela produção de diferenças – que não desejam a redução do comum ao mesmo. A pulsão fascística presente no processo de redução ao mesmo, produz a massa. A massa se produz como repetição do mesmo enquanto produção do comum. O comum constituinte presente tanto ao grupo quanto à multidão, é da ordem da criação de elementos associados à linguagem, é à linguagem enquanto acontecimento criativo coletivo.

A homogeneidade pretendida por Freud e apontada por McDougall não é a mesma coisa que o comum enquanto acontecimento constituinte em permanente movimentação e atividade. A atividade mental de determinado grupo social não pode ser definida exclusivamente pelo o que ele tem de repetição e coesão interna. Essa leitura ainda se encontra muito prenhe de sentidos totalizadores e de pretensões iluministas revisitadas. Mas existe um elemento neste ponto que nos parece pertinente expor. Freud tenta demonstrar a discussão do comum a partir de um ponto de conexão, um eixo que não sugere, necessariamente, a pretensão da unidade: a libido. Ao tentar escapar da idéia de que a sugestão seria o elemento de construção do acontecimento comum, ele vai apontar no sentido de definir o seu conceito de libido como elemento detonador dos processos de criação do acontecimento coletivo. Vejamos suas definições:

> Libido é expressão extraída da teoria das emoções. Damos esse nome à energia, considerada como uma magnitude quantitativa (embora na realidade não seja presentemente mensurável), daqueles instintos que têm a ver com tudo que pode ser abrangido sob a palavra "amor". O núcleo do que queremos significar por amor consiste naturalmente (e é isso que comumente é chamado de amor e que os poetas cantam) no amor sexual, com a união sexual como objetivo. [...] Somos da opinião, pois, que a linguagem efetuou uma unificação inteiramente justificável ao criar a palavra "amor" com seus numerosos usos, e que não podemos fazer nada melhor senão tomá-la também como base de nossas discussões e exposições científicas. (Freud, 1973, p. 115-116)

A libido é um elemento que, mesmo que pareça apontar no sentido de um conceito unificador, é transformado, no presente caso, em uma introdução da idéia de multiplicidade a essa discussão. Por mais que a idéia inicial de unidade possa perpassar a libido, as potências de vida presentes no conceito definem um campo de necessidades e possibilidades num porvir. Ao sair da discussão restritiva, colocada pela tentativa unificadora que uma *mente grupal* parece depender, Freud realiza um salto na direção de uma tentativa de compreensão do elemento corporal em meio ao acontecimento da multidão, ou à constituição do grupo. Pensar a libido como fator constituinte dos grandes eventos coletivos sociais é levar em conta a potência do corpo – e aí, prioritariamente, da vida – sobre qualquer linha reativa presente nessa discussão.

No contemporâneo, o estatuto dos eventos de massa mobilizam uma quantidade de energia libidinal que são, muitas vezes, direcionadas para determinada lógica acumulativa e autoreferencial, alimentando a propagação de formas de controle, hoje se estendendo do mais recôndito espaço do planeta até o evento da vida transformada em objeto mercado. Não se trata aqui de fazer uma defesa neoadorniana de um purismo cultural primordial qualquer. As reflexões apocalípticas sobre a indústria cultural não devem ser levadas às últimas conseqüências. Afinal, os *mass media* – mais do que nunca – contribuem, e são parte significativa dos elementos constituintes do contemporâneo. Estabelecer níveis críticos de leitura sobre essa produção de sentido é, mais do que uma função, uma real necessidade. No entanto, mesmo assim, não se pode fechar os olhos e ouvidos para a maneira como esta produção é parte constituinte do real. Muitas vezes, grandes equívocos intelectuais são cometidos por pensadores que desejam ignorar certas configurações do real em que estão inseridos.

2 — Voltemos à teoria libidinal. Se a libido é uma espécie de bem comum, de elemento que garante, em algum nível, a unidade de um coletivo, ele é também um veio de propagação de controle e disciplina. Ela poderá ser um meio de expansão do mesmo enquanto unidade de controle do comum. A relação que se estabelece a partir do que Freud descreve como função

narcisista do grupo – o espelhamento, a mímese, a repetição do outro como mesmo, a necessidade do líder – substitui, no caso do evento de massa, a energia libidinal enquanto potencializadora da diferença comum. A massa é o evento de centralização da energia libidinal, é a acumulação em nome de um centro referencial de controle. A massa é o amor transformado em ódio, é a expressão daquilo que não pode ser diferente. Peter Sloterdijk descreveu – a partir de Canetti – esse fenômeno de maneira precisa e pontual:

> O princípio do ajuntamento humano mostra que já na cena primária da formação coletiva do eu existe um excesso de matéria humana, e que a idéia nobre de desenvolver a massa como sujeito a priori é sabotada por esse excesso. A expressão "massa" nas exposições de Canetti passa a ser um termo que articula o bloqueio da subjetivação no momento de sua própria realização – razão pela qual a massa, compreendida como massa-ajuntamento, não pode ser encontrada em outro lugar senão no estado da pseudo-emancipação e da semi-subjetividade – como algo vago, frágil, desdiferenciado, conduzido por correntes de imitação e excitações epidêmicas, algo fáunico-femino (de acordo com uma caracterização de Tarde), pré-explosivo, que em sua real averiguação registra grandes semelhanças com os retratos que dele fizeram os velhos mestres da psicologia de massas – Gabriel Tarde, Gustave Le Bon, Sigmund Freud. (Sloterdijk, 2002, p. 16-17)

A leitura que Sloterdijk desenvolve sobre a questão é bastante interessante, porém, se faz necessário levantar alguns pontos significativos. O primeiro deles é relativo ao processo de *desdiferenciação* pelo qual ele faz passar o conceito de massa. Não existe para ele nenhuma forma de diferença entre multidão, grupo, povo ou massa. Trata-se de estudar os *ajuntamentos*, os coletivos em uma mesma ação. E esses mesmos coletivos são historicizados, são dispostos como eventos causais, articulados, fazendo parte de uma espécie de linha evolutiva. Além de uma completa ausência de distinção entre os conceitos, Sloterdijk tenta descrever um processo determinante do ponto de vista histórico, onde qualquer singularidade que possíveis grupos ou coletivos pudessem ter é completamente descartada. Segundo ele, não existe a menor possibilidade de um movimento consciente e múltiplo no acontecimento de grandes coletivos: eles estão totalmente fadados à se quedarem num lugar secundário diante dos eventos históricos. É no mínimo curioso, que a idéia que ele vai desenvolver é a de que, para certos projetos emancipatórios modernos, a massa nunca exerceu o papel de protagonista. Talvez, o que marca mais intensamente a entrada na modernidade seja justamente uma ascensão dos grandes coletivos à cena histórica, seja nos campos políticos, econômicos, sociais ou culturas. Pode-se dizer mais, a modernidade pode ser descrita, de maneira direta, como a época da entrada em cena deste *protagonismo* da massa. Neste sentido, os mais diversos projetos pontuados por Sloterdijk – a ver: a massa enquanto ajuntamento, a massa como sujeito histórico, a massa enquanto fenômeno sócio-urbano, a massa como parte de um programa, com objetivos políticos pré-determinados, a massa enquanto meio e forma de comunicação etc. – demonstram o lugar significativo que ela veio a ocupar em meio a própria formação do tempo histórico moderno.

Para Sloterdijk, existe uma desqualificação das ações coletivas. Sua leitura é realizada a partir da atual configuração cultural, a qual ele vai chamar de pós-moderna. Em sua linha evolutiva, as experiências coletivas faliram e o que ficou em seu lugar é uma imensa *massa não reunida e não reunível*, perdendo sua corporeidade para ganhar dispersão e diluição através dos meios de comunicação e suas variáveis:

> Massas que não se reúnem mas efetivamente tendem com o tempo a perder a consciência de sua potência política. Elas não sentem mais como antes sua força de combate, o êxtase de sua confluência e de seu pleno poder de exigir e tomar de assalto, como nos tempos áureos dos ajuntamentos e aglomerações. A massa pós-moderna é massa sem potencial, uma soma de microanarquias e solidões que mal lembra o tempo em que – incitada e conscientizada pelos seus porta-vozes e secretários-

gerais – deveria e queria fazer história como coletivo prenhe de expressão. [...] O que Canetti sabe sobre pretume de gente, esse perigoso fundamento de juízos sobre ajuntamento e descarga, sobre demagogias e ser-arrebatado, sobre crescimento e paranóia – tudo isso hoje deveria ser reformulado num exame sobre a participação de inúmeros indivíduos isolados em programas de meios de comunicação de massa. (Sloterdijk, 2002, p. 22)

Neste ponto, a posição de Sloterdijk se aproxima da de Baudrillard em seu conhecido texto, *A sombra das maiorias silenciosas*,[1] no qual ele descreve o evento da *não-reação*, da ausência de retorno à recepção, por fim, do silêncio real, como forma de *resistência* involuntária dos grandes coletivos sociais. Ele ainda completa seu raciocínio dizendo que o terrorismo é uma das raras formas de atrito consciente no período pós-moderno e que, justamente por isso, funciona de forma razoavelmente aleatória e não restringe suas vítimas. O que se pode dizer diante dessas afirmações é que, de fato, as configurações coletivas transformaram a massa moderna – que fora pensada inserida numa perspectiva de construtora dos processos históricos – em mero meio de propagação de controle.

3 — Mas a questão que se levanta é a seguinte: se a era moderna é a época das massas, como muitos autores já haviam dito, o que acontece à potência afirmativa dos grandes coletivos diante de um tempo que fora inteiramente marcado por guerras de Estado e grandes mobilizações de contingentes humanos? Dito de outra maneira, como as grandes transformações sociais que se deram ao longo dos últimos três séculos devem ser pensadas para fora do regime histórico cronológico? Para a grande maioria da crítica chamada pós-moderna, a visão apocalíptica de um futuro presente se delineia como o pior possível. Sem dúvida, esses pontos são compreensíveis, mas é necessário pensar para além deste plácido niilismo decadentista. A saída pode estar próxima

---

1 Baudrillard, J. *A sombra das maiorias silenciosas*. São Paulo: Brasiliense, 1998.

a uma discussão sobre o caráter do tempo. Se inserirmos esta discussão no regime de tempo que qualificamos como contemporaneidade, o evento de massa se aproximará da história descrita como uma sucessão temporal causal, e o acontecimento da multidão será operado na marca da contemporaneidade.

A distinção entre massa e multidão se dá no limite da criação do moderno. Se o surgimento da massa se dá enquanto evento constitutivo do moderno, a ação da multidão extrapola qualquer recorte estritamente cronológico para cair no campo da potência constituinte. O Estado moderno é um evento que constrói através de si mesmo, primeiramente o povo, e em um segundo momento a massa. Os grandes eventos de massa que se realizaram no ápice da modernidade apontavam na direção de uma mobilização constante de massa. A guerra é o maior signo da relação massa/povo/Estado. As grandes guerras dos séculos XVIII ao XX realizaram ao máximo essa *utopia*. Seja a Revolução Francesa, seja o socialismo de Estado russo, seja a América para os americanos, seja a máquina de morte nazista, a modernidade é o evento dos grandes contingentes de massa reduzidos à subserviência pelo poder disciplinador do Estado. Explorar essa relação entre a tríade Estado/massa/história seria extensa e demorada e não é a pretensão deste trabalho. De qualquer forma, a mais importante distinção a ser feita aqui se refere ao binômio conceitual massa/multidão.

A energia libidinal de Freud também deve ser pensada a partir dessas combinações contemporâneas. Quando se pensa a contribuição do pensamento freudiano para a reflexão dos eventos e acontecimentos do campo cultural, não se pode esquecer o momento que suas reflexões estavam sendo construídas. A maneira pela qual as novas tecnologias e as atuais formas de composição sociais se dão, já era algo antevisto por Freud. Em uma passagem de *O Mal estar da civilização,* ele chega a nomear o homem como um futuro *Deus de próteses*. O seu pensamento é uma importante contribuição para as reflexões sobre o biopoder e a atual composição da sociedade de controle. Contudo, é de bom tom afirmar que a sua teoria libidinal não deve ser pensada como um programa a ser aplicado sobre a construção do real. A teoria libidinal é um elo de potência no pensamento sobre a multidão. No entanto, de certa maneira, ela se mostra insuficiente para desenvolver uma abordagem mais significativa sobre suas atuais configurações.

Se partimos da teoria libidinal freudiana, podemos chegar a idéia de que o elo que mantém a multidão articulada, sem sucumbir ao desejo de uma unilateralidade acumulativa, é o amor. É através do amor – desse amor freudiano, desse desejo, dessa energia propagadora que existe em forma virtual – que surge a capacidade de atualização da potência constituinte e afirmativa realizada pela multidão.

Para Gabriel Tarde, a multidão "é o grupo social do passado; depois da família é o mais antigo de todos os grupos sociais".[2] Essa afirmação, no contexto do pensamento de Tarde, é uma forma de desqualificar e de caracterizar a multidão como um momento do passado que deve ser ultrapassado. Mas, o que é bastante interessante é que, se trabalharmos com a idéia da multidão como um dos mais primordiais acontecimentos sociais, podemos chegar ao ponto de pensarmos que o elo amoroso da multidão é realmente significativo. Colocando de outra forma, podemos chegar a idéia de que as forças constituintes da multidão estiveram percorrendo os mais diversos momentos históricos, transformando, elaborando e agindo nas/pelas transformações ao longo dos mais diversos acontecimentos. O ponto ao qual se chega é o da imanência da potência constituinte da multidão, enquanto forma de atualização e realização de um tempo virtual que se propaga nos diversos momentos históricos. A potência da multidão também reside na sua capacidade de instaurar e realizar a contemporaneidade em sua plena intensidade.

2 Tarde, G. *A opinião e as massas*. São Paulo: Martins Fontes, 1992, p. 37.

A distinção que Tarde irá fazer entre o público e a multidão lembra a que se está fazendo aqui entre a massa e a multidão. O *público* de Tarde é um parente próximo de *massa*. Contudo, a preocupação principal de Tarde está em como se constrói a opinião. Ele já percebe que a evolução dos meios de comunicação colocam questões em relação aos grandes coletivos sociais. A multidão de Tarde é prioritariamente um evento social muito antigo, que naquele momento começa a ser transformado em público, pela opinião dos publicistas – lê-se jornalistas, no caso – e de suas publicações. É o início dos processo de produção de sentido via meios de comunicação. Tarde se queda perplexo diante das transformações dos meios e da formação deste novo grupo social:

> Mas o público é indefinidamente extensível, e como sua vida particular se torna mais intensa, à medida que ele se estende, é impossível negar que ele seja o grupo social do futuro. Formou-se assim, por um feixe de três invenções mutuamente auxiliares – tipografia, estrada de ferro, telégrafo – o formidável poder da imprensa, esse prodigioso telefone que ampliou desmesuradamente a antiga audiência dos tribunos e dos pregadores. (Tarde, 1992, p. 37)

O que há de interessante neste pequeno trecho é a discussão entre a extensividade e a intensidade do público. Esse ponto pode auxiliar no processo de diferenciação entre massa e multidão que está sendo desenvolvido aqui. O fenômeno observado por Tarde sublinha a idéia de que a massa – ou o público, no sentido que ele descreve – depende de regimes de extensão para se realizar como elemento comum de opinião. Um dos elementos principais da lógica de massa é o comum, ou o mesmo, construído pela maior extensão territorial possível. É a partir desta extensão que ela irá reterritorializar devires, restabelecendo produções de sentido que tangenciam as noções de controle e acumulação. É a partir da sua capacidade de estratificação e anexação que a opinião se transforma em comum produzido como mesmo. Porém, se a intensidade, no caso da massa, só reforça a intenção extensiva de reprodução da opinião, no caso da multidão, ela é um elemento funcional de realização. É na intensidade da ação que a multidão se realiza como acontecimento produtor de real. A multidão escoa pelos canais de intensidade, rompendo suas bordas, sem desejar constituir nichos cumulativos. É essa mobilidade que lhe dá a possibilidade de articular áreas de resistência em meio ao Império. Como ela está fora do desejo de tomada de poder — ou seja, de produzir biopoder — ela propaga a potência da vida — sua biopotência produtora de diversidade — através da sua intensidade de realização. O contágio, ou a contaminação, que para Tarde são elementos fundamentais, pode ser pensado na lógica da multidão como um dos seus devires nômades; é aí que reside sua capacidade de escapar ou de reproduzir o controle; ao contrário, ao mesmo tempo em que a massa se propaga por imitação — imitação essa que remete à necessidade de identificação fechada e unilateral, que poderia ser traduzida como o desejo unificador do líder.

As linhas de força que irão compor esse campo de ação são multifacetadas em suas potências de transformação. Não é possível reduzir a sua leitura a somente um ponto de inflexão. É preciso buscar articular o campo em sua complexidade. É nesse sentido que a teoria libidinal pode ser retomada aqui, para dar conta desta complexidade, como um elo comum às múltiplas facetas da questão. Todos nós sabemos que existem várias formas de amor. Assim, apesar de Freud salientar que esta palavra tem a máxima concentração de significados, o ponto que interessa aqui é justamente a sua capacidade de romper com qualquer possibilidade de definição *a priori* ou qualquer desejo de unificação da experiência. Sendo assim, pode ser que a energia libidinal seja o elemento comum que viabilize tanto a distinção como a proximidade entre a massa e a multidão. Pode ser que através dos devires amorosos — presentificados na ação da multidão, pela propagação das massas — se dê o encontro da contaminação e da imitação realizados nesses meios. O elemento libidinal não terá a capacidade de pré-determinar nada que seja descrito como definitivo ou finalizado. O amor é também — algumas vezes, infelizmente — produtor de ódios. O traço sutil que separa esses sentimentos é da mesma ordem do que os aproxima. O que é necessário é a percepção afetiva da maneira como os campos irão se compor e quais as forças estão em jogo. Pulsões fascistizantes estão presentes nas diversas formas de amor. Contudo, a energia libidinal descrita por Freud é um veio, um rastro, um fluxo de produção de sentido que só deve ser pensada como capacidade de multiplicação de multiplicidades. Nesse caso, a multidão é uma de suas possíveis traduções, traições, invenções, criações.

4 — Se a questão para Tarde é a relação entre opinião e multidão, a questão para Ortega y Gasset é a entrada em cena da massa, seus levantes e rebeliões. Ambos estão se preocupando com a massa enquanto evento histórico. Vejamos como Ortega y Gasset define seu conceito de massa:

> A rigor, a massa pode definir-se como fato psicológico, sem necessidade de esperar o aparecimento dos indivíduos em aglomeração. Diante de uma só pessoa, podemos saber se é massa ou não. Massa é todo aquele que não atribui a si mesmo um valor – bom ou mau – por razões especiais, mas que se sente "como todo mundo" e, certamente, não se angustia com isso, sente-se bem por ser idêntico aos demais. Imagina-se um homem humilde que, ao tentar se avaliar por razões especiais – ao se perguntar se tem talento para isso ou para aquilo, se se destaca em algum aspecto – conclui que não possui nenhum qualidade fora do comum. Esse homem se sentirá medíocre e vulgar, mal dotado; mas não se sentirá "massa". (Ortega y Gasset, 2002, p.45)

Hoje nós podemos falar em um devir-massa. Cada um de nós tem alguma pulsão, algum desejo de massa. Nossos corpos se encontram vetorizados por essas linhas duras. Este lado reativo também pode assumir um caráter afirmativo: às vezes, será esse devir que nos tornará mais próximos, que estabelecerá níveis de troca a partir de campos de sentido semelhantes. É necessário escapar a uma simples condenação destes elementos. Nossa composição subjetiva se encontra conectada a essa imensa e poderosa rede de produção de sentido e informação. Seria no mínimo uma hipocrisia querer negar esse fenômeno. É assim que muitas críticas são colocadas de forma bastante sectária, impedindo a percepção de como as configurações atuais se encontram, apontando numa direção perigosa e comprometedora. A idéia de purismo, só pode apontar no sentido da cristalização de micro ou macrofundamentalismos e suas ações ideologicamente justificadas. Além deste ponto, ainda existe uma limitação instrumental complicada. Uma linha de pensamento que não conseguir levar em consideração a complexa multiplicidade das composições de força em jogo na atualidade, não conseguirá ler de maneira satisfatória e suficiente a maneira como essa mesma realidade está em ação. Chamar a atenção para leituras fundamentalistas e sectárias é uma das funções do crítico na contemporaneidade.

O processo de distinção, seleção, formação de subjetividades singulares e/ou singularizantes, acompanha e cruza as práticas e os processos de massa. Não se pode negar isso. A singularização não se dá única e exclusivamente pela via da exclusão, e a massa – mesmo em seu sentido prioritariamente reativo – tem mobilizações afirmativas. Porém, os processos singularizantes só se dão, exclusivamente em sua potência afirmativa, em meio aos traços e movimentos do acontecimento que é a multidão.

No entanto, Ortega y Gasset está preocupado com a impossibilidade de qualquer deslocamento singularizante em meios aos processos de massa. Vejamos alguns de seus pontos:

> A divisão da sociedade em massas e minorias excepcionais não é, portanto, uma divisão em classes sociais, e sim em classes de homens, e não pode coincidir com a hierarquia decorrente de classes superiores e inferiores. [...] Mas a rigor, dentro de cada classe social há massa e minoria autêntica. Como veremos, mesmo nos grupos cuja tradição era seletiva, a predominância da massa e do vulgo é característica do tempo. [...] Se os indivíduos que integram a massa se julgassem especialmente dotados, teríamos apenas um caso de erro pessoal, mas não uma subversão sociológica. A característica do momento é que a alma vulgar, sabendo que

> é vulgar, tem a coragem de afirmar o direito da vulgaridade e o impõe em toda parte. Como se diz nos Estados Unidos: ser diferente é indecente. A massa faz sucumbir tudo o que é diferente, egrégio, individual, qualificado, e especial. Quem não for como todo mundo, quem não pensar como todo mundo, correrá o risco de ser eliminado. E é claro que esse "todo mundo" não é "todo mundo". "Todo mundo" era, normalmente, a unidade complexa de massa e minorias discrepantes, especiais. Agora, todo mundo é apenas a massa. (Ortega y Gasset, 2002, p. 46-48)

Ortega y Gasset não percebeu que esse todo mundo é – e de certa maneira, sempre o foi – um princípio de democratização e inclusão social, mas, ao contrário, ele está defendendo a idéia de uma aristocracia espiritual/intelectual, algo que funciona como uma salvaguarda do modo de pensar europeu, racional, branco e masculino. É preciso diferenciar os dois pontos de vista. O desejo pela moral do senhor não pode ser camuflado por uma imposição solipcista de certo modo de pensar. As linhas afirmativas escapam a caracterização. Todo mundo é, e deve ser, um objetivo. Sem possibilidade de consenso, sem o dialogismo comunicacional habermasiano, sem nenhum tipo de afunilamento. Todo mundo deve ser realmente todo o mundo. A produção de diferença se dá através e a partir do comum. A produção do comum deve ser pensada como atualização de um real devir de diferenciação. É pela necessidade que se dá o processo de seleção. Este processo de seleção produz a todo momento o escoamento de fluxos de diferenciação. Transformar o biopoder em biopotência, ou seja, extrair da massa seus devires potentes e afirmativos, fazer escapar o corpo do poder sobre o corpo, e perpetrar a potência afirmativa de diferenciação nesse mesmo corpo, é um ato de resistência, de insistência na vida. É um ato de amor.

5 — Antonio Negri define sua idéia de multidão como *uma multiplicidade de singularidades*.[3] Ele busca definir a partir de três pontos de vista teóricos: um sociológico, outro político, e um terceiro, por seus dispositivos ontológicos. O primeiro ponto nos remete imediatamente a discussão das atuais condições da força de trabalho. A questão do trabalho imaterial[4] e de suas condições enquanto produção comunicativa apontam no sentido da construção e da aplicação de linguagem como acontecimento do comum. E aqui reside uma diferença entre pontos de vista de classe e o caráter diverso da multidão. A classe mantém em si linhas de exclusão e de segmentação duras. A multidão é da ordem do imaterial, sendo assim, não pode ser definida por um ponto de vista predeterminado ou predeterminante. O trabalho que ocorre nas relações sociais hoje é da ordem da constituição de uma cooperação social, da construção de linguagens comunais, que irão extrapolar as antigas formas de composição corporativistas. A multidão não pode ser representada por nenhuma entidade metafísica, e nenhum nível institucional, pelo simples fato dela ser irrepresentável. A condição do trabalho na contemporaneidade vem se transformando. Os serviços são, em sua grande maioria, a busca de soluções para a constituição de bens comuns. Eles são, cada vez mais, singulares e singularizantes. Sendo assim, o trabalho entrou numa fase mais afetiva, mais feminina. Como diz Negri, o trabalho agora é um elemento de amor.

A segunda definição é política. Segundo ele, se a multidão é uma multiplicidade de singularidades, ela não pode ser reduzida nem a massa, nem a povo, pois o povo é uma unidade produzida

---

3 Essa afirmação e outras que serão realizadas ao longo do texto foram extraídas de palestras, comunicações e seminários realizados durante a visita de Antonio Negri ao Brasil em outubro e novembro de 2003. A saber, na palestra *As Multidões e o Império*, Palácio Gustavo Capanema; a comunicação realizada no Estados Gerais da Psicanálise, no Hotel Glória; fala realizada no Departamento de Direito da PUC-Rio; em entrevistas e conversas particulares, entre outras ocasiões.

4 Ver, por exemplo, Negri; Lazzarato. *Trabalho imaterial*. Rio de Janeiro: DP&A, 2001.

SUPER LOJA SHOW !!! | (DDXX21) 2203-1070

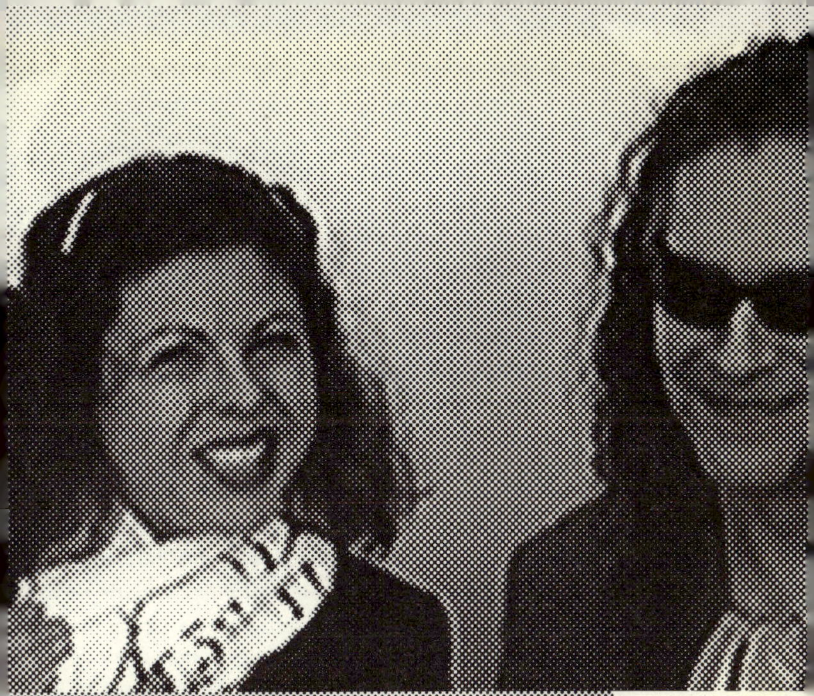

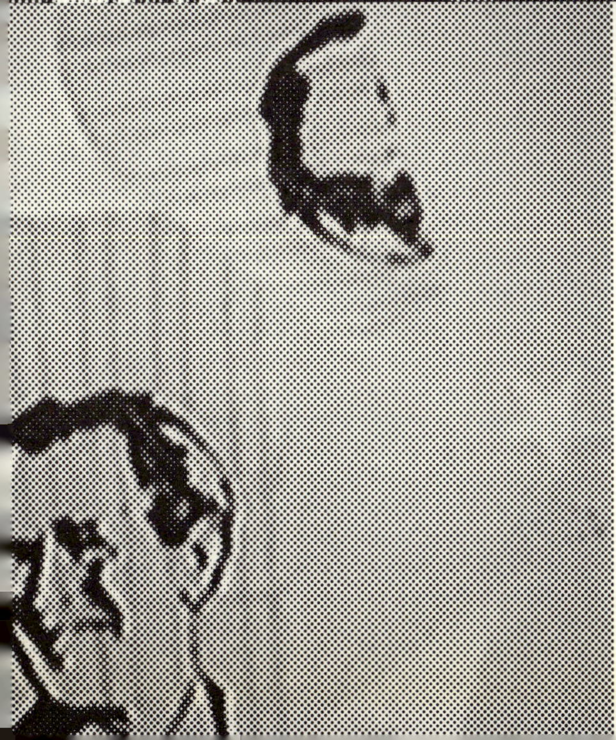

pelo Estado, enquanto a massa é produzida pela reprodução do mesmo. O Estado moderno teve, na figura do povo, seu sujeito de legitimação em suas operações de guerra. Qualquer poder democrático fora constituído na forma do um. Era a transferência da potência para o poder soberano do Estado. O conceito de multidão deve ser pensado como afirmação das singularidades, a busca de caminhos para o enriquecimento coletivo das singularidades. Para Negri, os vetores de sociabilidade antecedem a individualidade belicosa. A fantasia hobbesiana do Estado natural só tem legitimidade através/no/pelo Estado. A linguagem será o evento de socialização – não a linguagem em busca do consenso, mais as mil e uma linguagens da *Babel* em sua contemporaneidade, a multiplicidade de singularidades que se multiplica através do afeto. A idéia de singularidade se encontra fora da tradição de ser povo. Ela rompe com qualquer pretensão de se buscar uma unanimidade estatal, uma unidade simbólica primordial, ou, até mesmo, um veio histórico comum transfigurado em princípio coesão/coerção do corpo social. No final do livro *Império*, Negri e Hardt vão buscar definir alguns pontos significativos sobre a luta da multidão contra o Império. A saber, são eles: uma nova cidade (sua potência singular); o direito a cidadania global (os caminhos do sem fim); Tempo e Corpo (direito a um salário social); Telos (direito à reapropriação); Posse (poder potência). Vejamos como eles irão buscar definir a relação entre multidão e trabalho como construção de processos de singularização:

> Quando a multidão trabalha, ela produz autonomamente e reproduz todo o mundo de vida. Produzir e reproduzir autonomamente significa construir uma nova realidade ontológica. Com efeito, ao trabalhar, a multidão se produz a si mesma como singularidade. É uma singularidade que estabelece um novo lugar no não-lugar do Império, uma singularidade muito real produzida por cooperação, representada pela comunidade lingüística e desenvolvida pelos movimentos de hibridização. A multidão afirma sua singularidade invertendo a ilusão ideológica de que todos os seres humanos nas superfícies globais do mercado mundial são permutáveis.

Pondo a ideologia de mercado de pé, a multidão promove com seu trabalho as singularizações biopolíticas de grupos e conjuntos de humanidade, em todos e cada um dos nós da permuta global. (Negri; Hardt, 2001, p. 419)

O trabalho, ou seja, sua capacidade criativa e associativa, é que irá definir os processos pelo qual a multidão poderá se configurar como agente político-social de transformação/formação do real. Na mesma medida que a multidão afirma sua singularidade, ela elabora e atualiza um real-outro, um real autônomo das territorializações globais do Império, um real como ação e processo de diferenciação – o que eles estão chamando de um *lugar em meio ao não-lugar* – um real que é fruto da traição aos princípios homogeneizantes de controle.

O último ponto diz respeito aos dispositivos ontológicos presentes em operação na lógica da multidão. Trata-se basicamente do conceito de produção de potência que a multidão traz em sua forma constituinte, como acontecimento, através dos mais diversos eventos históricos. A multidão é desejosa do ponto de vista econômico e produtivo: ela produz e afirma a vida contra o capital, contra a lógica da sociedade de controle e o Império. Ela acontece a partir de um *princípio* associativo, um desejo de se associar que rompe com a perspectiva estatal da guerra, ou com o funcionamento da guerra permanente imperial. A multidão é um acontecimento da ordem do amor. Aqui, de maneira surpreendente, nos aproximamos terrivelmente dos postulados da teoria libidinal freudiana: é o desejo do outro que torna a multidão um acontecimento potente.

As definições que Negri oferece em trabalho publicado no Brasil[5] são muito esclarecedoras em relação a maneira pela qual a multidão irá se definir enquanto sujeito político.

---

5 Negri, A. *Kairós, alma, Vênus, multitudo. Nove lições ensinadas a mim mesmo.* Rio de Janeiro: DP&A, 2003.

1. A multidão pós-moderna é um conjunto de singularidades cuja ferramenta de vida é o cérebro e cuja força produtiva consiste na cooperação. Quer dizer: se as singularidades que constituem a multidão são múltiplas, o modo no qual elas se conectam é cooperativo. (Negri, 2003, p. 171)

Se a força produtiva da multidão está conectada a sua capacidade de vida, capacidade de estar viva, de afirmar a vida, é esse elemento cooperativo que produz os processos de diferenciação pelo qual se estabelecem as suas singularizações. Então, só num regime de cooperação a multidão pode explicitar e propagar as potências de singularização que se constituem como forças de atualização do real enquanto diferença comum. Esse fluxo de produção, Negri chama de *teleologia do comum*:

3. A teleologia do comum, como motor da transformação ontológica do mundo, não pode ser submetida à teoria da medição soberana. Na verdade a mediação soberana é sempre fundação de uma unidade de medida, enquanto a transformação ontológica é sempre desmedida. (Negri, 2003, p. 173-174)

Teleologia é o termo utilizado para se pensar os fins, ou as relações entre as finalidades e suas finalizações. De certa maneira, pode ser pensado como o oposto de tautologia – a repetição do mesmo, a ressignificação do dado – e também é a operação oposta à lógica dos mecanismos.[6] O comum aqui deve ser pensado como permanente tensão enquanto produção de diferença, o comum como prática de diferenciação. Nesse sentido, a teleologia do comum, é a finalidade constituinte de um comum como produção de diferença, ou seja, é a maneira pela qual se devem pensar as potências da multidão em sua multiplicidade e singularidade, agindo no mundo, rompendo as medidas impostas pelo mundo, constituindo reais-outros. Assim, a multidão instaura espaço-tempos outros diante da coerção normativa do controle imperial:

---

6 Ver qualquer dicionário de filosofia. Por exemplo, Bihan, C.L. & Gras, A. *Lexique de Philosophie*. Paris: Edición du Seuil, 1996.

6. O que significa dizer que a ordem política do pós-moderno é exposta, destrutivamente, à desmedida do tempo? Significa que, se a multidão produz a vida entregando-se a uma opção sobre o porvir, não é o comando mas a potência constituinte da multidão que cria a existência comum do mundo. E essa existência comum é o pressuposto de qualquer ordem, porque desmede qualquer ordem. (Negri, 2003, p. 177-178)

A desmesura, ou a desmedida, perene à multidão, estabelece eixos de ruptura em relação a qualquer possibilidade de comando — isolado e incólume — em sua forma de ação no real. A multidão não é suscetível a líderes, ela rompe com qualquer possibilidade de acumulação de sentido, e irrompe em meio às medidas, constituindo o movimento do comum, ou seja, a realização da produção de vida. Ela cria, então, o real como comum e diferenciado. O tempo histórico, cronológico, é atravessado pela permanente atualização das potências criativas da vida presentes no movimento da multidão. O tempo é colocado, pela intensidade dos acontecimentos, no instante, e é transformado em um campo de ação da insurreição corporal das singularidades:

> 6 bis. É o biopolítico que determina qualquer produção do mundo, afirmando a consistência do ser na potência constituinte e abrindo a flecha do tempo constitutivo à inovação do eterno.
>
> 6 ter. A teleologia do comum vive da sua própria exposição ao porvir. Portanto, se o ser biopolítico é a matéria da teleologia do comum, pobreza e amor são seus elementos-chave. Mas são a pobreza e amor que abrem para a desmedida do tempo por vir. Por isso, a teleologia do comum é exposta a essa desmedida.
>
> [...] 6 quinque. Qualquer genealogia biopolítica é determinada pela abertura ao "para além da medida". (Negri, 2003, p. 179)

Estar para além da medida, como coloca Negri, é, aqui, encontrar a força da contemporaneidade em toda sua potência de diferenciação, é estabelecer o corpo como parâmetro insurreicional, como acontecimento de diferença, como processos constitutivos de singularizações múltiplas. A teleologia do comum é, então, a exposição do corpo extraído de seu controle biopolítico, para ser lançado em sua afirmação de biopotência. E é a partir de dois elementos – o amor e a pobreza – que se pode encontrar a teleologia do comum. Esse amor, segundo Negri, não pode ser definido como *pietas* – o desejo de transcendência – ou como *amor* – um movimento ascético mal direcionado – ele é *trabalho vivo*. E o trabalho é vivo quando rompe com a medida, quando é desmesura. O Amor é então "o que o sustenta [o trabalho vivo] nesse empreendimento comum de construção (no vazio) de ser" (Negri, 2003, p. 198). A pobreza, por sua vez, é definida a partir de sua condição de exclusão. Mas como a exclusão pode definir o trabalho vivo? É justamente porque a figura da pobreza se estabelece no limite, na borda, nos pontos máximos de tensão teleológica, que ela pode e deve ser pensada como *o mais comum*. O pobre é aquele que é mais comum, e "na realidade, se é apenas o comum que produz a produção, aquele que é excluído, mas participa do comum, é expressão de trabalho vivo" (Negri, 2003, p. 201). O trabalho vivo é, portanto, o trabalho da multidão. Amor e pobreza são os elementos imanentes do processo de singularização da multidão.

6 — A multidão. De maneira contraditória, e até paradoxal, os medos constituídos da época moderna podem ser pensados através da contemporaneidade em todas as suas potências singularizantes, e de maneira inversa, as potências da multidão devem ser pensadas fora dos enganos dos primórdios da formação da época das massas. Longe de ser uma questão solucionável, a multidão na contemporaneidade instaura a possibilidade de se pensar formas e forças de resistências e seus dispositivos, que se encontram presentes em regimes de significação dos mais diversos. Negri fala de questões de linguagem, de um *corpo lingüístico*:

> 10 ter. Chamemos "corpo lingüístico" o entrelaçamento entre corpo singular e comunidade lingüística. Forma-se quando a cooperação lingüística dos corpos singulares se expõe à inovação.

> É o produto ontológico do *telos* comum e integra, num novo corpo, a tensão entre singularidades e comunidades, assim como a tensão entre cooperação dos corpos e inovação do ser. O corpo lingüístico é sempre novo, ou seja, é cada vez mais singular. (Negri, 2003, p. 202)

É esse entrelaçamento entre o corpo e o comum que instaura a criação de um real diferenciado. O processo de luta pela qual a produção de arte da contemporaneidade resiste e insiste, se encontra na tensão desta construção. A inovação do ser é o ato de trair, é a realização da invenção. A traição é o ato do novo no corpo lingüístico. O delírio é a potência constituinte presente no acontecimento novo/atual de cada traição. A cada nova instauração de reais, se atualizam corpos, linguagem e comunidade num processo perene de criação de outros. A tradição delirante é a rede de singularizações atuantes no corpo lingüístico, é a invenção de outras línguas, é a produção de resistência como insistência na vida, é a criação de diferença como comum e singular, é a afirmação do corpo, de sua corporeidade e de sua força de instauração de reais atuais na contemporaneidade.

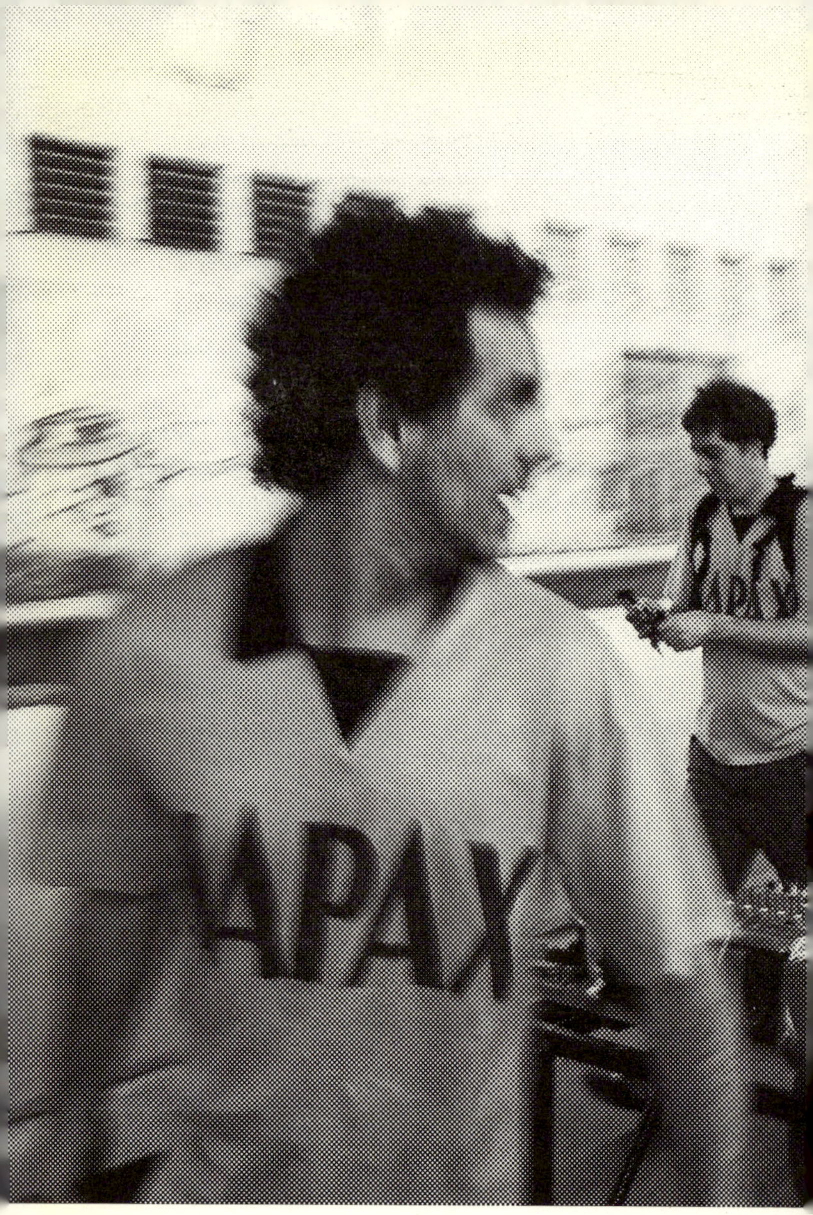
APAX

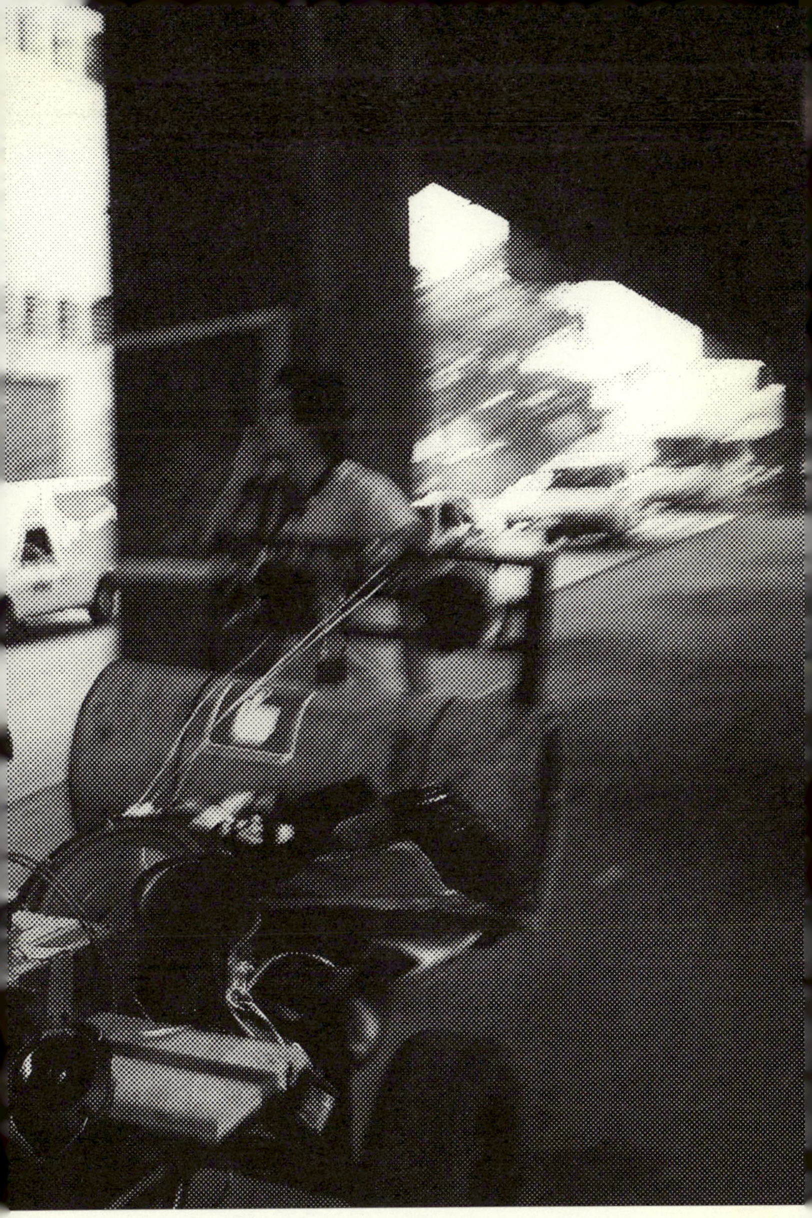

CAPÍTULO 10
BREVIÁRIO: TRAÇOS E TRAJETOS

+ ações
agentes

Gostaria de salientar mais alguns coletivos e produtores de arte que se fazem necessários na presente reflexão. É mister articular aqui um veloz breviário de agentes e grupos. A grande maioria deles já se encontra presente em muitas das passagens e argumentos anteriores. Mesmo que não se possa desenvolver toda a potencialidade presente nessas produções, o gesto de incluí-los no presente texto já explicita a força de seus trajetos e de suas ações.

O articulador paraense Arthur Leandro é mais um agente potente em meio a essas produções e ações, coletivas e individuais. Seu trabalho no *Atrocidades* é uma reprodução fotográfica ampliada de suas nádegas nuas e de seu ânus. Em torno da imagem se lê *círculo/privado/esfera/pública*. Esse lambe-lambe foi fixado nas rampas de acesso ao Maracanã. Arthur é professor da Universidade do Amapá e fundador do grupo Urucum. Para sua última ação na cidade, no evento *Açúcar Invertido*, coordenado por Edson Barrus,[1] na galeria Funarte, do Palácio Capanema, no Rio de Janeiro, o grupo trouxe de Macapá 18 toras de madeira, as quais foram depositadas nos pilotis do palácio, e passaram quarenta dias – o que fazia parte do evento: cada grupo ou produtor de arte deveria criar um processo que durasse exatos quarenta dias, uma *quarentena* de arte –, triturando-as, serrando-as com motosserras, sem parar durante todos os dias do evento. Arthur – que também é um dos articuladores do *Rés do Chão* –, não só é um elemento que ajuda a dar uma configuração mais ampla aos agenciamentos cariocas, como também vive a questão de fazer parte de uma instituição – no caso a universidade – e de

---

[1] É necessário fazer uma pequena referência a *London Biennale* – uma proposição do produtor de arte filipino David Medalla –, que quebrou, de maio a agosto de 2000, a forma centralizadora estabelecida pelas bienais tradicionais, expandindo a inscrição para uma simples ação: quem estiver interessado em participar, tire uma foto em frente a estátua de Eros, no Piccadilly Circus, em Londres, com o nome e a inscrição BIENAL DE LONDRES e mande para ele. Essa iniciativa, sem dúvida, influenciou muitos dos produtores de arte do atual cenário de ações. Ver toda a proposição no seguinte endereço: <http://www.londonbiennale.org>.

ser um artista e um articulador pouco convencional em suas produções. De maneira semelhante a Vogler – que também é um recente professor universitário[2] –, Arthur vai conviver com o conservadorismo gritante de instituições de ensino de arte ainda totalmente presas a noções modernas de valoração do elemento artístico. A distância de outras áreas de produção, poderia isolá-lo, mas, na realidade, amplia sua possibilidade de ação e cria uma situação singular de circulação de produção. A criação de vetores que escapem às territorializações impostas pelas instituições, ou pelas delimitações geográficas locais, devem ser desarticuladas pelas potências de criação através de suas ações e para além de regionalismos. As marcas da localidade não podem se transformar em clichês decalcados sobre as superfícies em ação. É no movimento que se dá a produção do outro como produção de diferença.

Mais um produtor de arte: Cabelo. Sua formação de poeta e de músico, lhe garantiu a necessidade de construções de experiências marcadas e baseadas no/pelo corpo. Ele desenvolve trabalhos em que as ações se encontram interligadas a um imaginário urbano recorrente e a signos ou arquétipos primitivos, da ordem da terra, do corpo, dos répteis, do úmido. Seus materiais são precários, como suas ações. Mas seu maior trabalho é ele mesmo. Cabelo é um produtor de arte que torna sua própria vida uma experiência de arte. O fluxo constante de uma verve poética original precipita seus deslocamentos em encontros de produtores de experiência de arte. O estado de produção é uma constante. A atividade de Cabelo é a reiteração da vida como constructo de arte. Talvez uma boa maneira de descrever a atividade de Cabelo seja citar o que disse certa vez Waly Salomão: a vida é paródia da arte. Para além de uma bem sucedida relação com o mercado de arte, com as galerias e os circuitos institucionais de arte – por exemplo, Cabelo foi o único desses jovens produtores de arte que expôs na Documenta de

---

2 É professor no Instituto de Arte da UERJ.

Kassel[3] –, sua particularidade reside na forma como ele trata essa relação. Ao desmistificar as figuras do circuito institucional, ele cria a possibilidade de uma crítica indireta, que se realiza através de sua postura, de seu desenho corporal, de sua constante performação, ativando a forma pela qual sua força criativa vai irromper clichês relacionais do meio. A presença de Cabelo no circuito cria possibilidades de se furar o bloqueio de imposições institucionais. O sucesso obtido por suas produções ressalta a potência afirmativa presente nas trajetórias de muitos destes artistas citados. A interlocução que sua produção vai estabelecer com outras – por exemplo, as parcerias com Jarbas Lopes, Franklin Cassaro, entre outros – cria situações que alteram os regimes de valor acumulativo que se baseiam em lógicas de carreira individual e defendem, exclusivamente, a autoria acima de qualquer possibilidade real de articulações coletivas. Torna-se impossível dissociar sua produção da produção de sua própria gestualidade, de sua própria vida, de seu próprio corpo. Sua trajetória aponta para um caminho onde a produção, as necessidades da produção, a produção de produção é um processo de criação de resistência, de resistência e criação. Resistir aos modelos de institucionalização não é se isolar dos processos de produção, muito pelo contrário, é criar a resistência como processo de produção. Cada vez mais, nesse momento em que o trabalho se precariza a passos largos, o processo de produção é também o processo de criação de resistência. Cabelo é um ponto de conexão real entre muitos eixos de produção, e sua força consiste em transformar, criar processos de afirmação de singularização de seus trabalhos, de seu corpo, de sua matéria de ação que é a própria vida.

---

3 Inclusive sua passagem pela penúltima Documenta de Kassel foi bastante polêmica: os resíduos de sua performance acabaram sendo proibidos por terem provocado acidentes, ele passou mal e foi para o hospital, tendo que voltar rapidamente para o Brasil. Segundo ele, *"existem mais minhocas dentro de mim do que na minha criação de minhocas"* (citação extraída de entrevista dada ao Programa do Jô, da Rede Globo).

Para terminar essa sessão, falarei sinteticamente de alguns coletivos e de algumas de suas ações mais significativas. O grupo *RRRadial* – formado por um agenciamento entre Ronald Duarte, Luis Andrade, Alexandre Vogler, Tatiana Roque e pelo presente autor – foi articulado a partir da organização de um colóquio internacional de filosofia, política e arte realizado no Rio de Janeiro em 2002.[4] Suas ações mais significativas foram o *Fumacê do Descarrego* – proposição de Alexandre Vogler –, consistindo em uma chaminé de três metros de altura, com cinqüenta quilos de defumador, colocada sobre uma Kombi, realizando uma deambulação sonora pela cidade; o *Foguetório*, um réveillon fora de época realizado na Praia do Recôncavo, em Sepetiba, no dia 11 de setembro de 2002; e uma proposição de Ronald Duarte realizada para o projeto Interferências Urbanas, de Santa Teresa, *Fogo Cruzado* – trata-se de um trabalho que recebe seu nome como autor, mas que pode ser pensado como uma atividade relacionada com o *RRRadial* –; foram colocados querosene e estopa em quinhentos metros de trilhos de bonde no Largo do Guimarães, em Santa Teresa. O *RRRadial* funciona como um grupo de ação articulado através da realização de instaurações públicas, criando rituais de ressignificação desses mesmos espaços públicos, atualizando potências virtuais de desobediência imanentes na composição social local. Suas atividades são basicamente lúdicas, ativando a produção de subjetividades *outras* em meios de constante reprodução de mesmos.

O *Imaginário Periférico* é formado por um grande grupo de artistas – entre eles o próprio Ronald Duarte, Jarbas Lopes, Jorge Duarte, entre outros –, todos eles provenientes da Baixada Fluminense e arredores. A maioria de suas atividades se dão – também – em espaços públicos, tais como a Central do Brasil, a velha estação de trem de Fragoso, o centro de Nova Iguaçu etc. A tentativa de criação de núcleos de reativação do tecido social – tão esgarçado, tão detonado por processos de estagnação e falta

4 Ver página 246, nota 4.

de políticas públicas locais – é uma função que o grupo deseja desenvolver a partir de suas ações. Outro ponto forte deste grupo é o vetor de descentralização das produções de arte, o escoamento e a produção de arte para além do eixo zona sul/centro da cidade, alcançando diversos espaços e criando possibilidades de diferença em áreas tão lançadas a margem de qualquer debate para além das políticas de polícia e segurança.

O grupo de ação de arte Hapax – formado por Daniel Castanheira, Marcelo Mac, Ricardo Cutz e o presente autor – surgiu a partir de instaurações musicais instantâneas realizadas na Lapa, Centro da cidade, durante oito meses de 2000. Logo após, o grupo se associou a outros coletivos – o *Atrocidades*, o *RRRadial*, o *Imaginário*, o espaço Zona Franca, entre outros –, realizando ações nos mais diversos espaços e situações. O Hapax é uma proposição de intensificação dos processos de diferenciação realizados a partir de suas experienciações em movimento. A intensidade instaura a potência de realização de um outro real, o instante viabiliza à ação a liberdade de atuação do acaso e da dispersão, transformando a experiência em processo de experienciação coletiva, rompendo com a acumulação e controle, criando uma atividade de desobediência. A desobediência pensada aqui como uma posição política a favor da afirmação dos processos de singularização e diferença. Hapax é a instantaneidade do instante.

foguetório

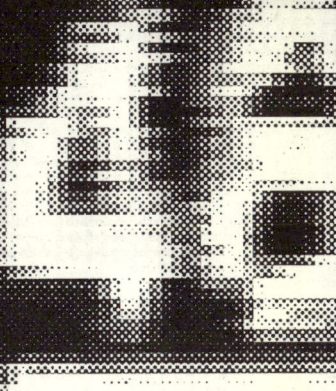

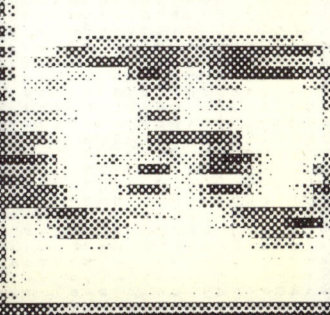

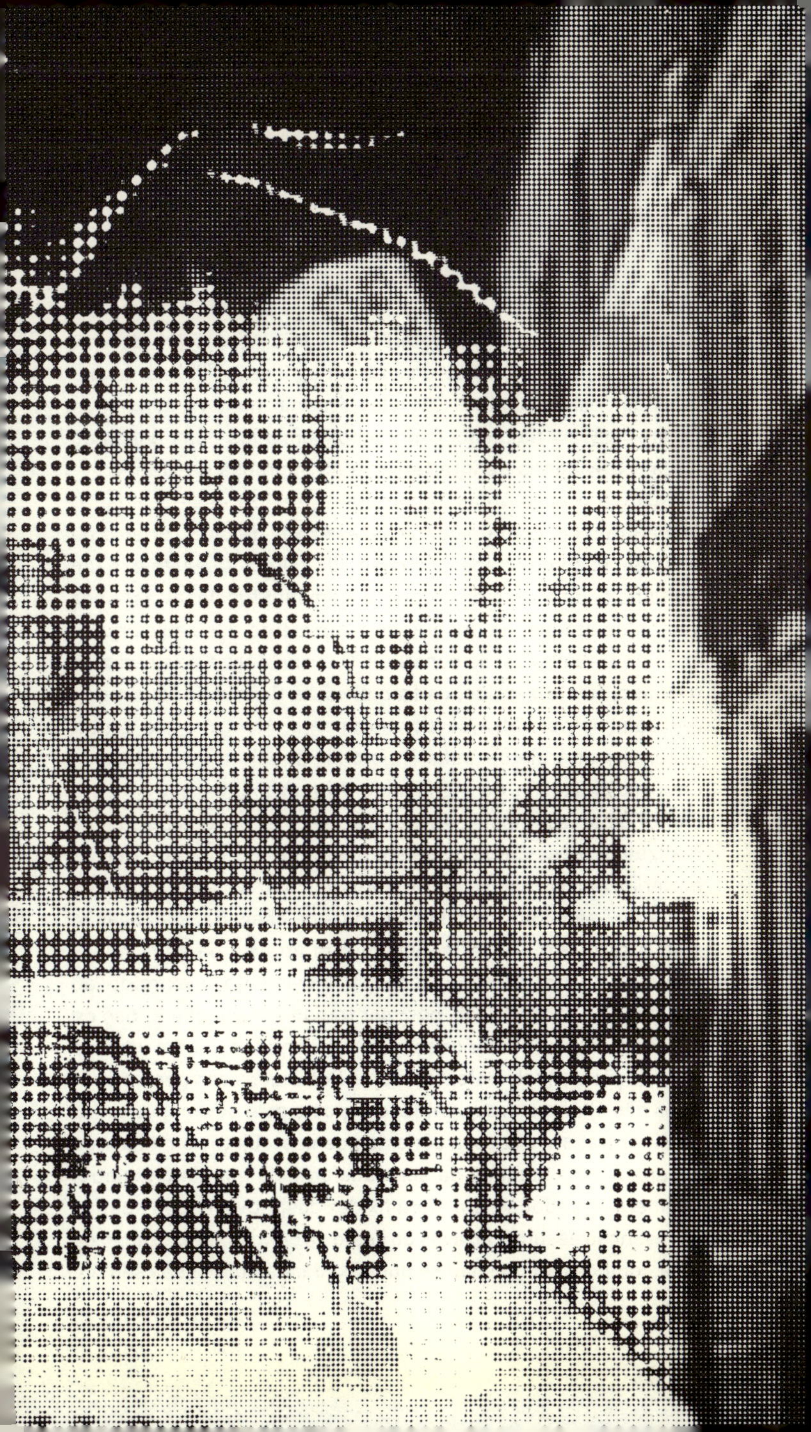

ÚLTIMA NOTA:
PEQUENO TEXTO DE REFERÊNCIA

(afirmando o movimento e o corpo: orelha para um futuro livro)

Desejo fazer uma rápida referência a três produtores de arte que de maneira direta se encontram ligados ao debate levantado por este trabalho. São eles Antonio Manuel, Raimundo Colares e Waly Salomão. O primeiro, com suas duas linhas de força – atividades de interferência na imprensa de grande circulação, e a ação/atuação corporal –, realiza elos de relação que entram em contato com a necessidade de produzir atos de resistência como criação. As chamadas *Urnas Quentes* são um trabalho onde a ação do corpo é o elemento funcional; será nos gestos de ataque, de quebra, de rompimento das caixas que a ação do trabalho vai se constituir. O movimento é que realiza o trabalho. Neste sentido, os trabalhos de Raimundo Colares se realizam no/pelo/através do movimento. Mais do que tentar descrever os trajetos, suas *Trajetórias* apontam no sentido de uma radicalização do significado do movimento; não se está diante de uma simples estruturação geométrica das paisagens realizadas pelos ônibus, se está diante de movimentos que se materializam nos/pelos movimentos, em outras palavras, são os trajetos – sem importância de pontos de chegada, sem ligação com o território – que se nomadizam através de seus fluxos poéticos de desterritorialização. O movimento é extraído de sua simples constatação, para ser tornado desejo imperioso de potência de produção e criação. Neste sentido também irrompe a produção de Waly Salomão, cujos *Babilaques* são gestos poéticos não-fixáveis. A casualidade imposta pelo devaneio criativo do olhar transforma essa série de poemas-objetos em algo que escapa à possibilidade de ser transformado em mero registro, em mera reprodução, em mera fixidez descritiva. O jogo poético da invenção assume, através do gesto de criação, a realização de uma composição que não se quer fixada. Os *Babilaques* são um lance, um jogo de combinações múltiplas que se singularizam a cada olhar, a cada momento que esses olhares são atualizados, a cada realização real do gesto repetido. A repetição é um movimento de afirmação. O retorno do outro modificado, diferenciado. O movimento é a afirmação do corpo em toda sua carga de corporeidade. É no corpo que os trabalhos de arte e os fluxos de invenção poéticas são transubstancializados em ação afirmativa de criação e diferença. É nesse *corpobra* que a resistência é afirmada como única necessidade. Essa resistência que – acima de qualquer coisa – é a insistência da afirmação da vida.

330

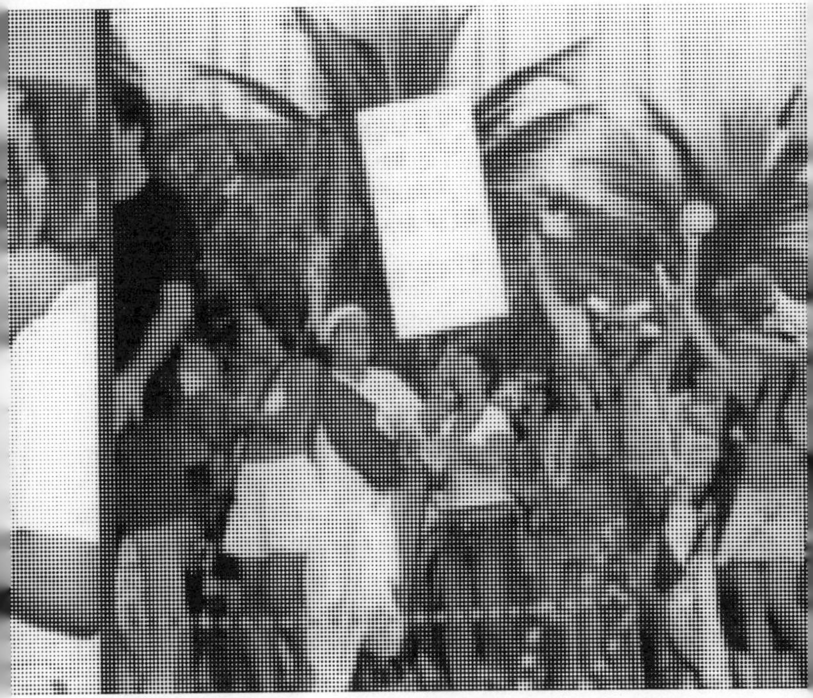

Epílogo
PEQUENO MAR
(à guisa de conclusão)

O trabalho realizou seus percursos. A pretensão foi alcançada. Direta ou indiretamente, os caminhos que se seguiram, atualizaram as forças que estavam em jogo. Atualizar aqui quer dizer também que o acaso e surpresa foram elementos imediatos na realização das forças. Não se pretendia provar nada, nem chegar a nenhum tipo de conclusão. O processo é o *não-objetivo* do trabalho. Processo no sentido de criar um campo experimental, onde o jogo de forças é guiado por suas capacidades de serem afetadas. Em nenhum momento se pretendeu chegar a um ponto final sobre qualquer assunto. Não se trata de um jogo entre refutação/comprovação, nem de um projeto científico prédeterminado por um sentido específico. É, sim, um jogo de experimentação. Experimentação no sentido que é tratado em muitos momentos ao longo do texto. Experimentação no sentido de tornar-se corpo. Este texto é um corpo. Um corpo múltiplo, pleno de singularidades que espocam a todo momento, por todos os trajetos. Este texto é constituído como um indivíduo espinosista: múltiplo, afetivo, potente, em busca da alegria.

O corpo do texto é também o texto no corpo. Este trabalho é realizado como processo de experienciação que se torna corpo. Ele é fragmentado, tatuado, marcado, vivenciado como acontecimento, como criação. Não existe diferença – no caso do presente trabalho – entre o processo de constituição do trabalho, e o corpo experienciado no/pelo/através do processo. Ambos se afetam e detonam muitos outros corpos.

O deslocamento assumido – da objetividade para o processo – aponta a tendência de se produzir texto, e/ou textualidades, que sejam pontuados por pontos afirmativos ao longo de seus trajetos. Isso quer dizer que o tom, muitas vezes assertivo, a

Epílogo: Pequeno mar

constante presença de palavras de ordem poéticas, o estilo de construção dos diálogos e forma de tratamento de determinados temas e a abordagem frontal de tensões e discordâncias, fazem parte deste universo. O desejo afirmativo e seu caráter peremptório não colocam em risco a opção pelo processo e nem pelo desejo de constituição de uma rede descentralizada de produção de sentidos e significações, com suas forças e valorações. Não se está dizendo com isso que estamos abrindo mão da construção de um lugar para falar. A fala se coloca aqui como um elemento semovente na composição radial dos planos de ação. A fala não encerra em si o local de onde se fala, mas integra uma série de articulações que se realizam no movimento e pelo movimento. Qualquer texto produz uma fala. Mas a fala que se está produzindo aqui extrapola qualquer limite textual. Ela não se encontra limitada a reproduzir um local, ou descrever e legitimar esse mesmo local. Ela está em processo de realização. Ela segue, a cada momento, produzindo dissonâncias e ruídos. Ela escapa à possibilidade de se ver reduzida a uma literalidade direta, sem nenhum tipo de arrogância criativa, extremamente submissa a um jogo unilateral de valores. A fala é um corpo em meio a outros corpos que compõem a rede significações do presente texto.

É o desejo da experienciação que define o norte de opção do trabalho. A quase totalidade dos produtores abordados apontam nesta direção. Em nenhum momento tentou-se velar o sentido das trajetórias que se desejavam compor. A tradição delirante é uma invenção. Prioritariamente e afirmativamente uma invenção. É um campo de ações, uma cartografia afetiva, uma rede de fluxos, um amplo movimento sem sentido aparente. Deleuze nos fala sobre o espaço liso. Certa vez Cláudio Ulpiano – em uma de sua aulas-experiências – disse que o mar é um espaço liso. Aquele imenso e fabuloso conteúdo disposto por suas marés, correntes, fluídos, ondulações, sem aparência de algo que pode ser quantificado, que pode ser determinado, por qualquer espécie de classificação, algo que se movimenta de forma própria, que tem suas próprias maneiras de escapar de si mesmo, enfim, o mar é esse espaço sem fronteiras, mas ao mesmo tempo, pleno de significações próprias. De uma certa maneira esse texto é como um mar, um pequeno mar – como aqueles da Ásia, menores, limitados, com uma densidade particular, de coloração específica. O mar engana. Muitas vezes, a sensação que se tem é de um imenso, homogêneo e compacto campo. A ausência nele de fronteiras claras, sua impossibilidade de limites determinados, podem criar a ilusão de que se está sempre no mesmo lugar, sempre repetindo a mesma trajetória. No entanto, de uma hora para outra, sem se dar conta, o mar crispa-se em suas ondas, transforma seu relevo, rompe suas entranhas, muda seu fundo, se movimenta, se mobiliza, torna-se *outro mar*. O mar é perigoso. Mas também é perigoso na medida em que se deseja aventurar por ele. E a aventura é experienciar o mar. O mar em toda sua força e particularidade.

A composição foi feita a partir da busca de uma construção de estilo, que também faz parte das opções que foram realizadas no processo de pesquisa. Em alguns momentos, fica clara a disposição da presente rede textual em apostar nas linhas de composição poéticas. A busca de uma experimentação de estilo não se limita somente ao sentido da escrita. Na maioria dos casos, os produtores de arte abordados são deslocados de seus lugares já constituídos, para serem lançados em territórios e leituras não muito convencionais. Essa tentativa de construção de uma abordagem razoavelmente original, é concomitante com o desenvolvimento de características estilísticas particulares. A função, digamos, militante do desenvolvimento dessa experiência estilística, é sem dúvida, um elemento potente na composição geral do trabalho. A idéia de resistência encontra aqui seu lugar primevo. Resistência torna-se a possibilidade real de inventar/criar situações de enfrentamento com os paradigmas institucionais, com o lugar do texto de academia, com a escrita formal e cúmplice de projetos estáveis de acumulação simbólica da relação capital/conhecimento. Essa questão do estilo certamente deve ser remetida à fala de Nietzsche. Não podemos esquecê-lo e também não podemos deixar de dizer que ele está presente em muitos momentos da constituição desta textualidade. Mas também, contudo, é novamente Deleuze que vai dizer que filosofar é inventar conceitos. Mesmo não sendo a pretensão do presente trabalho, mesmo tendo consciência de suas limitações no campo do filosófico propriamente dito, a partir desta fórmula deleuziana, podemos chegar a dizer que o presente trabalho alcançou alguns pequenos índices de criação que se aproximam desta afirmação. Assim, de alguma maneira, estava-se – simultaneamente na/pela/através da experienciação corporal, da ação do corpo, do movimento-corpo –, ao longo da constituição do texto, produzindo e realizando, em alguns níveis, pensamento.

Sem dúvida, o caráter militante das textualidades presentes neste trabalho reafirmam a necessidade de se pensar o desejo que está amalgamado à produção do mesmo. O que se está querendo colocar, é que, de maneira geral, existe uma necessidade de se pensar de maneira bastante afirmativa e crítica. O pesquisador, o produtor de conhecimento, o cientista, o crítico, aquele que é um trabalhador do pensamento deve, por necessidade, perceber quais são os lugares que se devem ocupar. Não se pode negar que o pensamento tem uma função necessária na constituição da vida. Trata-se de perceber o valor ético de uma produção como essa. Como e de que maneira podemos ajudar a realizar um real diferente, singular, um real que rompa com os esquemas de estratificação presentes, na grande maioria dos gestos de produção de sentido, do campo sociocultural. Trata-se de criar e resistir.

Outro ponto que deve ser levado em consideração ao longo dos trajetos do trabalho é a noção de precariedade. O precário é uma condição das discussões da contemporaneidade. Não se trata somente de uma idéia de algo que tem características passageiras – sem dúvida, isso é um traço. Trata-se mais da própria implicação de uma possível noção de valor imanente aos processos de produção e criação. No campo das produções de arte na contemporaneidade, a idéia de valor vai sendo deslocada para idéia de experiência. Essa experiência se torna cada vez mais instantânea e imprecisa, cada vez mais difícil de ser quantificada ou qualificada, cada vez mais fugidia e de difícil localização. Isso pode ser pensado como uma tomada de posição, uma tática dos produtores e de seus produtos. Mas, para além da idéia de tática, existe o caráter de valoração presente neste respectivo processo. A precariedade é tornada uma forma de ação, um parâmetro, uma baliza um procedimento. A precariedade é transformada em valor. Assim, essa operação de atribuição de valor é a maneira pela qual uma certa ética irá se constituir. A constituição desta ética impõe aos processos de criação limites de potencialização. O precário é um modo de viver, um modo existir num mundo onde os limites de mercado se colocam como único e inquestionável limite. Essa discussão nos remete, por exemplo, a um movimento que acontece agora na Europa, mais precisamente na França, de um grupo chamado *Intermitentes do Espetáculo*. Trata-se de um movimento relacionado aos grupos que trabalham na área da cultura. Vejamos nas palavras de Tatiana Roque:[1]

> "Intermitentes do espetáculo" são aqueles que trabalham na área cultural (atores, técnicos, iluminadores, bailarinos...) e que, pela própria natureza de sua profissão, não possuem sempre a mesma rotina, nem o mesmo ritmo de trabalho. A França, até hoje, reconheceu a intermitência deste tipo de trabalho remunerando tais profissionais nos períodos de recesso, por exemplo, entre um espetáculo e outro. Com as reformas, o governo francês começa a colocar em questão tal estatuto, para eliminá-lo, o que suscitou enormes movimentos de resistência da parte dos intermitentes, incluindo paralisações de festivais importantes e a incrível invasão de programas de televisão, como um importante telejornal, assumido, durante alguns minutos, antes que a emissora o tirasse do ar, por uma intermitente. (Roque, 2004, p. 1)

---

1 Texto publicado na Revista *Global Brasil*, n.3, abr. 2004.

Esse caráter passageiro de um trabalho que não pode ser ou ter qualquer nível de continuidade, ou que não está ligado a nenhum nível de garantia, é, sem dúvida, um trabalho que se encontra em regime de processo. Mas, esse processo não é só a transformação do estatuto do trabalho ou do trabalhador, é também uma característica de atuais modelos de valoração do trabalho. Assim, na medida em que avançam essas características do atual estatuto do trabalho, se percebe que não se trata exclusivamente de uma discussão restrita a certos nichos de trabalho especializado, mas de uma outra maneira de se pensar o trabalho e seus produtos. E essa maneira é a da precariedade. Talvez a melhor maneira de pontuar essa discussão seja através da fala desenvolvida pelo filósofo franco-italiano Maurizio Lazarato no recente Fórum Social Europeu:[2]

> [...] *Uma renda universal garantida para todos como meio para:*
>
> 1. Inventar novas formas de atividade que se subtraiam à relação de subordinação ao trabalho, direcionando-as para a criação e realização de bens comuns, e não para a valorização das empresas.
>
> 2. Dissociar tempo de trabalho e remuneração para o acesso de todos a temporalidade não controladas, criadoras de riquezas e de processos de subjetivação.
>
> 3. Derrotar a potência financeira do poder *(welfare)* que tende a reproduzir a subordinação ao trabalho *(workfare)* em direção a um financiamento dos indivíduos e das infra-estruturas necessárias à criação de bens comuns.
>
> 4. Construir condições para a neutralização da divisão entre invenção e reprodução, entre criadores e utilizadores.

---

2 *Revista Global,* Número especial p/ Fórum Social Europeu. Paris: nov. 2003. Essa discussão só pode ser abordada diretamente aqui. No entanto, ela se encontra presente em muitos outros momentos do texto. Ela é sem dúvida um *link* que se mantém aberto na direção de outros caminhos. Suas potências de resistência deverão ser ativados e realizados em outros momentos do processo de luta.

5. Integrar a multiplicidade dos sujeitos que participam do desenvolvimento da cooperação social na construção de um novo conceito de democracia que os transforme de clientes, utilizadores, necessitados de emprego, precários, trabalhadores informais, em atores políticos de uma nova esfera pública que não dependa do Estado. (Lazarato, 2003, p. 1)

A condição da precariedade deve ser vista como algo que pode e deve ser superada. Dever se pensada como algo contra a qual se luta, se constroem resistências. Não é possível naturalizar uma condição de precarização e fazer disso um estatuto de subsistência dos mecanismos de produção de subjetivação. Nada justifica a miséria. Nada justifica a exclusão. Nesse sentido, a precariedade como processo de criação e de produção de arte deve ser visto como tática necessária, mas sazonal. Não é difícil compreender por que muitos produtores de arte se colocam na situação da precariedade enquanto forma de processo. Muitos deles estão tentando romper com a produção de subjetividade propagada pelo biopoder e pelo controle. Muitos deles estão investigando e construindo experienciações de outras formas de subjetividade, buscando romper com a produção de reprodução do mesmo. Desde as apropriações da lógica de propaganda em espaço público – como realizado pelo Atrocidades –, até instaurações e intervenções em circuito de arte institucional, são formas da atual produção de arte assumir a precariedade como instrumento de ação, luta e resistência. Se no âmbito do universo das produções de arte a precariedade funda uma ética possível, no campo das discussões sobre os atuais estatutos do trabalho a nível global a precariedade é um fenômeno que deve ser afirmado e instrumentalizado no sentido da realização das potências constituintes singulares e suas forças de transformação. O trabalho – seja ele de/na arte, seja ele de/no pensamento, seja ele braçal – é hoje uma questão de prioridade para a reflexão e a ação. O trabalho é o ponto de inflexão das forças de ação e reação na contemporaneidade.

Epílogo: Pequeno mar

Bom, por fim, fica a noção de que este trabalho foi construído e constituído como um acontecimento de resistência. Resistência no sentido de tentar afirmar o caráter potente de certas produções de arte, e no sentido de se afirmar como um acontecimento discursivo e textual potente em suas forças de luta. A tentativa de experimentar um processo de criação culmina com o desejo de construção da resistência. Assim, o projeto só alcança esse patamar quando se lança na aventura de realizar afirmativamente a noção de criação como resistência, e de resistência como criação.

É aqui que esse pequeno mar ganha sua densidade e sua coloração singular.

vitalVISUAL

O presente texto destina-se a apresentar o leitor ao livro que ele tem em mãos (ou no colo). É que este livro não constitui-se apenas de palavras redigidas. Como sempre, e aqui não será diferente, existe um livro dentro do livro: um outro livro dentro do presente livro. Imagens. O livro das imagens. Como o próprio livro. Só que tal.

Há alguns anos atrás, escrevi um texto e não conseguia, entre tudo que imaginava, encontrar um título para ele. Acabou assim: *RIO 40º Fahrenheit*. Nele, propus um breve inventário de fatos aos quais estão agregadas algumas de suas possíveis causas e incertas conseqüências. As imagens que aí se apresentam correspondem, em grande medida, ao conjunto de experiências que virtualmente se reuniriam em algum lugar. Algum lugar de nossas mentes.

O convite de Ericson Pires para realizar uma intervenção visual na publicação de seu texto *Cidade ocupada*, na verdade, surge como oportunidade para sanar uma espécie estranha de dívida. Uma dívida sem moeda. Nem minha, nem dele, nem delas.

Não se trata de resumo criterioso, seleção natural, ou mesmo uma curadoria – termo oriundo do sistema das artes, designado pelo exercício da crítica de arte – ou um re[corte] cultural. São apenas alguns dos mais interessantes atos criadores ocorridos na cidade do Rio de Janeiro, após – aliás, durante – a virada do milênio. Leia-se bem: na cidade. Um sem número de operações criativas, que não prioritariamente tomam o espaço das metrópoles como "fundo" de suas ações, assumem, igualmente, posição de importância na discussão – em diversos níveis. E isso se dá pelo fato de a especificidade ser, às vezes, múltipla. A llustração já acabou. No conjunto, são experiências, no seu mais *latu sensu*. Se bem lembro, Deleuze – em seu *Nietzsche e a filosofia* – afirma que "os lugares do pensamento são as zonas tropicais, freqüentadas pelo homem tropical". Conglomerados... Artistas, nomes e obras estão por aí, onde menos se esperar e, claro, onde mais se esperar. Uma produção associada a uma sensibilidade e vitalidade, ambas provenientes do século XXI, sob o prisma da multitude. Aqui. Rio. Numa intervenção visual – que preferirei chamar de vital – no livro *Cidade ocupada*. Ratificado. Um dos aspectos que o plano de amizade entre a arte e a filosofia pode proporcionar. O que não quer dizer que amigos não discutam também ferozmente entre si. A idéia de feras numa arena. Filósofos na ágora. Só que agora.

Luis Andrade
11 setembro de 2007

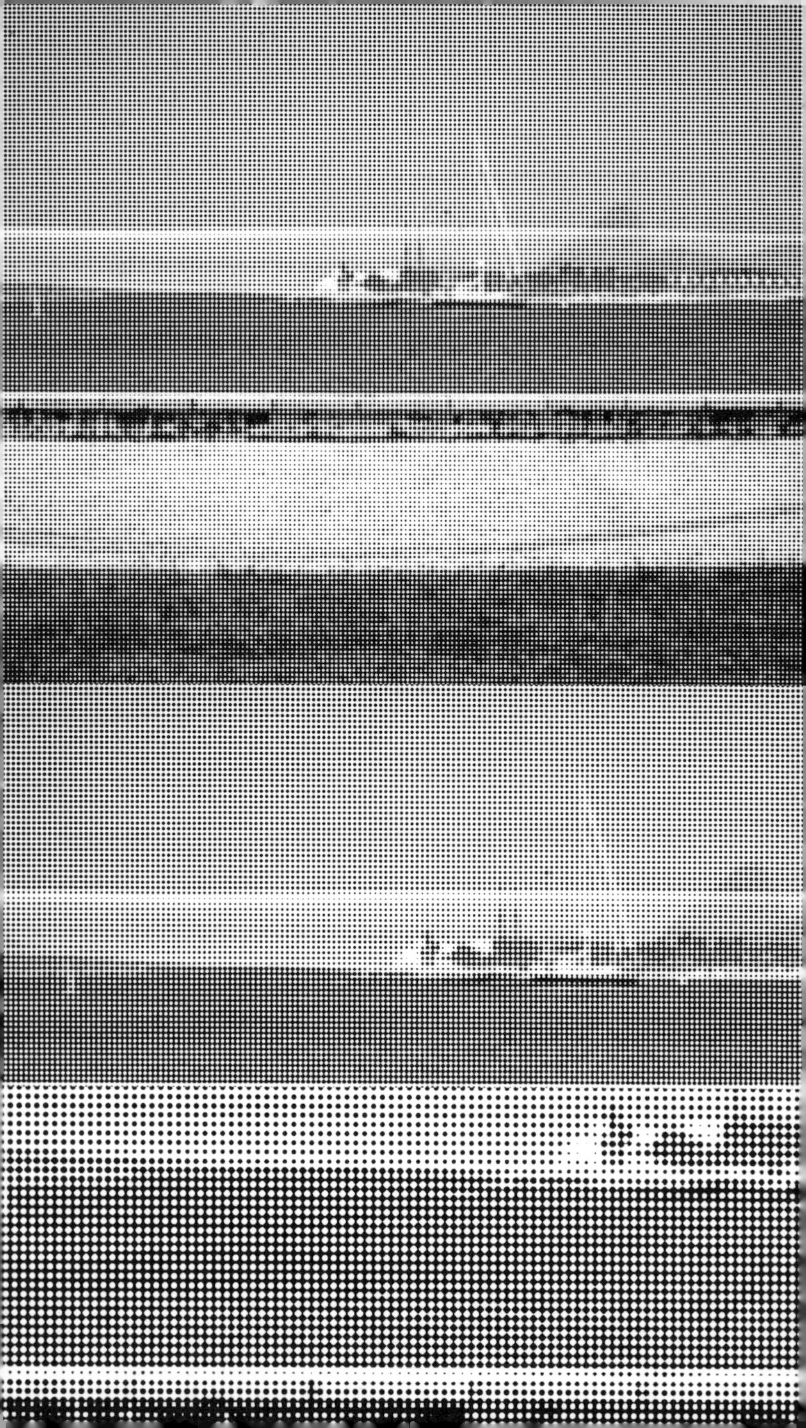

Crédito de imagens

EDSON BARRUS — *Parangolata* (2002). Performance em carro aberto pela
    Av. N.S. de Copacabana e pelas ruas do bairro da Lapa, na Rua
    do Lavradio, Rio de Janeiro. Foto: arquivo Rés do Chão.
ALEXANDRE VOGLER — *A governadora acena na despedida do dirigível*
    Olho Grande (2002). Inserção em jornais locais, Rio de Janeiro.
    Foto: Alexandre Vogler.
ROMANO — *O inusitado* (2004). Transmissão em *broadcast*, Rádio Madame
    Satã, Rio de Janeiro. Foto: Ivana Monteiro.
DUCHA — *Cristo Vermelho* (2000). Interferência com celofane vermelho
    sobre a iluminação do Cristo Redentor, Rio de Janeiro.
    Foto: Vivia 21.
ALEXANDRE VOGLER — *Campanha 4 graus* (2004). Cartazes na cidade do
    Rio de Janeiro. Foto: arquivo Alexandre Vogler.
NENO DEL CASTILHO — *Manifesto do cão raivoso* (2002). Ocupação de praça
    pública, Rio de Janeiro. Foto: Acervo Neno Del Castilho.
BOB N — *Maja embananada* (2004). Vitrine DZ9, Rio de Janeiro.
    Foto: Arquivo Bob N.
GRUPO URUCUM — *Toras* (2002). Presença do Grupo Urucum no evento
    açucarinvertido1, transportando direto do Rio Amazonas para o
    Rio de Janeiro dezenas de toneladas de madeira, na forma de
    toras, além de um conjunto de motosserras para serem usadas
    em regime de quarentena. Foto: Acervo Grupo Urucum.
MARSSARES — *Tambor* (2004). Performance sonora, Galeria Vermelho,
    São Paulo. Foto: Acervo Marssares.
GUGA FERRAZ — *Pedestre* (2005). Vinil adesivo vermelho sobre placas
    de ônibus, Rio de Janeiro. Foto: Arquivo Guga Ferraz.
SIMONE MICHELIN — *Devemos ser otimistas* (1978). Arte postal,
    Porto Alegre. Foto: Simone Michelin.

ROOSIVELT PINHEIRO — *Polígono das artes* (2003). Intervenção urbana
 na exposição Grande Orlândia, Rio de Janeiro.
 Foto: Paulo Innocencio.
RRRADIAL — *Hellishcop* (2002). Helicóptero sobrevoando a cidade,
 Rio de Janeiro. Foto: acervo RRRadial.
ADRIANO MELHEM — *Não ao Trabalho* (2000). Cartaz lambe-lambe do
 projeto Atrocidades Maravilhosas, aplicado nos tapumes
 da Câmara dos Vereadores, Rio de Janeiro. Foto: Adriano Melhem.
EDIFÍCIO GALAXI – *Adriano Melhem* (2004). Tatuagens realizadas na abertura
 de mostra de Adriano Melhem, Edifício Galaxi, Rio de Janeiro.
 Foto: Marco Raphael.
GIORDANI MAIA — *Despoluição da Baía da Guanabara* (2003). Happening nas
 Barcas Rio-Niterói. Foto: arquivo Giordani Maia.
RONALD DUARTE — *Fogo cruzado* (2002). Intervenção urbana no bairro de
 Santa Teresa, Rio de Janeiro. Foto: acervo Ronald Duarte.
— *Nimbo oxalá* (2004). Intervenção urbana no Palácio Gustavo
 Capanema, Rio de Janeiro. Foto: acervo Ronald Duarte.
HAPAX — (2003) Performance no MAM, Rio de Janeiro. Foto: Michael Wesely.
MÁRCIA X & ALEX HAMBÚRGUER — *Lapada show* (1997). Performance,
 Rua do Lavradio, Rio de Janeiro. Foto: Márcio RM.
HAPAX — (2001) Performance na Lapa, Rio de Janeiro. Foto: Michael Wesely.
EDSON BARRUS — *açucarinvertido1* (2002). Quarentena de um contingente
 de artistas em torno da ocupação das galerias da FUNARTE,
 Rio de Janeiro. Foto: arquivo Rés do Chão.
LAURA LIMA — *RhR* (2001). Costumes, Rio de Janeiro.
 Foto: arquivo Laura Lima.
HELMUT BATISTA — *Banca* (2003). Banca móvel, Petrópolis, Rio de Janeiro.
 Foto: Helmut Batista.
CABELO — *O retorno do pastor das sombras* (2003). Performance,
 Riocenacontemporanea, Largo da Carioca.
 Foto: Wilton Montenegro.
RRRADIAL — *Fumacê* (2002-2006). Carro preparado defuma as ruas
 das cidades, Rio de Janeiro. Foto: acervo RRadial.
ANDRÉ AMARAL — *Alguemninguem* (2001). Performance, Panorama Atual
 da Arte Brasileira, São Paulo. Foto: Guga Ferraz.
EDSON BARRUS — *Parangolata* (2002). Performance em carro aberto pela
 Av. N.S. de Copacabana e pelas ruas do bairro da Lapa, na Rua
 do Lavradio, Rio de Janeiro. Foto: arquivo Rés do Chão.
HAPAX — *Burro sem Rabo* (2006). Rio de Janeiro Foto: Fred Miscelânea.

GUGA FERRAZ — *Ônibus incendiado* (2005). Vinil adesivo vermelho sobre
   placas de ônibus, Rio de Janeiro. Foto: Arquivo Guga Ferraz.
JARBAS LOPES — *Troca-Troca* (2002). Três fuscas coloridos, com sistema
   sonoro em rede e peças intercambiáveis (Col. CACI-MG).
   Foto: Moisés Alcunha.
   Barraca de graça (1997). Barraca de ráfia (faixas de eventos
   culturais da periferia do Rio de Janeiro: cultos, bailes *funk*,
   quermesses etc.). Foto: Jarbas Lopes.
ALEXANDRE VOGLER & GUGA FERRAZ — *Superlojashow* (2004).
   Piloto de programa para TV, Rio de Janeiro.
   Foto: Paulo Innocencio.
RRRADIAL — *Foguetório* (2002). Um réveillon fora de época, em 11 de
   setembro de 2002, Praia do Recôncavo, Rio de Janeiro.
   Foto: acervo Luis Andrade.
   — *Fumacê* (2002-2006). Um carro preparado defuma as ruas
   das cidades, Rio de Janeiro. Foto: acervo RRRadial.
VADE RETRO — *Bloco anti-guggenheim* (2003). Bloco de carnaval andando
   para trás, Rio de Janeiro. Foto: acervo Vade-retro.
CRIOULOS DE CRIAÇÃO — *e-vento* (2005). Intervenção na paisagem,
   Rio de Janeiro. Foto: arquivo Crioulos de criação.

EXCETO QUANDO INDICADO, TODAS AS IMAGENS DA PRESENTE PUBLICAÇÃO
FORAM REALIZADAS A PARTIR DE ACONTECIMENTOS OCORRIDOS NA CIDADE
DO RIO DE JANEIRO.

Referências bibliográficas

ABREU, CAIO FERNANDO. *Estranhos estrangeiros pela noite.*
São Paulo: Cia.das Letras, 1996.
AGAMBEN, GIORGIO. *Homo Sacer: o poder soberano e a vida nua I.*
Belo Horizonte: Ed.UFMG, 2002.
AHMAD, AIJAZ. *Linhagens do presente: ensaios.* São Paulo: Boitempo, 2002.
AMARAL, ARACY A. *Artes plásticas na Semana de 22.* São Paulo: 34, 1998.
ANDERSON, BENEDICT. *Imagined Communities.* Londres/ Nova York:
Verso, 1991.
ANDRADE, OSWALD DE. *Obras completas: Do Pau Brasil à Antropofagia e às
Utopias (Vol. VI).* Rio de Janeiro: Civilização Brasileira, 1970.
— *Trechos escolhidos.* Rio de Janeiro: Agir, 1967.
ANDRADE, MÁRIO DE. *Macunaíma.* Brasília: INL, 1972.
— *O banquete.* São Paulo: Duas Cidades, 1977.
— *Poesias completas.* São Paulo, Martins; Brasília, INL, 1972.
ANDRADE, LUIS. *Rio 40° Fahrenheit.* In: Revista Concinnitas n°5.
Rio de Janeiro: Instituto de Artes/ UERJ, 2003.
ANTELO, RAUL ET AL. (org.) *Declínio da arte: ascensão da Cultura.*
Florianópolis: Letras Contemporâneas e ABRALIC, 1998.
ARENDT, HANNAH. *As origens do totalitarismo: totalitarismo, o paroxismo do
poder, uma análise dialética.* Rio de Janeiro: Documentário, 1979.
— *A condição humana.* Rio de Janeiro: Forense Universitária, 2003.
ARGAN, GIULIO CARLO. *História da arte como História da cidade.* São Paulo:
Martins Fontes, 1998.
— *Arte moderna.* São Paulo: Cia. das Letras, 1992.
ARTAUD, ANTONIN. *O teatro e seu duplo.* São Paulo: Martins Fontes, 1995.
— *Os Tarahumaras.* Lisboa: Relógio d'Água, 1985.
BAHBHA, HOMI K. *O local da cultura.* Belo Horizonte: Ed. UFMG, 1998.
BAKHTIN, MIKHAIL. *Marxismo e filosofia da linguagem.*
São Paulo: Hucitec, 1992.

Referências bibliográficas

— *A cultura popular na Idade Média e no Renascimento:* o contexto de François Rabelais. São Paulo: Hucitec, 1996.
BARROS, SILVIO. *Poema-Crime.* Rio de Janeiro: Sette Letras, 1999.
BARTH, JOHN. *The literature of exhaustion.* In. *The Atlantic.* August 1967, Vol. 220, number 2.
BARRIO, ARTUR. *Sonho do Arqueólogo (Catálogo da Exposição).*
    Niterói: MAC, 2002.
— *Artur Barrio.* Rio de Janeiro: Modo, 2002.
BRARTUCCI, GIOVANA (Org.). *Psicanálise, arte e estéticas de subjetivação.*
    Rio de Janeiro: Imago, 2002.
BASBAUM, RICARDO (Org.). *Arte contemporânea brasileira.* Rio de Janeiro:
    Marca d'água, 2001.
— *NPB X eu-você.* Rio de Janeiro: MAM, 2000.
BATAILLE, GEORGES. *A experiência interior.* São Paulo: Ática, 1992
BAUDRILARD, JEAN. *A troca simbólica e a morte.* São Paulo: Loyola, 1996.
— *Para uma crítica da economia política do signo.* Rio de Janeiro:
    Elfos, 1995.
— *Citoyenneté et urbanité.* Paris: Espirit, 1991.
BENJAMIN, WALTER. *Origem do drama barroco alemão.* São Paulo:
    Brasiliense, 1984.
— *Obras escolhidas (Vol. I, II, III).* São Paulo: Brasiliense, 1989.
BERGSON, HENRI. *Matéria e memória:* ensaio sobre a relação do corpo com o
    espírito. São Paulo: Martins Fontes, 1990.
BERNARD, MICHEL. *Le Corps.* Paris: Seuil, 1995.
BORGES, JORGE LUIS. *Ficções.* São Paulo: Globo, 2001.
BRADIOTTI, ROSSI. *Nomadic Subjects: embodiment and sexual difference in
    contemporany feminist theory.* Nova York: Columbia University Presss,
    1994.
BRANDÃO, JUNITO de SOUZA. *Mitologia grega (vol. I, II, III).* Petrópolis:
    Vozes, 1988.
BRANDÃO, TÂNIA (ORG.). *O teatro através da história (vol. I e II).*
    Rio de Janeiro: CCBB, 1994.
BRECHT, B. *Estudos sobre teatro.* Lisboa: Ed. Portugália, s/d.
BRITO, RONALDO. *Antonio Manuel (curador).* Rio de Janeiro: Centro de Arte
    Hélio Oiticica, 1997.
— *Neo-Concretismo,* vértice e ruptura do projeto construtivista
    brasileiro. São Paulo: Cosac & Naify, 1999.
BROOK, PETER. *O teatro e seu espaço.* Petrópolis: Vozes, 1978.
— *Ponto de mutação.* São Paulo: Cia. das Letras, 1990.
BRUM, JOSÉ THOMAZ. *Nietzsche:* as artes do intelecto. Porto Alegre: L&PM,
    1986.

BUDICK, SANFORD; ISER, WOLFGANG (edited). *Languages of the unsayable: the play of negativity in literature and literary theory.* California: Stanford University Press, 1993.

BUTLER, JUDITH. *Bodies that matter: on the discurssive limits of "sex".* Nova York: Routledge, 1993.

CABANE, PIERRE. *Marcel Duchamp:* engenheiro do tempo perdido. São Paulo: Perspectiva, 2002.

CABO, PAULA CRISTINA TERRA. *Hélio Oiticica:* da estética para a ética. Rio de Janeiro, PUC-Rio, Dissertação (Mestrado), Departamento de História, 1991.

CALVINO, ITALO. *Seis propostas para o próximo milênio.* São Paulo: Cia. das Letras, 1990.

CANCLINI, NESTOR. *Culturas híbridas.* São Paulo: EDUSP, 1998

— Consumidores e cidadãos: conflitos multiculturais da globalização. Rio de Janeiro: Ed. UFRJ, 1995.

CANETTI, ELIAS. *Massa e poder.* São Paulo: Cia. das Letras, 1995.

CANONGIA, LIGIA. *Raymundo Colares: Trajetórias (Catálogo da Exposição).* Rio de Janeiro: Centro Cultural Light, 1997.

— *Violência e Paixão.* Um viés romântico-expressionista na arte contemporânea brasileira. Rio de Janeiro: MAM, 2002.

CLARK, LYGIA & OITICICA, HÉLIO. *Cartas: 1964-74.* Rio de Janeiro: Ed. UFRJ, 1998.

CARVALHO, FLÁVIO DE. *Experiência número 2: realizada sobre procissão de Corpus Christi: uma possível teoria de uma experiência.* Rio de Janeiro: Nau, 2001.

— *A origem animal de Deus e O bailado do deus morto.* São Paulo: Difusao Européia do Livro, 1973.

CASTAÑEDA, CARLOS. *A erva do diabo.* São Paulo: Círculo do livro, 1978.

CAYGIL, HOWARD. *Dicionário Kant.* Rio de Janeiro: Jorge Zahar, 2000.

COCCO, GUISEPPE. *O trabalho das multidões:* Império e resistência. Rio de Janeiro: Gryphus, 2002

CODO, WANDERLEY. *O que é corpolatria?* São Paulo: Brasiliense, 1995.

COHEN, ANA PAULA (ORG.). *PANORAMA DE ARTE BRASILEIRA 2001 (catálogo).* São Paulo: MAM, 2001.

CON DAVIS, Robert; SCHLEIFER, Ronald. *Criticism and culture: the role of critic in modern literary theory.* Singapore: Logman Singapore Publishers, 1991.

CONNOR, STEVEN. *Cultura pós-moderna:* introdução às teorias do contemporâneo. São Paulo: Loyola, 1993.

CORRÊA, ZÉ CELSO MARTINEZ. *Primeiro Ato:* cadernos, depoimentos, entrevistas (1958-1974). São Paulo: 34, 1998.

CRESPO, JORGE. *A história do corpo*. Lisboa: Difel, 1990.
DABROWSKI, MAGDALENA; DICKERMAN, LEAH; PETER GALASSI. *Aleksander Rodchenko*. Nova York: Museum of Modern Art, 1999.
DAGONET, FRANÇOIS. *Le corps multiple et un*. Paris: Delagrange? Synthelabo, 1992.
DANTAS, MARCELO. *O lugar do outro. Catálogo da exposição de Gary Hill*. Rio de Janeiro: CCBB, 1997.
DEBORD, GUY. *A sociedade do espetáculo*. Rio de Janeiro: Contraponto, 1998.
— *Panegírico*. São Paulo: Conrad, 2002.
DE CERTEAU, MICHEL. *L'invencion du quotidien 1: arts de faire*. Paris: Gallimard, 1990.
DELEUZE, GILLES; GUATARRI, FÉLIX. *Mil platôs: capitalismo e esquizofrenia*. São Paulo: 34, 1998.
— *Anti-Édipo*. Rio de Janeiro: Imago, 1976
DELEUZE, GILLES. *Crítica e clínica*. São Paulo: 34, 1998
— *Conversações*. São Paulo: 34, 1997.
— *O mistério de Ariana*. Lisboa: Veja, 1996.
— *Apresentação de Sacher-Masoch:* o frio e o cruel. Rio de Janeiro: Taurus, 1983.
— *A imagem – movimento*. São Paulo: Brasiliense, 1989
— *A imagem – tempo*. São Paulo: Brasiliense, 1990.
— *Conversações 1972-1990*. São Paulo: 34, 1992.
— *Bergosonismo*. São Paulo: 34, 1999.
— *A lógica do sentido*. São Paulo: Perspectiva,1983.
— *Empirismo e subjetividade:* ensaio sobre a natureza humana segundo Hume. São Paulo: 34, 2001.
— *Proust e os signos*. Rio de Janeiro: Forense, 2003.
— *Diferença e repetição*. São Paulo: Brasiliense,1987.
— *Nietzsche e a filosofia*. Rio de Janeiro: Ed. Rio, 1976.
— *O ato de criação*. São Paulo, *Folha de São Paulo*, caderno Mais!, Domingo, 27 de junho de 1999.
DELEUZE, GILLES & PARNET, CLAIRE. *Diálogos*. São Paulo, Escuta: 1998.
DERRIDA, JACQUES. *A voz e o fenômeno*. Rio de Janeiro: Zahar, 1994.
— *Escritura e diferença*. São Paulo: Perspectiva, 1971.
— *Espectros de Marx:* o estado da dívida, o trabalho do luto e a nova Internacional. Rio de Janeiro: Relume-Dumará, 1994.
— *A farmácia de Platão*. São Paulo: Iluminuras, 1997.
— *Da gramatologia*. São Paulo: Perspectiva, 1995.
DUARTE, PAULO SÉRGIO. *Transformações da arte no Brasil*. Rio de Janeiro: Campos Gerais, 1998.

ESPINOSA, BAURUCH. *Ética. Os Pensadores.* São Paulo: Nova Abril
Cultural, 1986.
EASTHOPE, ANTHONY. *Literary into cultural studies.* Nova York/ Londres:
Routledge, 1995.
FAVARETTO, CELSO F. *A invenção de Hélio Oiticica.* São Paulo:
Edusp/Fapesp, 1992.
FEATHERSTONE, M. *Cultura de consumo e pós-modernismo.*
São Paulo: Nobel, 1995.
FIEDLER, LESLIE. *Cross the border – close the gap: Post-modernism.* In.
Post-modernism in american literature. Standford: 1984.
FIGUEIREDO, LUCIANO. *Hélio Oiticica: obra e estratégia (curadoria).*
Rio de Janeiro: MAM, 2002.
FOUCAULT, MICHEL. *Arqueologia do saber.* Rio de Janeiro: Forense, 1995.
— *A ordem do discurso.* São Paulo: Loyola, 1996.
— *História da sexualidade:* III O cuidado de si. Rio de Janeiro:
Graal, 1985.
— *Vigiar e punir:* nascimento da prisão. Petrópolis: Vozes,1977.
— *A micofísica do poder.* Rio de Janeiro: Graal, 1979.
— *Resumo dos Cursos do College de France (1970-1982).*
Rio de Janeiro: Zahar, 1997.
— *Ditos e escritos (IV):* Estratégia, poder-saber. Rio de Janeiro:
Forense Universitária, 2003.
FOSTER, HAL. *The Return of the Real: the avant-garde at the end of the
Century.* Massachussets: An octuber book, 1996.
FREUD, SIGMUND. Edição Standart brasileira da obra completa.
Rio de Janeiro: Imago, 1974.
GARDNER, JAMES. *Cultura ou lixo? Uma visão provocativa da arte
contemporânea.* Rio de Janeiro: Civilização Brasileira, 1996.
GASSET, JOSÉ ORTEGA Y. *A rebelião das massas.* São Paulo:
Martins Fontes, 2002.
GENET, JEAN. *Nossa senhora das Flores.* Rio de Janeiro:
Nova Fronteira, 1983.
GIL, JOSÉ. *Metamorfoses do corpo.* Lisboa: Relógio d'Água, 1998.
GINSBERG, ALLEN. *Uivo e outros poemas.* Porto Alegre: L&PM, 1984.
GÓES, FRED & VILLAÇA, NÍZIA. *Em nome do corpo.* Rio de Janeiro:
Rocco, 1998.
— *Que corpo é esse?* Rio de Janeiro: Maud, 1999.
GOMES, Renato Cordeiro. *Todas as cidades, a cidade:* literatura e experiência
urbana. Rio de Janeiro: Rocco, 1994.
GORZ, ANDRÉ. *Metamoforses do trabalho.* São Paulo: Annablume, 2003.
GROSSBERG, LAWRENCE; NELSON, CARRY & TREICHLER, PAULA (ed.)

— *Cultural studies.* Nova York/ Londres: Routledge, 1992.

GROTOWSKI, JERZY. *Hacia un teatro pobre.* México: Siglo Veintiuno, 1968.

GUATTARRI, FÉLIX. *Caosmose:* um novo paradigma estético. São Paulo: 34, 1992.

— *Pulsações políticas do desejo. A revolução molecular.* São Paulo: Brasiliense, 1986.

GUATTARI, FÉLIX & ROLNIK, SUELY. *Micropolítica. Cartografias do desejo.* Petrópolis: Vozes, 1986.

GUMBRECHT, HANS ULRICH. *Corpo e forma.* Rio de Janeiro: EDUERJ, 1998.

— *Modernização dos sentidos.* São Paulo: 34.

HALLL, STUART *Cultural Studies: Two paradigms. Media, Culture and Society,* 2, 1980a.

— *A identidade cultural na pós-modernidade.* Rio de Janeiro: DP&A, 2003.

HARDT, MICHAEL. *Gilles Deleuze:* um aprendizado filosófico. São Paulo: 34, 1998.

HARVEY, DAVID. *Condição pós-moderna.* São Paulo: Loyola, 1992.

HAUTCHEON, LINDA *A poética do pós-modenismo.* Rio de Janeiro: Imago, 1998.

HENDRICKS, JONH. *O que é Fluxus? O que não é ! E porque (catálogo).* Rio de Janeiro: Centro Cultural Banco do Brasil, 2002.

HEIDEGGER, MARTIN. *Ser e tempo.* Petrópolis: Vozes, 1998.

— *A origem da obra de arte.* Lisboa: Edições 70, 1992.

HOLLANDA, HELOISA BUARQUE DE. *26 Poetas hoje.* Rio de Janeiro: Aeroplano, 1998.

— *Impressões de Viagem. CPC, vanguarda e desbunde: 1960/1970.* São Paulo: Brasiliense, 1980.

— *Pós-modernismo e política.* Rio de Janeiro: Rocco, 1991.

HUME, DAVID. *Investigações sobre o entendimento humano.* São Paulo: Ed. UNESP, 1999.

INWOD, MICHAEL. *Dicionário Heidegger.* Rio de Janeiro: Jorge Zahar, 2002.

JACQUES, PAOLA BARENSTEIN. *Estética da ginga:* a arquitetura das favelas através da obra de Hélio Oiticica. Rio de Janeiro: Casa da Palavra, 2001.

JAMESON, Fredric; ZIZEK, Slavoj. *Estudios culturales.Reflexiones sobre el multiculturalismo.* Barcelona: Paidós, 1998.

JAMESON, FREDERIC. *Pós-modernismo.* São Paulo: Ática, 1995.

— *As sementes do tempo.* São Paulo: Ática, 1997.

JORNAL UM (circuitos), DOIS (O espectador no poder), TRÊS (arte/palavra). Pró-Reitoria de Cultura e Extensão Universitária, USP, 2002/2003.

JOSKI, DANIEL. *Artaud.* Paris: Editions Universitaires, 1971.

KANT, EMMANUEL. *Observações sobre o sentimento do belo e do sublime.*
São Paulo: Papirus, 1993.
— *Crítica a faculdade do juízo.* Rio de Janeiro: Forense, 2002.
KIFFER, ANA PAULA VEIGA. *Do porão ao mar:* o corpo em memórias
do cárcere. Tese: PUC-Rio, 1995.
— *Antonin Artaud:* uma poética do pensamento. La Coruna:
Biblioteca-arquivo teatral Francisco Pillado Mayor, 2003.
KLEIN, NAOMI. *Sem logo:* a tirania das marcas. Rio de Janeiro: Record, 2002.
— *Cercas e janelas:* na linha de frente do debate sobre a globalização.
Rio de Janeiro: Record, 2002.
KLOSSOWSKI, PIERRE. *Nietzsche e o círculo vicioso.* Rio de Janeiro:
Pazulin, 2000.
KRISTEVA, JULIA. *Histórias de amor.* Rio de Janeiro: Paz e Terra, 1988.
KUSNET, EUGENIO. *Ator e método.* Rio de Janeiro: SNT, 1975.
LYOTARD, JEAN-FRANÇOIS. *Moralidades pós-modernas.* São Paulo:
Papirus, 1996.
— *Lições sobre a analítica do sublime.* São Paulo: Papirus, 1993.
LEVY, LIA. *O autômato espiritual:* a subjetividade moderna segundo a Ética
de Espinosa. Porto Alegre: L&PM, 1998.
LEVY, PIERRE. *O que é o virtual ?* São Paulo: 34, 1997.
— *Cibercultura.* São Paulo: 34, 1998.
— *As tecnologias da inteligência.* São Paulo: 34, 1999.
LINS DANIEL; GAELHA, SYLVIO (org.). *Nietzsche e Deleuze:* o que pode
um corpo? Rio de Janeiro: Relume Dumará, 2002.
MAFFESOLI, MICHEL. *No fundo das aparências.* Petrópolis: Vozes, 1996.
MANUEL, ANTONIO. *Ocupações/Descobrimentos (catálogo da exposição).*
Niterói: MAC, 2002.
MARCUSE, HEBERT. *Eros e a civilização.* Rio de Janeiro: Zahar, 1978.
— *Cultura e psicanálise.* São Paulo: Paz e Terra, 2001.
MARTINS, TATIANA DA COSTA. *A obra de Antonio Manuel:* ordem e desordem
no mundo. Rio de Janeiro, PUC-Rio, Dissertação (Mestrado),
Departamento de História, 2002.
MAUSS, MARCEL. *Sociologia e antropologia.* São Paulo: Edusp 1974
MERLEAU-PONTY, M. *Fenomenologia da percepção.* São Paulo:
Martins Fontes, 1993.
MELBERG, Anne. *Theories of Mimesis.* Cambridge: University Press, 1995.
MILLIET, MARIA ALICE. *Lygia Clark:* obra-trajeto. São Paulo: Edusp, 1992.
MISHIMA, YUKIO. *Sol e aço.* Rio de Janeiro: Brasiliense, 1984.
— *Confissões de uma máscara.* São Paulo: Círculo do livro.
MONACHESI, JULIANA. *A explosão do A(r)tivismo.* São Paulo:
Folha de São Paulo, Caderno Mais!, Domingo, 6 de abril de 2003.

MONTAIGNE, M. *Ensaios. Os Pensadores, Vol.II*. São Paulo:
    Abril Cultural, 1985.
MONTEIRO, JOSÉ LUÍS. *Memória do corpo*. São Paulo: Musa, 1999.
MOREIRAS, ALBERTO. *A exaustão da diferença:* a política dos estudos
    culturais latino-americanos. Belo Horizonte: Ed. UFMG, 2001.
MORRICONI, I. *Ana Cristina César, sangue de uma poeta*. Rio de Janeiro:
    RelumeDumará: Prefeitura, 1996.
NASCIMENTO, EVANDRO. *Derrida e a literatura*. Niterói: Eduff, 1999.
NEGRI, ANTONIO. *O poder constituinte:* ensaio sobre as alternativas da
    modernidade. Rio de Janeiro: DP&A, 2002.
— *Kairós, Alma Venus, multitudo:* nove lições ensinadas a mim mesmo.
Rio de Janeiro: DP&A, 2003
— *Anomalia selvagem*. São Paulo: 34,1996.
— *5 lições sobre o Império*. Rio de Janeiro: DP&A, 2003.
NEGRI, ANTONIO & HARDT, MICHAEL. *Império*. Rio de Janeiro: Record, 2001.
NEGRI, ANTONIO & LAZZARATO, MAURIZIO. *Trabalho imaterial*.
    Rio de Janeiro: DP&A, 2001.
NIETSZCHE, FRIEDERICH. *Considerações extemporâneas*. In.:
    Obras Incompletas. São Paulo: Abril Cultural, 1983.
— *Além do bem e do mal:* prelúdio a uma filosofia do futuro. São Paulo:
    Companhia das Letras, 1992.
— *O nascimento da tragédia*. São Paulo: Companhia das Letras, 1995.
— *Segunda consideração intempestiva*. Rio de Janeiro:
    Relume Dumará, 2003.
— *Genealogia da moral:* uma polêmica. São Paulo:
    Companhia das Letras, 1998.
— *Crepúsculo dos ídolos (ou como filosofar com o martelo)*. Rio de
Janeiro: Relume Dumará, 2000.
— *Filosofia na idade trágica dos gregos*. Rio de Janeiro: Elfos, 1995.
NUNES, BENEDITO. *Antropofagia ao alcance de todos*. In. *Obras completas
    (vol VI)*. Rio de Janeiro: Civilização Brasileira, 1985.
— *Do tabu ao totem: A antropofagia virou o paraíso perdido de Oswald*.
    Revista *Bravo!*, ano 1, n. 8, maio 1998.
NOLL, JOÃO GILBERTO. *Obra completa*. São Paulo: Cia. das Letras, 1997.
OITICICA, HÉLIO. *Aspiro ao grande labirinto*. Rio de Janeiro: Rocco, 1986.
OSÓRIO, LUIZ CAMILLO. *Flávio de Carvalho*. São Paulo: Cosac & Naify, 2000.
— *A forma como lugar:* uma leitura da arte contemporânea.
    Rio de Janeiro, PUC-Rio, Tese (Doutorado),
    Departamento de Filosofia, 1998.
— *A crítica do juízo e a arte moderna*. Rio de Janeiro, PUC-Rio,
    Dissertação (Mestrado), Departamento de Filosofia, 1992.

PATTON, PAUL. *"Imaginary city: images of postmodernity"*. In WATSON,
    São & GIBSON, K. *Postmodern cities & spaces*. Oxford: Verso, 1995.
PANOFSKY PAZ, OCTAVIO. *Marcel Duchamp ou o castelo da pureza.*
    São Paulo: Perspectiva, 2002.
PELBART, PETER PÁL. *Vida capital:* ensaios de biopolítica. São Paulo:
    Iluminuras, 2003.
— *A vertigem por um fio:* políticas da subjetividade contemporânea.
    São Paulo: Iluminuras, 2000.
PEIXOTO, NELSON BRISSAC. *Cenários em ruínas:* a realidade imaginária
    contemporânea. São Paulo: Brasiliense, 1987.
PISCATOR, ERWIN. *Teatro político.* Rio de Janeiro: Civilização Brasileira,
    1968.
POINCARÉ, HENRI. *O valor da ciência.* Rio de Janeiro: Contraponto, 1995
RAGO, MARGARETH LACERDA; ORLANDI, LUIS B. E VEIGA NETO ALFREDO
    (Org.). *Imagens de Foucault e Deleuze. Ressonâncias nietzschianas.*
    Rio de Janeiro: DP&A, 2002.
RANCIÉRE, JACQUES. *O desentendimento:* política e filosofia. São Paulo:
    34, 1996.
REICH, WILHELM. *A função do orgasmo.* São Paulo: Brasiliense, 1979.
REVISTA ARTE & ENSAIO. Rio de Janeiro: Programa de Pós-Graduação
    em Artes Visuais/ Escola de Belas Artes, UFRJ, n. 8, 2001.
REVISTA BRASILEIRA DE LITERATURA COMPARADA. Niterói: ABRALIC,
    março 1991.
REVISTA CAPACETE PLANET. Rio de Janeiro. n.5, n.6 e n.10,
    Capacete Entretenimentos.
REVISTA DIONYSOS (Teatro Oficina). Rio de Janeiro: Ministério da Educação
    e Cultura, SEC – Serviço Nacional de Teatro, n.26, jan. 1982.
REVISTA ESCRITA. Rio de Janeiro: Pós-Graduação Letras, n.3 e 4,
    1998/99.
REVISTA GÁVEA. Rio de Janeiro: Revista de História da Arte e da Arquitetura,
    n.10, 1994.
REVISTA GLOB (AL) América Latina. Rio de Janeiro, n.0 (jan. 2003/
    FSM de Porto Alegre), n.1 (out./nov. 2003),
    Rede Universidade Nômade.
REVISTA O QUE NOS FAZ PENSAR. Rio de Janeiro: Cadernos do
    Departamento de Filosofia da PUC-Rio, n.16, 2003.
REVISTA PALAVRA. Rio de Janeiro: Departamento de Letras da PUC-Rio,
    n.1, 1993.
REVISTA LES INROCKUPTIBLES *(L'hebdo musique, cinema, livres, etc.).*
    Paris, du 28 juillety au 17 août 99, n.207.

RICHTER, HANS. *Dadá:* arte e antiarte. São Paulo: Martins Fontes, 1993.
RIPELINO, A.M. *Maiakóvski e o teatro de vanguarda.* São Paulo: Perspectiva, 1986.
ROCHA, GLAUBER. *O século do cinema.* Rio de Janeiro: Alhambra, 1985.
— *Cartas ao mundo.* São Paulo: Companhia das Letras, 1997.
RODRIGUES, JOSÉ CARLOS. *O tabu do corpo.* Rio de Janeiro: Achiamé, 1975.
ROLNIK, SUELY. *Cartografia Sentimental. Transformações contemporâneas do desejo.* São Paulo: Estação Liberdade, 1989.
ROSENFELD, ANATOL. *O teatro épico.* São Paulo: Perspectiva, 1965.
ROSZAK, THEODOR. *A contracultura.* Petrópolis: Vozes, 1973.
SAID, EWARD. *Reflexões sobre o exílio e outros ensaios.* São Paulo: Cia. das Letras, 2003.
— *Orientalismo – Oriente como invenção do Ocide*nte. São Paulo: Cia. das Letras, 1998.
— *Cultura e imperialismo.* São Paulo: Cia. das Letras, 2000.
SANTIAGO, SILVIANO. *Oswald de Andrade ou: Elogio da tolerância étnica.* In. *2. Congresso ABRALIC: Literatura e memória cultural* Anais, vol. 1. Belo Horizonte: ABRALIC, 1991.
— *O entre-lugar do discurso latino-americano.* In. *Uma literatura nos trópicos.* São Paulo: Perspectiva,1978.
— *Apesar de dependente, universal.* In. *Vale quanto pesa.* Rio de Janeiro: Paz e Terra,1982.
— *Uma literatura nos trópicos.* São Paulo: Perspectiva, 1978.
— *O homossexual astucioso.* Nova York: Center for Gay and Lesbian Studies, Universidade de Nova York, 1998.
— *Stella Manhattan.* Rio de Janeiro: Nova Fronteira, 1985.
— *Viagem ao México.* Rio de Janeiro: Rocco, 1995.
SANTOS, BOAVENTURA DE SOUZA. *Pela mão de Alice:* o social e o político na pós-modernidade. São Paulo: Cortez, 1997.
SARLO, BEATRIZ. "Los estudios culturales y la crítica literaria en la encrucijada valorativa" In: *Revista de crítica cultural* 15 (noviembre, 1997).
— *Cenas da vida pós-moderna:* intelectuais, arte e videocultura na Argentina. Rio de Janeiro: UFRJ, 1997.
— "Modernidad y mezcla cultural. El caso de Buenos Aires." In: BELLUZZO, Ana Maria de Moraes (org.) *Modernidade:* vanguardas artísticas na América Latina. São Paulo: Memorial, UNESP, 1990.
SÊNECA, L. ANEU. *Obras.* São Paulo: Athena, 1966.
SENNETT, RICHARD. *Carne e pedra:* o corpo e a cidade na civilização ocidental. Rio de Janeiro: Record, 1998
— *O declínio do homem público:* as tiranias da intimidade. São Paulo: Cia. das Letras, 1988.

SENSATION: YOUNG ARTITS FROM THE SAATCHI COLLECTION. Catálogo da exposição. London: Royal Academy of Arts, 1999/2000.
SERRES, MICHEL. *Atlas*. Paris: Champs/Flammarion, 1994.
— *Hominiciências:* o comeco de uma nova humanidade? Rio de Janeiro: Bertrand Brasil, 2003.
SHILLING, CHRIS. *The Body and Social Theory*. Londres: Sage Publications, 1993.
SLOTERDIJK, PETER. *O desprezo das massas:* ensaios sobre as lutas culturais na sociedade moderna. São Paulo: Estação Liberdade, 2002.
SILVA, ARMANDO SÉRGIO DA. Oficina: do teatro ao te-ato. São Paulo: Perspectiva, 1981.
SONTAG, SUSAN. *Contra a interpretação*. Porto Alegre: L&PM, 1987.
— *Sob o signo de Saturno*. Porto Alegre: L&PM, 1986
SOLOMON, CARL. *De repente, acidentes*. Porto Alegre: L&PM, 1985.
SPIVAK, GAYATRI CHAKAVORTY. *The post-colonial critic: interviews, strategies, dialogue*. Nova York: Londres: Routledge, 1990.
— In others worlds: essay in cultural politics. Nova York/ Londres: Routledge, 1998.
STADEN, HANS. *A verdadeira história dos selvagens, nus e ferozes devoradores de homens, encontrados no nova mundo, a América, e desconhecidos antes e depois do nascimento de Cristo na terra de Hessen, até os últimos dois anos passados, quando o próprio Hans Staden de Homberg, em Hessen, os conheceu, e agora os traz ao conhecimento público por meio da impressão deste livro (1548-1555)*. Rio de Janeiro: Dantes, 1998.
SYLVESTER, DAVID. *Entrevistas com Francis Bacon:* a brutalidade dos fatos. Itália: Cosac & Naify, 1998.
TARDE, GABRIEL. *A opinião e as massas*. São Paulo: Martins Fontes, 1992.
TELES, GILBERTO MENDONÇA (org.). *Oswald na mira*. Rio de Janeiro: EDUERJ, 1995.
THOREAU, HENRY DAVID. *A desobediência civil*. Porto Alegre: L&PM, 1997.
TOLEDO, J. *Flávio de Carvalho:* comedor de emoções. São Paulo: Brasiliense; Campinas, SP: Editora da Universidade Estadual de Campinas, 1994.
TOURAINE, ALAIN. "A sociedade programada". In: *Pós-socialismo*. São Paulo: Brasiliense, 1988.
TUNGA. *Barroca de lírios*. São Paulo: Cosac & Naify, 1997.
TURNER, G. *British cultural studie: An Introduction*. Boston, Unwin Hyman, 1990.
TURNER, BRYAN. *The Body and Society*. Oxford: Blackewell, 1984.

VARELA, J. F. *L'inscription corporelle de l'espirit*. Paris: Seuil, 1992.
VATTIMO, GIANNI. *A sociedade transparente*. Lisboa: Antropos, 1989.
VERGER, PIERRE FATUMBI. *Orixás*. São Paulo: Círculo do Livro, 1981.
VELOSO, CAETANO. *Verdade tropical*. São Paulo: Cia. das Letras, 1997.
VIRILIO, Paul. *War and cinema*. Londres: Verso, 1989.
— *O espaço crítico*. São Paulo: 34, 1993.
WENDERS, WIM. "A paisagem urbana". *Revista do Patrimônio Histórico e Artístico Nacional, n. 23: Cidade*, org. Heloísa Buarque de Holanda. Ministério da Cultura: IPHAN, 1994.
WITTGENSTEIN, LUDIWIG. *Investigações filosóficas*. São Paulo: Abril Cultural, 1975.
YÚDICE, GEORGE. "O multiculturalismo e novos critérios de valorização cultural." In: *Sociedade e estado, IX, 1/2* (jan./ dez. 1994).
— "A negociação do pluralismo no multiculturalismo estadounidense" In: *Tempo brasileiro 120,* (jan./ mar. 1995)
— "Debates atuais em torno dos estudos culturais nos Estados Unidos." No prelo. Acesso em: <http://www.nyu.edu/projects/IACSN/debates.htm; http://www.nyu.edu/projects/IACSN/debates.htm>.
— "Flanerie na era da reprodução eletrônica." In: MORICONI, ITALO (coord.). *Caio Fernando Abreu – palavra e pessoa*.

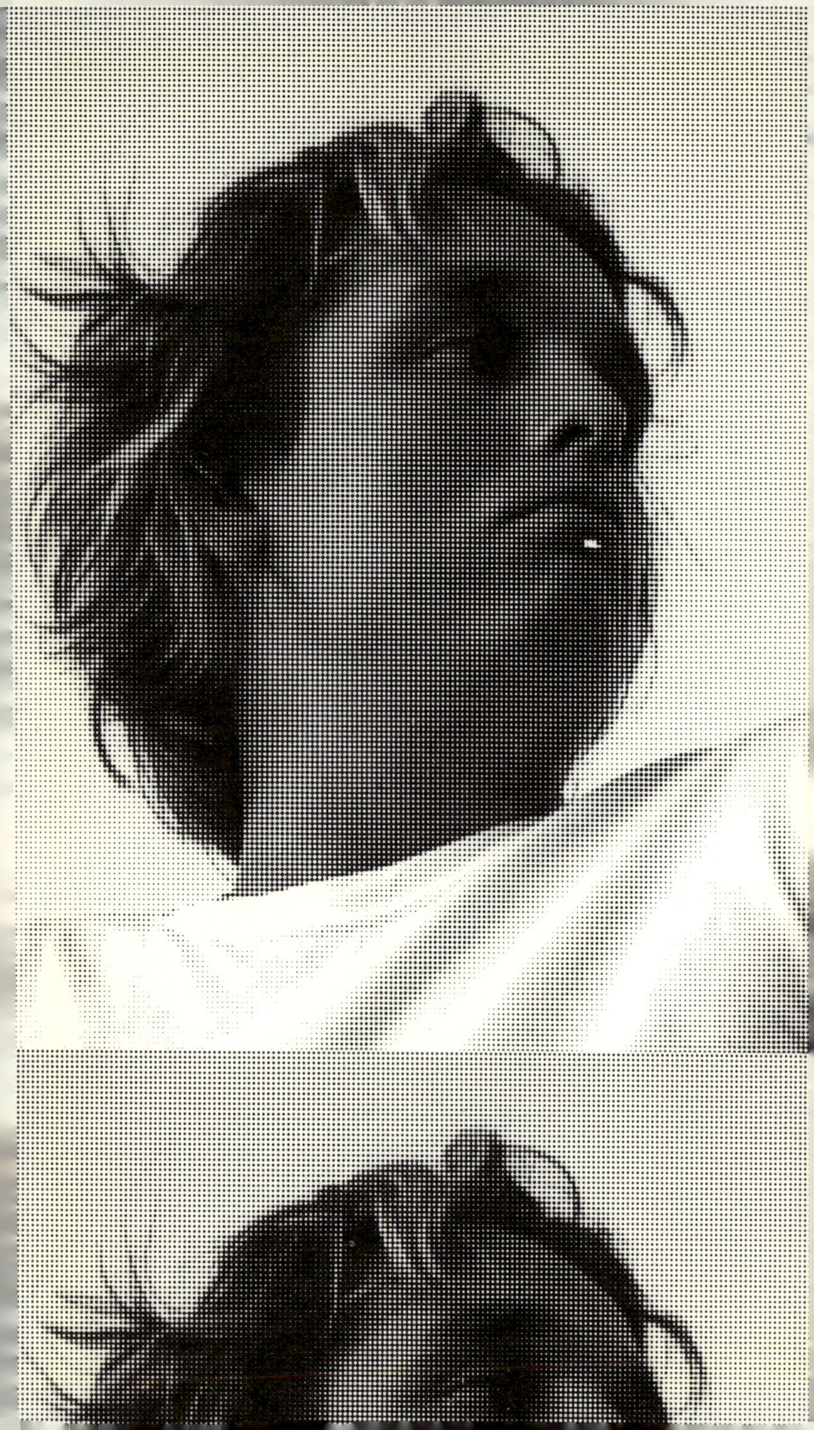

Sobre o autor

Ericson Pires nasceu na Lapa, Rio de Janeiro. É graduado em História, mestre em Literatura Brasileira, doutor em Estudos de Literatura, todos pela PUC-Rio. Atualmente desenvolve sua pesquisa de Pós-Doutorado no PACC (Programa Avançado de Cultura Contemporânea) da UFRJ. É professor adjunto do Instituto de Arte da UERJ. *Performer*, é fundador do grupo de ação HAPAX e do Coletivo RRRadial. Poeta, publicou *Cinema de garganta* (Azougue Editorial) e participou desde os primeiros momentos do CEP 20.000 (Centro de Experimentação Poética). Militante, é editor da Revista *Global-Brasil* e participa da Rede Universidade Nômade. Publicou o livro *Zé Celso Oficina-Uzyna de Corpos* (Editora Annablume). É professor de jiu-jitsu. Anda muito pela cidade... ama muito... E viva a vida não-facista...!!!!!

Este livro foi composto em Akkurat.
O Papel utilizado para a capa foi o cartão Suprema 250g/m²,
Para o miolo foi utilizado o Pólen Bold 90g/m2
Impresso pela gráfica Imprinta Express LTDA. em novembro de 2007.

Todos os recursos foram empenhados para identificar e obter as autorizações dos fotógrafos e seus retratados. Qualquer falha nesta obtenção terá ocorrido por total desinformação ou por erro de identificação do próprio contato. A editora está à disposição para corrigir e conceder os créditos aos verdadeiros titulares.